D1753174

Festliche Anlässe

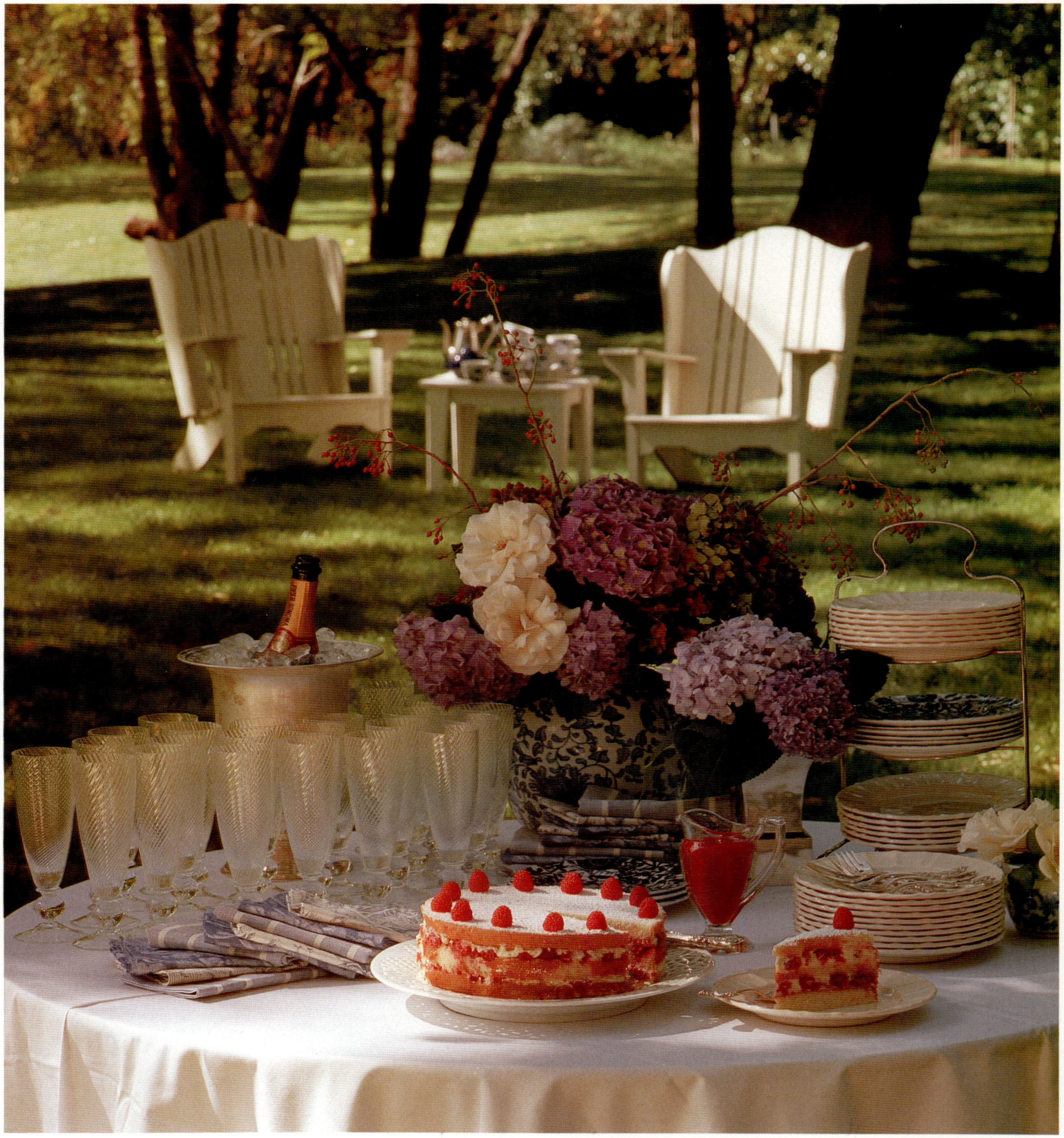

Christian Verlag

Festliche Anlässe

Menüs, Weinempfehlungen und Tischdekorationen für gelungene Einladungen

Herausgeber
Chuck Williams

Rezepte und Menüs
Joyce Goldstein

Fotos
Allan Rosenberg
Allen V. Lott

Aus dem Englischen übersetzt
von Wolfgang Glaser
Korrektur: Silvia Rehder
Umschlaggestaltung: Horst Bätz
Herstellung: Dieter Lidl
Satz: Lipp, Graphische Betriebe, München

Copyright © 1994 der deutschsprachigen Ausgabe
by Christian Verlag, München

Die Originalausgabe unter dem Titel
Festive Occasions Cookbook
wurde erstmals 1993 im Verlag Weldon Owen Inc.,
San Francisco, veröffentlicht

Copyright © 1993 der Originalausgabe
by Weldon Owen Inc.

WELDON OWEN INC.
President: John Owen
Publisher: Wendely Harvey
Managing Editor: Tori Ritchie

Herausgeber: Chuck Williams, Williams-Sonoma,
San Francisco
Menüs und Rezepte: Joyce Goldstein
Fotos: Allan Rosenberg und Allen V. Lott
Food Stylisten: Susan Massey, Janice Baker
Illustrationen: Gretchen Shields, Alice Harth
Design: John Bull, The Book Design Company
Produktion: Stephanie Sherman, Mick Bagnato,
Jim Obata

Druck und Bindung: Mandarin Offset, Hong Kong
Printed in Hong Kong

Alle deutschsprachigen Rechte vorbehalten

ISBN 3-88472-255-7

Maßeinheiten und Abkürzungen:

1 EL = 1 Eßlöffel = 15 ml
1 TL = 1 Teelöffel = 5 ml
   g = Gramm
  kg = Kilogramm

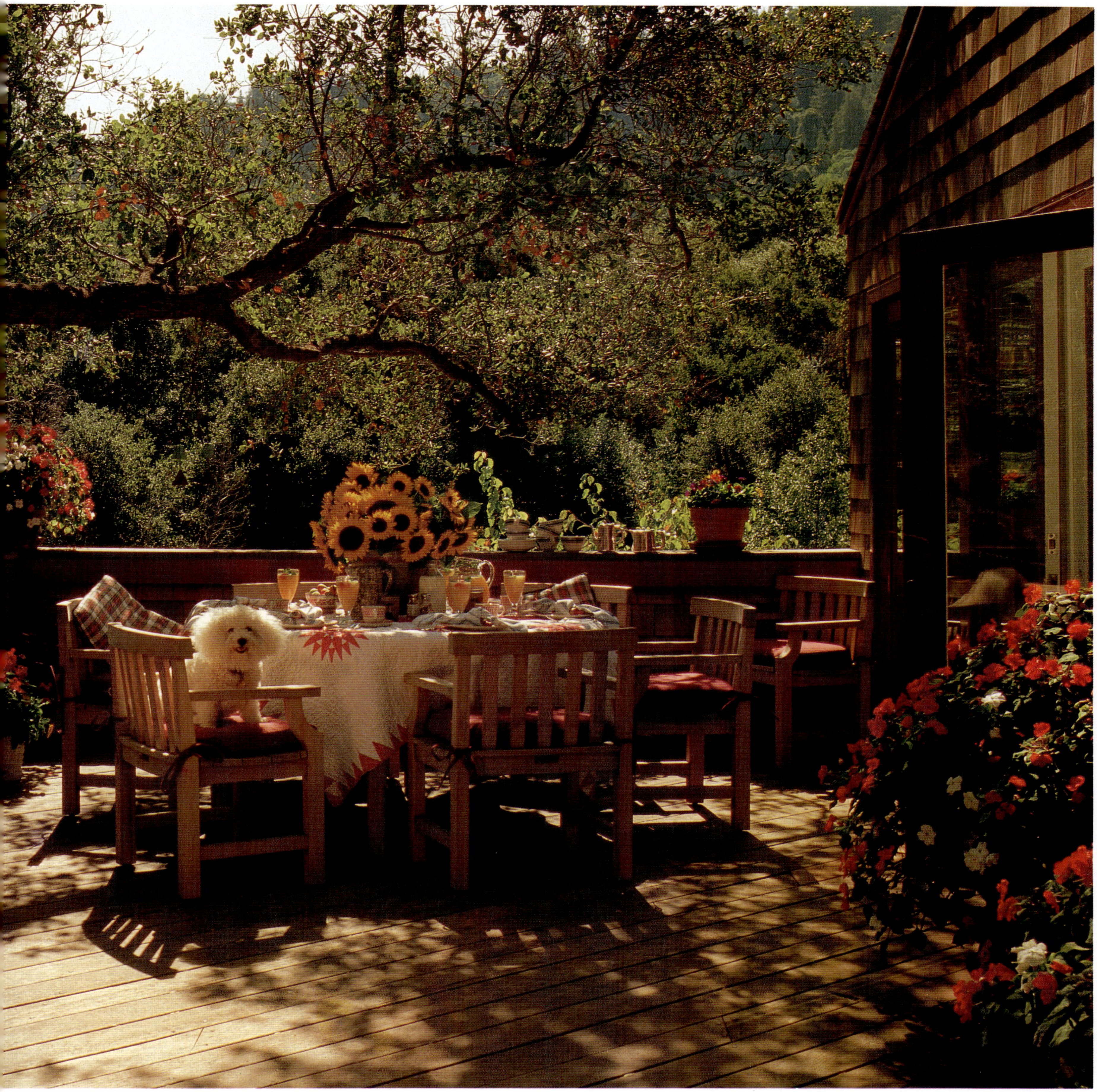

Inhalt

Einleitung

Vorwort von Chuck Williams
und Joyce Goldstein 8

Stilvolle Gastlichkeit 9

Besondere Gelegenheiten und Festtage

Romantisches Abendessen für zwei 13

Frühlings-Brunch 23

Gala-Buffet 31

Nachmittagstee 41

Mittagessen im Freien 53

Fiesta am Pool 63

Sommer-Brunch mit
maghrebinischen Aromen 73

Herbstliches Mittagessen auf dem Land 81

Cocktailparty vor dem
Theaterbesuch 91

Mediterranes Osterfest 101

Traditionelles Thanksgiving-Essen 111

Buffet im November 123

Einladung zum Advent 133

Weihnachtsessen 145

Festliches Silvesteressen 155

Neujahrs-Buffet 165

DER PERFEKTE GASTGEBER

Grundrezepte 174

Große Braten zubereiten und
tranchieren 178

Ein hübsch gedeckter Tisch 180

Servietten richtig falten 182

Blumenarrangements 184

Glossar 186

Register 190

Danksagung 192

Einleitung

Viele Augenblicke im Leben, seien sie erhaben oder schlicht, sind es wert, gefeiert zu werden; zum Beispiel ein traditioneller Feiertag, ein Geburtstag, ein Jubiläum oder ein Wiedersehen. Ein solcher besonderer Anlaß gewinnt zusätzlich an festlichem Charakter, wenn man ihn mit einem guten Essen begeht, das ebenso liebevoll zubereitet wie serviert wird.

Erinnern Sie sich an die kleinen und großen Festlichkeiten, die Sie selbst gegeben haben oder zu denen Sie eingeladen waren: Auf alle, die Sie im Gedächtnis behalten haben, trifft sicher eine gemeinsame Eigenschaft zu – sie schienen mühelos zu sein. Ein wahrhaft festlicher Anlaß besitzt ein Eigenleben und einen eigenen, ihm innewohnenden Stil. Natürlich gibt es keine Wunder: Angefangen von der ersten Idee für eine Feier bis hin zum abschließenden Großreinemachen, erfordern Partys im großen Stil ebensoviel Organisationstalent wie Kreativität. Dieses Buch will Ihnen beides vermitteln. Egal ob Sie ein großes Feiertagsfestessen planen oder ein einfaches Wiedersehen feiern wollen, die folgenden Seiten werden Ihnen dabei helfen, den Anlaß zusammen mit Ihren Gästen mit Gelassenheit und Freude zu begehen.

STILVOLLE GASTLICHKEIT

Das Kochbuch für *Festliche Anlässe* will Ihnen vor allem dabei helfen, die Angst vor Ihrer Gastgeberrolle zu verlieren. Es stellt eine Art von persönlichem Berater dar, der Sie durch alle Stadien der Planung für ein gesellschaftliches Ereignis führen wird, Ihnen aber genügend Raum läßt, Ihren ureigensten, unverwechselbaren Stil einzubringen und selbst mit Genuß an der Party teilzunehmen.

Der Inhalt dieses Buches soll Ihnen nicht nur Sicherheit, sondern auch Inspiration vermitteln. Die 16 Menüs sind in zwei Gruppen geteilt, von denen die eine für Einladungen gedacht ist, die das ganze Jahr über stattfinden können, während die andere auf Feiertage im engeren Sinn zugeschnitten ist. Jeder Menüvorschlag wird mit allen praktischen Tips eingeleitet, die man für die Planung eines Essens benötigt, angefangen von besonderen Zubereitungshinweisen und Dekorationsvorschlägen bis hin zu Weinempfehlungen und Ratschlägen, was im voraus zubereitet werden kann.

Die Rezepte sind größtenteils für sechs Personen konzipiert und lassen sich, entsprechend multipliziert, mühelos für einen größeren Personenkreis abwandeln. Sie tragen nicht nur dem jeweiligen Anlaß, sondern auch der Jahreszeit Rechnung. Die Zubereitungsmethoden sind unkompliziert; ein Großteil der Küchenarbeiten kann im voraus erledigt werden. Obgleich alle Gerichte eines Menüs aufeinander abgestimmt sind, können Sie das eine oder andere weglassen, je nachdem, wie Sie es für Ihre Feier benötigen. Die meisten Rezepte lassen sich auch in jeder denkbaren Kombination im Alltag zubereiten. Sicherlich finden Sie darunter auch einige für Sie neue Lieblingsgerichte, die Sie zukünftig in Ihr Küchenrepertoire aufnehmen werden.

Wenn Sie vorhaben, Gäste einzuladen, fangen Sie mit der Planung an, so wie hier in der Einleitung beschrieben.

Suchen Sie sich aus dem Inhaltsverzeichnis ein Menü aus, das sich für Ihren Anlaß eignet oder mit dem Sie Ihre Gäste überraschen wollen. Wie Sie den Tisch decken, Servietten falten, Blumenschmuck arrangieren, erfahren Sie im Abschnitt *Der perfekte Gastgeber* am Schluß des Buches (Seiten 174 – 185). Fachausdrücke aus der Gastronomie und weniger bekannte Zutaten werden im Glossar (Seite 186 f.) erklärt.

ÜBERLEGT PLANEN: WER PASST ZU WEM?

Es wird oft übersehen, daß der Erfolg einer Geselligkeit in hohem Maße von der Gästeliste abhängt. Es mag selbstverständlich klingen, aber es ist wichtig, daß Ihre Gäste einander sympathisch finden. Überlegen Sie deshalb genau, wen Sie einladen wollen, wägen Sie ab, ob ein möglicher Gast von seinem Charakter und seinen Interessensgebieten zu Ihrer Tischgesellschaft paßt, und versuchen Sie, eine Auswahl zu treffen, die Kurzweil verspricht.

Plazieren Sie Ihre Gäste so, daß ein Gespräch zwischen Nachbarn aufkommen kann. Wenn Sie einen Ehrengast eingeladen haben, verändern Sie die Sitzordnung zwischen den einzelnen Gängen, damit jeder der Eingeladenen die Möglichkeit hat, sich mit ihm zu unterhalten. Bei Cocktailpartys sollten Sie die Tische mit den Speisen und Getränken so aufstellen, daß den Gästen genügend Raum bleibt, um bequem miteinander reden zu können.

Für solche strategische Planungen kann eine Art Party-Register nützlich sein. In ihm können Sie festhalten, wen Sie zu welchem Anlaß eingeladen haben, wie die Sitzverteilung und die Speisenfolge war, und andere wichtige Einzelheiten notieren. Dieses schriftliche Gedächtnis hilft Ihnen bei der zukünftigen Gestaltung Ihrer Einladungen und wird Ihren Ruf als perfekter Gastgeber weiter festigen.

RECHTZEITIG EINLADEN

In unserer heutigen hektischen Zeit ist es wichtig, Gäste rechtzeitig einzuladen. Für ein zwangloses Abendessen genügt es, die Einladungen spätestens eine Woche vorher auszusprechen. Zu förmlicheren Anlässen oder zu Partys, zu denen man Gäste einlädt, mit denen man weniger bekannt ist, sollte man höflicherweise mindestens zwei Wochen vorher einladen. Zu hohen Feiertagen oder Familienfeiern wie Hochzeiten, Verlobungen oder Jubiläen sollten die Einladungen mindestens einen Monat vorher verschickt werden.

Je formeller der Anlaß, um so mehr verlangt er nach schriftlicher oder gedruckter Einladung. Bevorzugte man früher noch feste Formeln für solche Anschreiben, gibt man heute der persönlichen Formulierung den Vorzug, wobei die Sprachebene jedoch dem Anlaß angemessen sein sollte. Denken Sie daran, daß eine Einladung alles enthalten muß, was der Eingeladene wissen sollte, also Anlaß, Datum und Uhrzeit, Adresse und Telefonnummer und, falls erforderlich, die Kleiderordnung; nicht zu vergessen die Bitte um Antwort, wenn man präzise vorausplanen muß.

Eine Einladung zu einem informellen Essen kann natürlich auch mündlich ausgesprochen werden, birgt aber die Gefahr, daß wichtige Details vergessen oder nicht verstanden werden. Auch hier ist eine schriftliche Einladung, die alle vorgenannten Informationen enthält, sicherer. Am sichersten gehen Sie, wenn Sie ein oder zwei Tage vor dem geplanten Ereignis bei den Gästen, die sich noch nicht angemeldet haben, anrufen.

Damit alles glattgeht

Erfahrenen und guten Gastgebern entgeht nichts, was das Wohl ihrer Gäste betrifft. Kümmern Sie sich also persönlich um Ihre Gäste, und Sie werden automatisch zu einem perfekten Gastgeber.

Legen Sie sich im Kopf eine Checkliste für den Ablauf Ihrer Feier zurecht. Die Zufriedenheit Ihrer Gäste sollte Ihnen oberstes Gebot sein. Läßt jemand andere nicht zu Wort kommen oder findet jemand keinen Gesprächspartner, mischen Sie sich diplomatisch ein und lösen die festen Grüppchen, die sich gern bei solchen Anlässen bilden, auf. Stellen Sie Gäste, die sich bislang nicht kennen, zwanglos einander vor, und schaffen Sie so eine lockere Atmosphäre.

Wenn Sie eine große Zahl von Gästen zu bewirten haben oder der Anlaß sehr formell ist, kann es sinnvoll sein, sich eines professionellen Party-Services zu bedienen, der auch das nötige Personal – Köche, Kellner, Barmänner und sonstige Hilfen – stellt. Adressen finden Sie in den Gelben Seiten des Telefonbuches oder durch mündliche Empfehlungen. Wenn es nicht ganz so professionell zugehen muß, können auch Freunde oder Bekannte oder die eigenen Kinder und deren Freunde aushelfen.

Was auch immer passieren mag, lassen Sie es sich nicht anmerken, wenn etwas schiefläuft, und geraten Sie nicht in Panik. Solange Sie Ihren Fehler nicht hinausposaunen, ist es sehr viel wahrscheinlicher, daß Ihre Gäste gar nicht bemerken, daß ein Gericht nicht so gut gelungen ist. Seien Sie darauf gefaßt, daß eine Party mit vielen Menschen mitunter ganz anders verlaufen kann, als Sie es vorher geplant haben. Solange alles glattläuft, atmen Sie zur Entspannung durch, und freuen Sie sich mit Ihren Gästen.

Die richtige Wahl von Speisen und Getränken

Lassen Sie sich bei der Auswahl der Speisen und Getränke vom Anlaß leiten. Zu bestimmten Feiertagen gehören bestimmte traditionelle Gerichte. Erlesene, teure Zutaten und aufwendige Dekorationen sind gewöhnlich einem Festmahl vorbehalten, während man bei einer zwanglosen Zusammenkunft ein weniger aufwendiges Menü serviert. Als Grundsatz sollte gelten: Wenige, gut zubereitete Gerichte sind allemal besser als eine Vielzahl von lieblos zubereiteten Speisen.

Was auch immer der Anlaß sein mag, überlegen Sie sich, welche Zutaten in der Jahreszeit erhältlich sind. Schauen Sie Ihre Gästeliste noch einmal durch, um speziellen Vorlieben, Abneigungen oder Diätzwängen Rechnung tragen zu können. Überladen Sie die Teller nicht, die Gäste sollten zwar gesättigt, aber nicht überfüttert von der Tafel aufstehen.

Falls Ihnen genügend Zeit dafür bleibt, können Sie das Menü oder einzelne Gerichte davon probeweise einige Tage vorher für Ihre Familie kochen. So machen Sie sich schon mit den Rezepten vertraut und eignen sich eine gewisse Routine an.

Nachdem Sie sich für ein Menü entschieden haben, fällt die Auswahl der Weine leichter. Der Meister-Sommelier Evan Goldstein gibt zu jedem Menü eine allgemeine Weinempfehlung für bestimmte Rebsorten.

Die althergebrachten Grundregeln, daß zu Fleisch ein Rotwein, zu Fisch ein Weißwein getrunken werden sollte, werden heute flexibler ausgelegt. Zu Geflügel, hellem Fleisch wie Kalb und Schwein sowie etwas fetterem Fisch wie Lachs oder nicht leicht verdaulichen Schaltieren wie Hummer passen leichte Rot- oder robuste Weißweine. Ihre Wahl sollte sich auch an den gereichten Saucen und Beilagen sowie an der Zahl der Gänge orientieren.

Diese Regeln sehen nur auf den ersten Blick kompliziert aus. Am einfachsten lesen Sie zuerst die Weinempfehlungen zu jedem Menü und lassen sich dann vom Weinhändler Ihres Vertrauens beraten, wobei Sie durchaus Ihre persönlichen Vorlieben berücksichtigen sollten. Denken Sie daran, daß ein hoher Preis nicht immer besondere Qualität garantiert – es gibt heute gute Weine für relativ wenig Geld.

Einkaufen und Vorkochen

Je größer die Zahl der Speisen ist, die im voraus zubereitet werden können, desto geringer ist der Arbeitsaufwand und die nervliche Belastung am Tag der Feier. Viele Rezepte dieses Buches sind so konzipiert, daß sie einige Zeit vorher vorbereitet werden können. Überprüfen Sie einige Tage vor dem Fest Ihre Vorbereitungsliste, und vergleichen Sie sie mit den einzelnen Rezepten. So erfahren Sie, welche Zubereitungsschritte im voraus gemacht werden können oder müssen.

Egal wie groß die eingeladene Gesellschaft ist, es empfiehlt sich, Listen zu machen. Lesen Sie jedes Rezept sorgfältig durch, und notieren Sie die zu besorgenden Zutaten in Ihrer Einkaufsliste, die Sie nach Einkaufsquellen aufteilen sollten. Viele Dinge lassen sich im nächsten Lebensmittelladen oder Supermarkt kaufen, für andere müssen Sie ins Delikatessengeschäft, zum Wein- oder Fischhändler oder zu einem besonders guten Metzger gehen. Prüfen Sie auch, ob Sie das erforderliche Küchen- und Kochgerät zur Hand haben, und kaufen Sie fehlendes oder leihen Sie es sich aus. In einer weiteren Liste sollten Sie notieren, was Sie an Blumen, Kerzen, Tischdecken und sonstigen dekorativen Dingen brauchen. Kaufen Sie rechtzeitig Fehlendes hinzu oder leihen Sie es.

Den richtigen Rahmen finden

Für ein Essen ist das Speisezimmer gewöhnlich der richtige Rahmen. Aber es sind auch andere Schauplätze denkbar: So läßt sich in einer geräumigen Küche, einem Wohnzimmer, einem Arbeitszimmer oder Hobbyraum problemlos eine ungezwungene Party veranstalten. Für ein großes, formelles Abendessen sollte man im Wohnzimmer Platz für den Tisch schaffen. Ein kleineres, intimeres Abendessen kann zum Beispiel an einem Tisch neben dem Kamin oder am Fenster stattfinden.

Ist das Wetter gnädig, kann man das Fest auch nach draußen verlegen.

Beginnen Sie rechtzeitig mit dem Hausputz. Überprüfen Sie die Gästetoilette, und achten Sie darauf, daß genügend Handtücher, Seife und sonstiges zur Verfügung stehen. Sorgen Sie für einen Garderobenständer, an dem die Gäste ihre Mäntel ablegen können – bei Regen ist es keineswegs angenehm, nasse Garderobe auf den Betten ablegen zu müssen.

TISCHE UND STÜHLE

Für eine kleine Gesellschaft sind Eßtisch und dazugehörige Stühle meistens ausreichend. Ist die Gästeliste größer, müssen Tische und Stühle aus anderen Räumen herangeschafft werden.

Bedenken Sie, daß Sie auch Flächen brauchen, um das Buffet anzurichten, und leihen Sie sich, falls nötig, rechtzeitig entsprechendes Mobiliar aus.

Machen Sie es Ihren Gästen so bequem wie möglich und probieren Sie alle Sitzgelegenheiten vorher aus. Achten Sie auf genügend Beinfreiheit und die richtige Sitzhöhe, eventuell müssen Sie Kissen unterlegen.

DAS RICHTIGE GESCHIRR

Die Auswahl von Geschirr und Besteck spielt eine wichtige Rolle, um die zum Anlaß passende Atmosphäre zu schaffen. Im Idealfall sollte das Geschirr den Charakter der Speisen unterstreichen (wie zum Beispiel italienisches Majolika-Geschirr für ein Mittelmeer-Menü). Praktischerweise werden Sie sich aber meist mit dem behelfen müssen, was im Geschirrschrank steht. Zählen Sie nach, ob die Zahl der Gedecke für alle Gäste ausreicht. Verzweifeln Sie nicht, und kombinieren Sie kühn Geschirr mit unterschiedlichem Muster. Falls Sie Geschirr ausleihen müssen, tun Sie es rechtzeitig.

BLUMEN UND TISCHDEKORATIONEN

Eine hübsch arrangierte Tischdekoration unterstreicht den festlichen Charakter einer Einladung. Hierfür kommen in erster Linie Blumen in Betracht, daneben alles Denkbare wie Muschelschalen, Bänder, Zweige und Blätter oder auch schön angeordnete Früchte, Gemüse und Kräuter der Jahreszeit sowie vieles mehr. Die Tischdekoration darf nie so hoch sein, daß sich die Gäste nicht mehr sehen können.

Hinweise, die Sie schrittweise von schlichten bis hin zu ausgefallensten Tischdekorationen leiten, finden Sie auf den Seiten 184 und 185 sowie bei jedem Menüvorschlag.

LICHT UND MUSIK

Am Vorabend eines Abendessens oder schon vorher sollten Sie die Beleuchtung und ihre Wirkung überprüfen.

Kerzenlicht schafft immer eine stilvolle Atmosphäre und schmeichelt dem Aussehen der Anwesenden. Dennoch sollten Sie dunkle Ecken durch zusätzliches gedämpftes Lampenlicht aufhellen. Wählen Sie nichttropfende Kerzen von guter Qualität, am besten aus Bienenwachs. Duftkerzen lenken nur von den Speisen und dem Aroma des Weins ab.

Die Hintergrundmusik sollten Sie so auswählen, daß sie die Stimmung, die Sie Ihrer Feier geben wollen, unterstreicht. Besondere Anlässe gewinnen durch Live-Musik, jedoch sollten die Musiker niemals so laut spielen, daß jede normale Unterhaltung unmöglich wird.

GESCHENKE UND AUFMERKSAMKEITEN

Um den besonderen Rang einer Einladung zu unterstreichen, können Sie Ihren Gästen ein kleines Erinnerungsgeschenk mit auf den Nachhauseweg geben. Dies kann ein Glas hausgemachter Marmelade sein, eine Flasche Wein mit persönlichem Etikett oder eine Fotografie, die gleichzeitig als Tischkarte dient. Das Gastgebergeschenk sollte jedoch auf keinen Fall so bombastisch sein, daß es den Gast in die Verlegenheit bringt, umgehend mit einem Gegengeschenk aufzuwarten. In diesem Buch finden Sie eine Reihe von Geschenkvorschlägen, die Ihnen als Anregung dienlich sein sollen.

IHRE FEIER – EIN GESAMTKUNSTWERK

Für die wichtigsten Elemente einer erfolgreichen Einladung tragen Sie selbst Verantwortung: für die Gäste, den richtigen Rahmen, die Ausstattung und das Essen. Dieses Buch möchte Ihnen als Ratgeber in allen denkbaren Situationen dabei helfen, diese Elemente wie selbstverständlich zu einer Einheit zusammenzuführen. Betrachten Sie jede Information lediglich als hilfreiche Anregung, denn es gibt keine festen und verbindlichen Regeln dafür, wie die Rolle eines Gastgebers auszusehen hat.

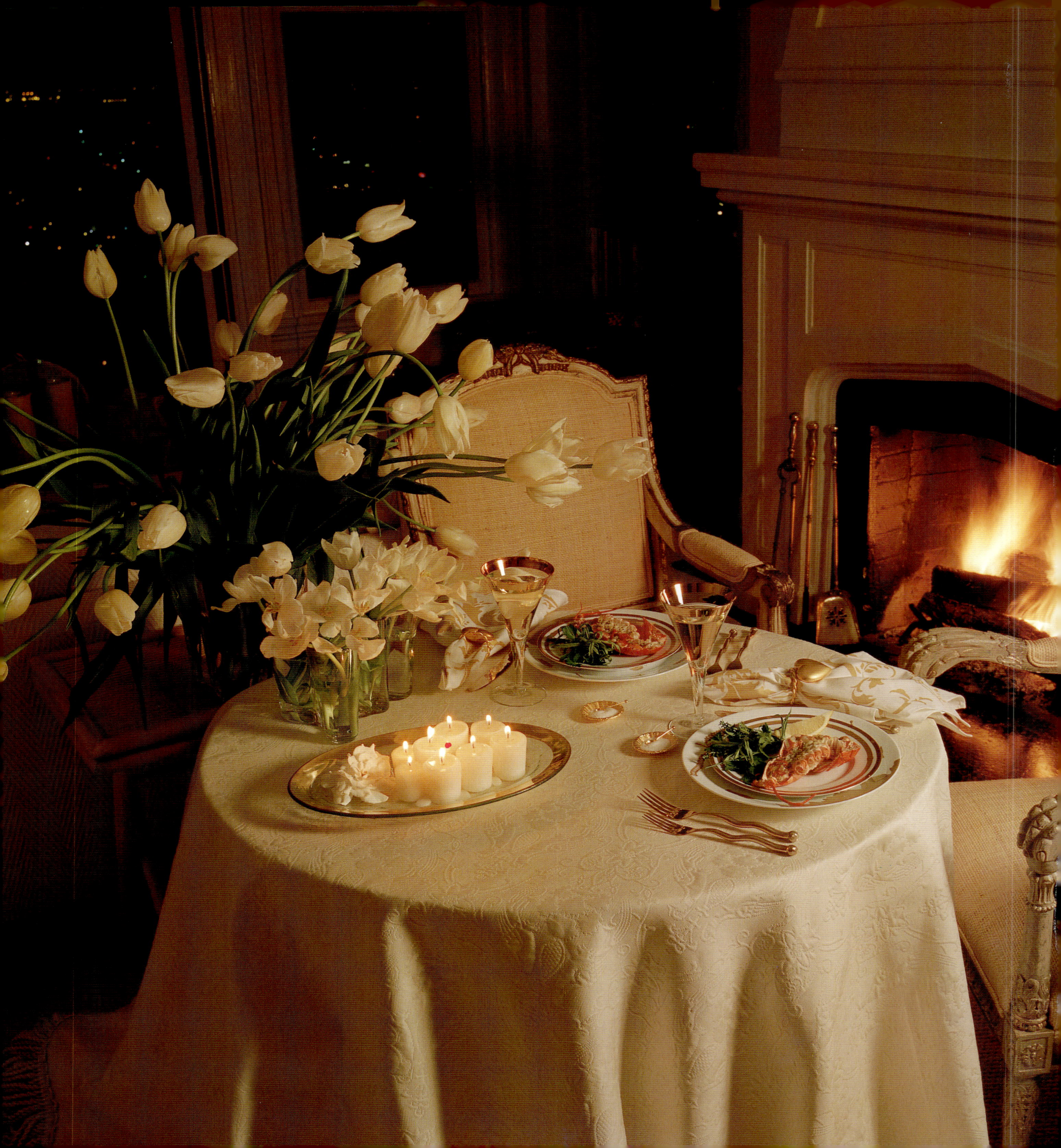

Romantisches Abendessen für zwei

Der Tag, an dem man sich zum ersten Mal begegnete, der Hochzeitstag oder ein besonderes Jubiläum können mit diesem erinnerungsträchtigen Abendessen für zwei ganz intim gefeiert werden. Wir haben es neben dem Kamin angerichtet, wo die Wärme und der Schein des Feuers die romantische Stimmung unterstreichen. Man kann das romantische Abendessen aber auch in einen Alkoven, einen Wintergarten oder eine Loggia verlegen oder in eine stilvolle, von Kerzenlicht beleuchtete Küche.

Für dieses stimmungsvolle Essen haben wir Porzellan mit einem heiteren Goldmuster und ein schönes Silberbesteck ausgewählt. Herzförmige Accessoires – von den Vasen über die Serviettenringe bis hin zu den Saucenschalen – spielen auf das Thema Liebe an. Weiße Blumen wie Tulpen oder Rosen sind von schlichter Eleganz und leicht anzuordnen. Kerzenlicht schafft immer eine besondere Atmosphäre; die Schale mit den Kerzen sprengt nicht den Rahmen eines Zweiertisches. Man könnte auch kleinere Kerzen über den gesamten Raum verteilen.

Romantisches Abendessen für zwei

Weißes Porzellangeschirr mit goldfarbenem Muster, dazu herzförmige Akzente schaffen eine ausgesprochen romantische Atmosphäre.

Menü

Merkwürdigerweise braucht ein Abendessen für zwei oft längere Vorausplanung als eine Party für viele Gäste. Erledigen Sie daher so viel an Vorbereitungen wie möglich im voraus, damit Sie Ihrem Gast am Abend Ihre ungeteilte Aufmerksamkeit widmen können. Sie können die Täubchen schon am Vorabend marinieren und zugleich das Dessert zubereiten. Der Hummer kann schon am Morgen oder Nachmittag des gleichen Tages vorgekocht werden. Planen Sie anhand der Vorbereitungsliste auf der gegenüberliegenden Seite voraus. Wenn Ihr Zeitplan knapp bemessen ist, sollten Sie weniger Gänge einplanen, entweder nur Austern und Hummer oder Birnensalat und Täubchen jeweils als Vor- und Hauptgang. Wenn Sie die Austern selbst öffnen, sollten Sie es tunlichst getan haben, bevor Sie Ihre Abendgarderobe anlegen.

Ein lockeres Blumenarrangement mit zartweißen Tulpen in einer Kristallvase trägt zur romantischen Stimmung des Abends bei.

ROMANTISCHES ABENDESSEN FÜR ZWEI

Austern mit Mandarinensauce

Hummer mit Zitronenbutter

Gegrillte Täubchen in einer Honigmarinade
Wilder Reis
Salat aus Birne, Fenchel und Frisée

Schokoladencreme
mit kandierten Rosenblütenblättern

WAS VORBEREITET WERDEN KANN

◆ Am Vorabend: die Täubchen marinieren; die Schokoladencreme zubereiten, in Töpfchen füllen und in den Kühlschrank stellen.

◆ Am Vormittag den Hummer kochen, das Fleisch auslösen und in Stücke zerteilen, wieder in die Schalen geben und kalt stellen; die Zitronenbutter zubereiten und kalt stellen.

◆ Einige Stunden vor dem Abendessen die Sauce für die Austern zubereiten.

◆ Etwa 30 Minuten vor dem Essen den Reis kochen; Hummer und Zitronenbutter aus dem Kühlschrank nehmen. Den Salat vorbereiten.

◆ Unmittelbar vor dem Essen den Backofen vorheizen, um das Hummergericht fertigzustellen; das Dessert aus dem Kühlschrank nehmen.

◆ Während des Austern-Ganges den Hummer im Backofen heiß werden lassen.

◆ Während des Hummerganges den Grill für die Täubchen vorheizen und den Salat anrichten.

WEINEMPFEHLUNGEN

Man sollte das Abendessen mit einem erstklassigen, leichten kalifornischen Schaumwein oder mit französischem Champagner beginnen, den man auch zum Hummer trinken kann. Oder man wählt zum Hummer eine halbe Flasche klassischen Chardonnay, Sauvignon Blanc oder eventuell einen milden Pinot Noir. Zu den Täubchen paßt ein charaktervoller Rotwein, zum Beispiel ein Merlot oder ein Côtes du Rhône. Zum Dessert sollten Sie einen großzügigen Schluck Ihres Lieblingscognacs anbieten.

Eine Schale mit Kerzen illuminiert einen Tisch mit einem hübsch verpackten Präsent.

Austern mit Mandarinensauce

Die Anzahl der Chilischoten, die man für diese scharfe, süß-säuerliche Sauce verwendet, läßt sich nach Geschmack variieren. Man sollte jedoch darauf achten, daß die Sauce nicht zu scharf wird, weil sie sonst das Aroma der Austern übertönen würde. Man öffnet die Austern am besten mit einem Austernmesser (in gut sortierten Haushaltswarenläden erhältlich), oder aber man bittet den Fischhändler, es zu tun.

1 kleine jalapeño- (scharfe grüne) Chilischote, entkernt und feingehackt
Geriebene Schale und Saft von einer unbehandelten Mandarine
Frisch gemahlener Pfeffer
12 Austern in der Schale
Grobes Meersalz

Chilischote sowie Mandarinensaft und -schale miteinander verrühren. Mit Pfeffer abschmecken und die Sauce in eine kleine Form oder Schüssel füllen.

Die Austern zum Öffnen mit der gewölbten Seite nach unten in ein dickes Geschirrtuch legen. Mit einer Hand festhalten und mit der Spitze des Austernmessers in die kleine Öffnung im Gelenk fahren. Die Schalen durch Drehung des Messers aufbrechen. Das Messer an der Innenseite der oberen Schale entlangführen und den Muskel, der die Schalen zusammenhält, durchtrennen. Die obere Schale entfernen. Die Auster vorsichtig mit dem Messer aus der unteren Schale lösen. Schalensplitter und Sand entfernen.

Eine Platte großzügig mit grobem Meersalz bedecken. Darauf die Austern in ihren Schalen setzen und mit der Sauce, von der man etwas über die Austern gibt, auftragen.

FÜR 2 PERSONEN

Austern mit Mandarinensauce

HUMMER MIT ZITRONENBUTTER

Damit die Zitronenbutter nicht zu säurebetont wird, empfiehlt sich die Beigabe von etwas Orangensaft.

2 TL Schalotten, feingehackt
2 TL feingehackter Estragon
2 EL Estragonessig
½ TL geriebene Zitronenschale
2 TL frisch gepreßter Zitronensaft
1 TL frisch gepreßter Orangensaft
4 EL (60 g) Butter, zimmerwarm
Salz
Frisch gemahlener Pfeffer
1 Hummer (etwa 750 g)

Schalotten, Estragon und Essig in einen kleinen Topf geben und bei hoher Temperatur sehr stark zu einer sirupartigen Konsistenz einkochen lassen. Zitronensaft und -schale sowie den Orangensaft unterrühren und abkühlen lassen. Die Mischung unter die Butter rühren und mit Salz und Pfeffer abschmecken. Die Zitronenbutter läßt sich bis zu einem Tag im voraus zubereiten und zugedeckt im Kühlschrank aufbewahren.

In einem großen Topf Salzwasser zum Kochen bringen. Den Hummer mit dem Kopf voran hineingeben und zugedeckt 7 bis 8 Minuten kochen lassen. Den Hummer aus dem Topf nehmen und in kaltem Wasser abschrecken. Längs halbieren und das Fleisch, wie auf Seite 188 beschrieben, aus den Schalen lösen. Die Schalen säubern und beiseite stellen. Das Hummerfleisch in mundgerechte Stücke zerteilen und zurück in die Schalen geben. Der Hummer läßt sich so, gut zugedeckt, bis zu 8 Stunden im Kühlschrank aufbewahren. Hummer und Zitronenbutter aus dem Kühlschrank nehmen und Zimmertemperatur annehmen lassen. Den Backofen auf 180 °C vorheizen. Das Hummerfleisch mit der Zitronenbutter bestreichen, locker mit Alufolie abdecken und im Backofen in etwa 8 Minuten heiß werden lassen. Sofort auftragen.

FÜR 2 PERSONEN

Hummer mit Zitronenbutter

Gegrillte Täubchen in Honigmarinade

Die Marinade gibt dem Geflügel nicht nur ein delikates Aroma, sie sorgt auch dafür, daß die Haut schön braun wird. Die Täubchen lassen sich durch Stubenküken ersetzen.

2 Täubchen (je etwa 500 g)
1 Sternanis
2 Gewürznelken
Samen aus 1 Kardamomkapsel
1 Stück frischer Ingwer, 5 cm lang, mit der Messerklinge zerdrückt
160 ml helle Sojasauce
90 ml Whisky
125 g Honig
Salz, frisch gemahlener Pfeffer, gemahlener Ingwer und gemahlener Zimt

Mit einem spitzen, scharfen Messer oder mit einer Geflügelschere die Täubchen entlang des Rückgrats und des Brustbeins in zwei Hälften zerteilen und in einer Glas- oder Plastikschale auslegen.

Sternanis, Gewürznelken, Kardamomsamen, frischen Ingwer und Sojasauce in einen kleinen Topf geben und bei mittlerer Temperatur 5 Minuten köcheln lassen. Vom Herd nehmen und 30 Minuten ziehen lassen. Die Flüssigkeit durch ein Sieb gießen und Whisky und Honig unterrühren. Die Marinade über die Täubchen gießen und zugedeckt über Nacht im Kühlschrank ziehen lassen, dabei das Geflügel einmal wenden.

Die Täubchen aus dem Kühlschrank nehmen und Zimmertemperatur annehmen lassen. Den Grill vorheizen. Die Täubchen aus der Marinade nehmen, abtropfen lassen, trockentupfen und mit Salz, Pfeffer, gemahlenem Ingwer und Zimt bestreuen. Mit der Hautseite nach unten 3 bis 4 Minuten grillen, dann wenden und von der anderen Seite ebenfalls 3 bis 4 Minuten grillen. Mag man das Geflügel lieber etwas stärker durchgebraten, empfiehlt sich eine längere Garzeit.

FÜR 2 PERSONEN

Wilder Reis

Das nußartige Aroma des wilden Reises paßt ausgezeichnet zum lieblichen Geschmack der marinierten Täubchen.

375 ml Wasser
Salz
90 g wilder Reis
2 EL feingehackte Frühlingszwiebeln, nur das Grüne
30 g geröstete Mandelblättchen (siehe Glossar)

In einem mittleren Topf das Wasser aufkochen lassen, Salz und wilden Reis zugeben und die Hitze reduzieren. Den Reis zugedeckt in etwa 45 Minuten gar werden lassen.

Frühlingszwiebeln unterrühren, den Reis auf Tellern anrichten und mit den Mandelblättchen garnieren.

FÜR 2 PERSONEN

Was ist romantischer als Liebesbriefe? Man könnte sich vorstellen, sie an einem Abend wie diesem vielleicht gemeinsam zu lesen.

Salat aus Birne, Fenchel und Frisée

Dieser einfache Salat wird zusammen mit dem Täubchen und dem wilden Reis auf einem Teller serviert. Man kann ihn jedoch auch als Vorspeise auftragen.

1 reife, feste Birne
1 kleine Fenchelknolle
1 kleiner Friséesalat oder 1 Bund Wasserkresse
60 ml Weißweinessig
2 TL frisch geriebener Ingwer
½ TL Zucker
125 ml Olivenöl
Salz und frisch gemahlener Pfeffer

Die Birne längs halbieren, Stengel und Kerngehäuse entfernen und die Frucht in dünne Scheiben schneiden. Den Fenchel putzen, die röhrenförmigen Stengel entfernen und nach Belieben etwas Grün zum Dekorieren beiseite legen. Die Knolle in Viertel zerteilen, den harten inneren Teil entfernen und die Knolle in dünne Scheiben schneiden. Friséesalat oder Wasserkresse putzen und in mundgerechte Stücke zupfen.

Essig und Ingwer in einer kleinen Schüssel miteinander verrühren. 5 Minuten ruhen lassen, dann Zucker und Öl unterrühren und mit Salz und Pfeffer abschmecken. Friséesalat beziehungsweise Wasserkresse mit der Hälfte der Vinaigrette überziehen und auf zwei Teller verteilen. Auf dem Salatbett Birnen- und Fenchelscheiben anrichten, mit der restlichen Vinaigrette beträufeln und eventuell mit etwas Fenchelgrün garnieren.

FÜR 2 PERSONEN

Gegrillte Täubchen in Honigmarinade; Wilder Reis; Salat aus Birne, Fenchel und Frisée

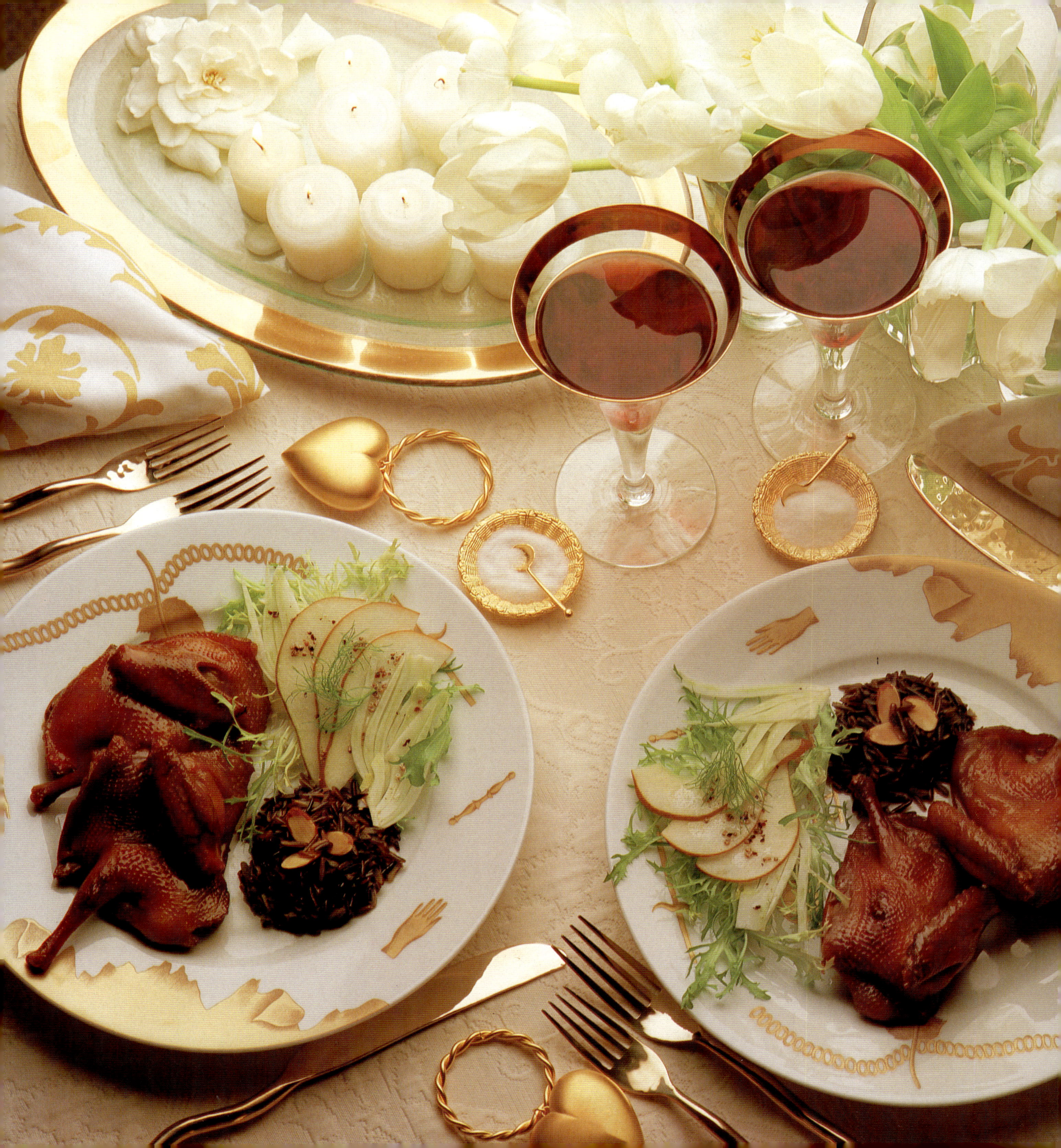

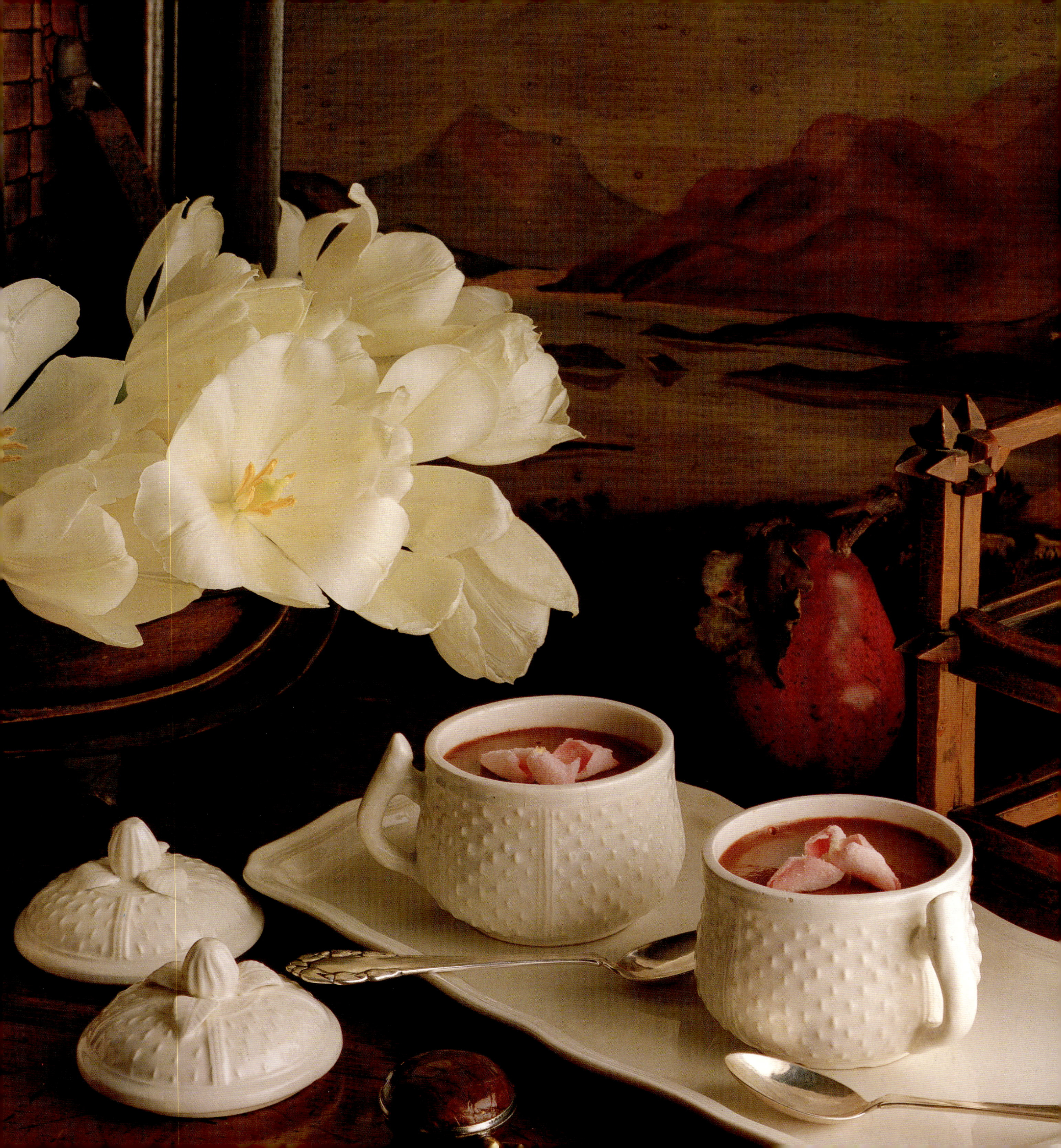

SCHOKOLADENCREME MIT KANDIERTEN ROSENBLÜTENBLÄTTERN

Kandierte Rosenblütenblätter findet man in gut sortierten Delikatessenläden. Es ist jedoch relativ einfach, sie selbst herzustellen. Man sollte allerdings darauf achten, daß die Rosen nicht mit Schädlingsbekämpfungsmitteln behandelt wurden.

FÜR DIE SCHOKOLADENCREME:
160 ml Crème double
60 g zartbittere Schokolade, gerieben
2 TL brauner Zucker
1 Prise Salz
2 Eigelb
½ TL Vanille-Essenz

FÜR DIE KANDIERTEN ROSENBLÜTENBLÄTTER:
Unbehandelte Rosenblütenblätter
1 Eiweiß, leicht aufgeschlagen
125 g Zucker

Für die Schokoladencreme Crème double, Schokolade, Zucker und Salz im Wasserbad zerlassen. Das Eigelb in einer kleinen Schüssel leicht aufschlagen und etwas von der heißen Schokoladencreme unterrühren. Das Eigelb langsam unter die Schokoladencreme rühren und die Masse im Wasserbad in etwa 10 Minuten unter ständigem Rühren dick werden lassen.

Aus dem Wasserbad nehmen, Vanille-Essenz unterrühren und die Schokoladencreme in kleine Förmchen oder Tassen füllen. Abkühlen lassen und etwa 2 Stunden oder über Nacht in den Kühlschrank stellen. Etwa eine halbe Stunde vor dem Servieren aus dem Kühlschrank nehmen.

In der Zwischenzeit jedes einzelne Rosenblütenblatt mit Eiweiß bestreichen und mit Zucker bestreuen. Auf einem Kuchengitter ausbreiten und trocknen lassen. Anschließend die Schokoladencreme damit garnieren.

FÜR 2 PERSONEN

Schokoladencreme mit kandierten Rosenblütenblättern

*Suchen Sie sich nach dem Abendessen ein gemütliches Plätzchen, wo Sie sich mit einem abschließenden Gläschen Cognac zuprosten können. Ein guter Cognac schmeckt am besten aus voluminösen Schwenkern, in denen sich sein Aroma optimal entwickeln kann. Die besten Cognacs sind lange gelagert (mindestens 6½ Jahre, meist viel länger) und tragen die Gütebezeichnungen Extra, X.O. oder Grande Réserve.
Jede Cognac-Marke hat ihre charakteristischen Eigenheiten, die auf der hohen Kunst des richtigen Verschnitts beruhen.*

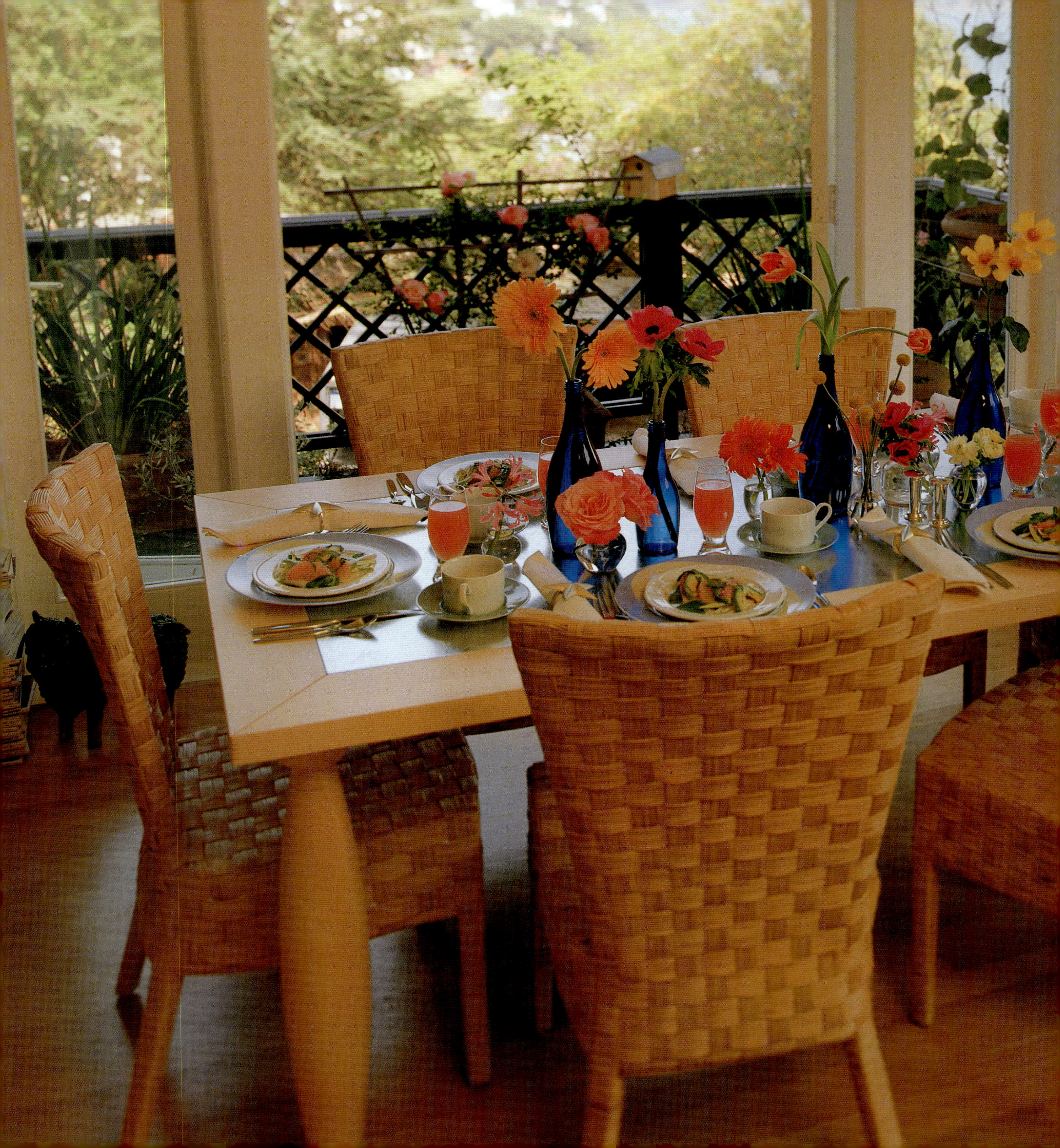

Frühlings-Brunch

Wenn die Tage länger und wärmer werden, wächst in uns der Wunsch, die Ankunft des Frühlings mit einer Feier zu begehen. Jetzt ist die beste Gelegenheit, die jungen Gaben der Natur mit der Familie oder Freunden auf einer Wochenend-Party zu genießen. Ostern, der Muttertag, vielleicht ein Geburtstag oder ein bestandenes Examen sind gute Anlässe, einen Frühlings-Brunch zu veranstalten.

Zur Jahreszeit passend haben wir eine schlichte, heitere Tischdekoration mit pastellfarbenem Geschirr gewählt, dazu ein einfaches Arrangement aus bunten Frühlingsblumen – Tulpen, Narzissen, Gerbera und Anemonen –, die wir in Vasen aus klarem Glas und farbige Mineralwasserflaschen stellten. Damit das Licht des späten Morgens voll zur Geltung kommt, sollte man den Frühlings-Brunch in einem lichtdurchfluteten Zimmer, auf einer geschützten Terrasse oder vor einem Fenster mit Blick auf den Garten anrichten. Wenn das Wetter schon warm genug ist, kann man den Brunch auch nach draußen verlegen.

FRÜHLINGS-BRUNCH

Das Menü für den Frühlings-Brunch ist aus dem Marktangebot verschiedener Jahreszeiten zusammengestellt: junge Frühlingsspargel und -erbsen, Winterbirnen und getrocknete Tomaten vom letzten Sommer. Jedes Gericht ist leicht zuzubereiten und mühelos zu servieren und paßt somit perfekt zur gemächlichen Atmosphäre eines Samstag- oder Sonntagmorgens.

Um die entspannte Stimmung eines solchen Wochenendessens und das Informelle des Anlasses zu unterstreichen, bedienen sich die Gäste beim ersten Gang, einem Salat, den man auf einer Platte auf einem Beistelltisch anrichtet, selbst. Die frisch gekochten Spaghetti können gleich auf einzelne vorgewärmte Teller verteilt und zusammen mit dem Spargel und den gerösteten Weißbrotscheiben aufgetragen werden. Sein Dessert kann jeder Gast von einem improvisierten Buffet holen, ebenso Kaffee und Tee.

Menü

Die pastellfarbenen Teller kontrastieren mit den kräftigen Farben des Salats. Die Servietten werden so aufgerollt, daß ihre spitzen Enden wie eine Wiederholung der sternförmigen Serviettenringe wirken.

WEINEMPFEHLUNGEN

Zum Salat paßt ein leichter, aromatischer Weißwein wie Sauvignon Blanc oder Riesling. Zu den Spaghetti sollten Sie einen etwas kräftigeren Chianti wählen oder einen leicht würzigen kalifornischen Zinfandel. Versuchen Sie zum Dessert einen Vin Santo oder lieblichen Marsala.

Frühlings-Brunch

Salat aus Avocado, Grapefruit und Chicorée

*Geröstetes Weißbrot mit
Püree aus getrockneten Tomaten*

Spaghetti alla Carbonara mit Erbsen

*Spargel mit
gerösteten Mandeln und Balsamico-Vinaigrette*

Polenta-Kuchen

Birnen in Rotwein

Ein hübscher Einfall: Die Einladung wird auf handgeschriebenen Postkarten verschickt und erinnert die Gäste schwarz auf weiß an Datum und Uhrzeit.

Vorbereitungsliste

◆ Zwei Tage im voraus können das Püree aus getrockneten Tomaten zubereitet und die Birnen pochiert werden.

◆ Am Vortag den Polenta-Kuchen backen.

◆ Am Vorabend die Grapefruit schälen, in Spalten zerteilen und die Vinaigrette für den Salat zubereiten.

◆ Etwa zwei Stunden vorher die pancetta in kleine Würfel schneiden und die Erbsen für die Spaghetti blanchieren.

◆ Spätestens eine Stunde vor dem Essen den Spargel vorbereiten; das Wasser für die Spaghetti rechtzeitig zum Kochen bringen.

◆ Kurz vor dem Servieren die Spaghetti kochen; den Salat anrichten und mit der Vinaigrette beträufeln.

Jeder Platz ist separat mit Blumen in kleinen Glasvasen dekoriert.

FRÜHLINGS-BRUNCH

SALAT AUS AVOCADO, GRAPEFRUIT UND CHICORÉE

Sie sollten diesen einfachen, erfrischenden Salat schon soweit vorbereiten, daß Sie ihn sofort auftragen können, wenn Ihre Gäste Platz genommen haben.

FÜR DIE VINAIGRETTE:

5 EL gehackte frische Minze
60 ml frisch gepreßter Zitronensaft
125 ml frisch gepreßter Grapefruit-Saft
250 ml Olivenöl
3 EL Honig
1 EL geriebene Grapefruit-Schale
Salz und frisch gemahlener Pfeffer nach Belieben

FÜR DEN SALAT:

3 reife Avocados
3 rosafleischige Grapefruits
4 kleine Chicorée
etwa 1 Tasse frische Minzeblätter
5 EL gehackte frische Minze

Für die Vinaigrette gehackte Minze und Zitronensaft in einen kleinen Topf geben und aufkochen lassen. Vom Herd nehmen und 10 Minuten ziehen lassen. Durch ein Sieb in eine mittelgroße Schüssel gießen und Grapefruit-Saft und -Schale, Olivenöl sowie Honig unterrühren. Mit Salz und Pfeffer würzen und die Vinaigrette nochmals abschmecken.

Für den Salat die Avocados halbieren, den Stein entfernen, die Früchte mit einem großen Löffel vorsichtig aus der Schale nehmen und längs in dünne Scheiben schneiden. Die Grapefruits großzügig schälen, dabei die weiße Außenhaut vollständig entfernen, und die Fruchtsegmente aus den Häuten lösen. Den Chicorée putzen, halbieren, den bitteren Teil herausschneiden und die Blätter lösen. Die Chicorée-Blätter längs in Streifen schneiden.

Salat aus Avocado, Grapefruit und Chicorée

Chicorée- und Minzeblätter in eine Salatschüssel geben und mit der Hälfte der Vinaigrette würzen. Auf einer Platte oder auf sechs Tellern anrichten. Grapefruit-Spalten und Avocado-Scheiben darüber verteilen, mit der restlichen Vinaigrette beträufeln und mit der gehackten Minze bestreuen.

FÜR 6 PERSONEN

GERÖSTETES WEISSBROT MIT PÜREE AUS GETROCKNETEN TOMATEN

In Italien ist es üblich, Tomaten in der Sonne zu trocknen, um sie für den Winter haltbar zu machen. Sie sollten für dieses klassische Püree möglichst italienisches Weißbrot verwenden.

185 g in Öl konservierte, getrocknete Tomaten
1–2 Knoblauchzehen, feingehackt
75 g entsteinte schwarze Oliven (vorzugsweise Kalamata-Oliven)
Olivenöl nach Belieben
1/2 Tasse gehackte frische Basilikumblätter
12 Scheiben italienisches Weißbrot, halbiert, oder 1 kleines Baguette, in Scheiben geschnitten

Etwas Öl von den getrockneten Tomaten in einen kleinen Topf geben und heiß werden lassen. Den Knoblauch hineingeben und in etwa 2 Minuten bei mittlerer Temperatur weich werden lassen. Tomaten, Oliven, Knoblauch und etwas Olivenöl in eine Küchenmaschine oder in den Mixer geben und zu einer glatten Paste verarbeiten. Basilikum unterrühren und in eine kleine Schüssel geben. Zugedeckt kann das Püree bis zu zwei Tage im Kühlschrank aufbewahrt werden.

Die Brotscheiben rösten, mit dem Püree bestreichen und auftragen. Man kann das Brot auch im Körbchen servieren und das Püree in einer Schüssel extra dazu reichen.

FÜR 6 PERSONEN

SPAGHETTI ALLA CARBONARA MIT ERBSEN

Dieses klassische römische Nudelgericht nach »Köhlerart« mit einer Sauce aus Eiern, Speck und Käse eignet sich gut für einen Brunch. Frische Erbsen verleihen dem Gericht einen Hauch von Frühling.

375 magere gerollte *pancetta* oder magerer Bauchspeck
250 g frische, ausgelöste oder aufgetaute tiefgefrorene Erbsen
4 Eier
60 g frisch geriebener Parmesan oder eine Mischung aus Parmesan und Pecorino
1 EL frisch gemahlener Pfeffer
1 EL Salz
500 g Spaghetti
2 EL Olivenöl
Frisch geriebener Parmesan und frisch gemahlener Pfeffer zum Bestreuen

Die *pancetta* auseinanderrollen, quer in 6 mm dicke Streifen schneiden und beiseite stellen. Die Erbsen in kochendem Salzwasser etwa 1-2 Minuten blanchieren; sie sollten nicht zu weich sein. Mit kaltem Wasser abschrecken, abtropfen lassen und beiseite stellen. Eier, Käse und Pfeffer miteinander in einer großen Servierschüssel verquirlen und in der Nähe des Ofens oder auf einer Wärmplatte warm stellen.

In einem großen Topf Wasser zum Kochen bringen. Salz zugeben, die Spaghetti in den Topf geben und in etwa 7–9 Minuten *al dente* kochen.

In der Zwischenzeit das Öl erhitzen, die *pancetta* hineingeben und unter gelegentlichem Rühren etwa 5 Minuten braten. Der Bauchspeck sollte glasig, aber nicht knusprig sein. Beiseite stellen.

Die Erbsen zum Aufwärmen kurz zu den *al dente* gekochten Spaghetti in den Topf geben. Nudeln und Erbsen in ein Sieb gießen, gut abtropfen lassen und in die Schüssel zu den Eiern geben. *Pancetta* und reichlich vom ausgelassenen Fett zugeben und alles schnell und gründlich vermengen. Die Sauce sollte eine dickflüssige Konsistenz haben. Sofort mit frisch geriebenem Parmesan und Pfeffer auftragen.

FÜR 6 PERSONEN

Spaghetti alla Carbonara mit Erbsen; Geröstetes Weißbrot mit Püree aus getrockneten Tomaten

SPARGEL MIT GERÖSTETEN MANDELN UND BALSAMICO VINAIGRETTE

Dieses Spargelgericht schmeckt sowohl warm wie kalt. Wenn Sie es kalt auftragen wollen, können Sie es bequemerweise im voraus zubereiten.

1 kg frischer grüner Spargel
60 g Butter
60 ml Olivenöl
90 g geröstete Mandelstifte oder
   Pinienkerne (siehe Glossar)
90 ml Balsamico-Essig (oder nach Belieben)
Salz und frisch gemahlener Pfeffer

Den Spargel auf gleiche Länge schneiden. Einen großen Topf etwa 5 cm hoch mit Wasser füllen, Salz zugeben und aufkochen lassen. Den Spargel darin auslegen und ohne Deckel etwa 3–5 Minuten kochen lassen. Er sollte noch Biß haben. Den Spargel aus der Pfanne nehmen und mit kaltem Wasser abschrecken. Abtropfen lassen und trockentupfen. Lauwarm werden lassen und in der Zwischenzeit die Vinaigrette zubereiten. Alternativ die Vinaigrette vorher zubereiten und den Spargel heiß damit auftragen.

Für die Vinaigrette Butter und Öl in einem Topf erhitzen. Die Nüsse hineingeben und unter Rühren goldgelb werden lassen. Balsamico-Essig zugeben, kurz aufkochen lassen und über den Spargel gießen. Mit Salz und Pfeffer würzen und servieren.

FÜR 6 PERSONEN

POLENTA-KUCHEN

FÜLLT EINE ÜBLICHE KASTENFORM VON ETWA 30 x 8 x 8 CM GRÖßE.

Während des Backens erfüllt der süße Duft von Mais die Küche. Der Kuchen läßt sich ohne Schwierigkeiten im voraus zubereiten, sollte aber dann bis zum Anschneiden in Klarsichtfolie eingeschlagen bleiben.

185 g Mehl
2 TL Backpulver
$1/2$ TL Salz
$1/4$ TL geriebene Muskatnuß
250 g Butter, zimmerwarm
250 g Zucker
6 Eier
1 TL Vanille-Essenz
$1/2$ TL Mandel-Essenz
Geriebene Schale von 1 Zitrone
125 g gelbes Maismehl, gesiebt

Die Kastenform gut ausbuttern und mit Mehl bestäuben. Den Backofen auf 180 °C vorheizen.

Mehl, Backpulver, Salz und Muskatnuß durchsieben und beiseite stellen. In einer großen Schüssel Butter und Zucker schaumig rühren. Eier, Vanille- und Mandel-Essenz sowie Zitronenschale unterrühren. Durchgesiebtes Mehl sowie Maismehl zugeben und zu einem glatten Teig verarbeiten.

Den Teig in die vorbereitete Form füllen und etwa 1 Stunde backen. Zur Garprobe mit einem Zahnstocher in die Mitte des Kuchens stechen. Bleibt kein Teig daran haften, ist der Kuchen gar und kann aus dem Ofen genommen werden. Etwa 15 Minuten in der Form abkühlen lassen, danach auf ein Kuchengitter stürzen und kalt werden lassen. In Scheiben schneiden und auftragen.

Spargel mit gerösteten Mandeln und Balsamico-Vinaigrette

FRÜHLINGS-BRUNCH

Polenta-Kuchen; Birnen in Rotwein

Hübsche Tulpensträußchen umrahmen das Tee- und Kaffeeservice, das griffbereit auf einem Beistelltisch steht

BIRNEN IN ROTWEIN

Diese Birnen passen ausgezeichnet zum Polenta-Kuchen; sie schmecken jedoch auch sehr gut, wenn man sie nur mit etwas Sahne oder Zabaglione aufträgt.

6 kleine, feste, reife Birnen
Saft von 1 Zitrone
Geriebene Schale von 1 Zitrone und
   1 Orange
1 Stange Zimt
1 Stück Sternanis
3 Gewürznelken
250 g Zucker
125 ml Wasser
750 ml trockener Rotwein

Die Birnen schälen und das Kerngehäuse vom Blütenansatz her mit einem speziellen Ausstecher entfernen, oder die Birnen halbieren und dann entkernen. Die Birnen in eine Schüssel geben und mit einer Mischung aus Wasser und Zitronensaft bedecken, damit sie sich nicht verfärben.

In einen großen Topf Zitronen- und Orangenschale, Zimt, Sternanis, Gewürznelken, Zucker, Wasser und Wein geben. Aufkochen lassen und die Birnen hineinsetzen. Die Hitze reduzieren und die Birnen ohne Deckel pochieren. Ganze Früchte brauchen etwa 35 Minuten, halbierte 25 Minuten. Zur Garprobe mit einem kleinen Metallspießchen hineinstechen. Läßt es sich mühelos hineindrücken, kann man die Birnen mit einem Schaumlöffel aus dem Topf nehmen und in eine Schüssel geben. Die Garflüssigkeit abkühlen lassen und über die Birnen gießen. Über Nacht oder bis zu zwei Tage in den Kühlschrank stellen. Die Birnen aus dem Kühlschrank nehmen und bei Zimmertemperatur oder leicht erwärmt servieren.

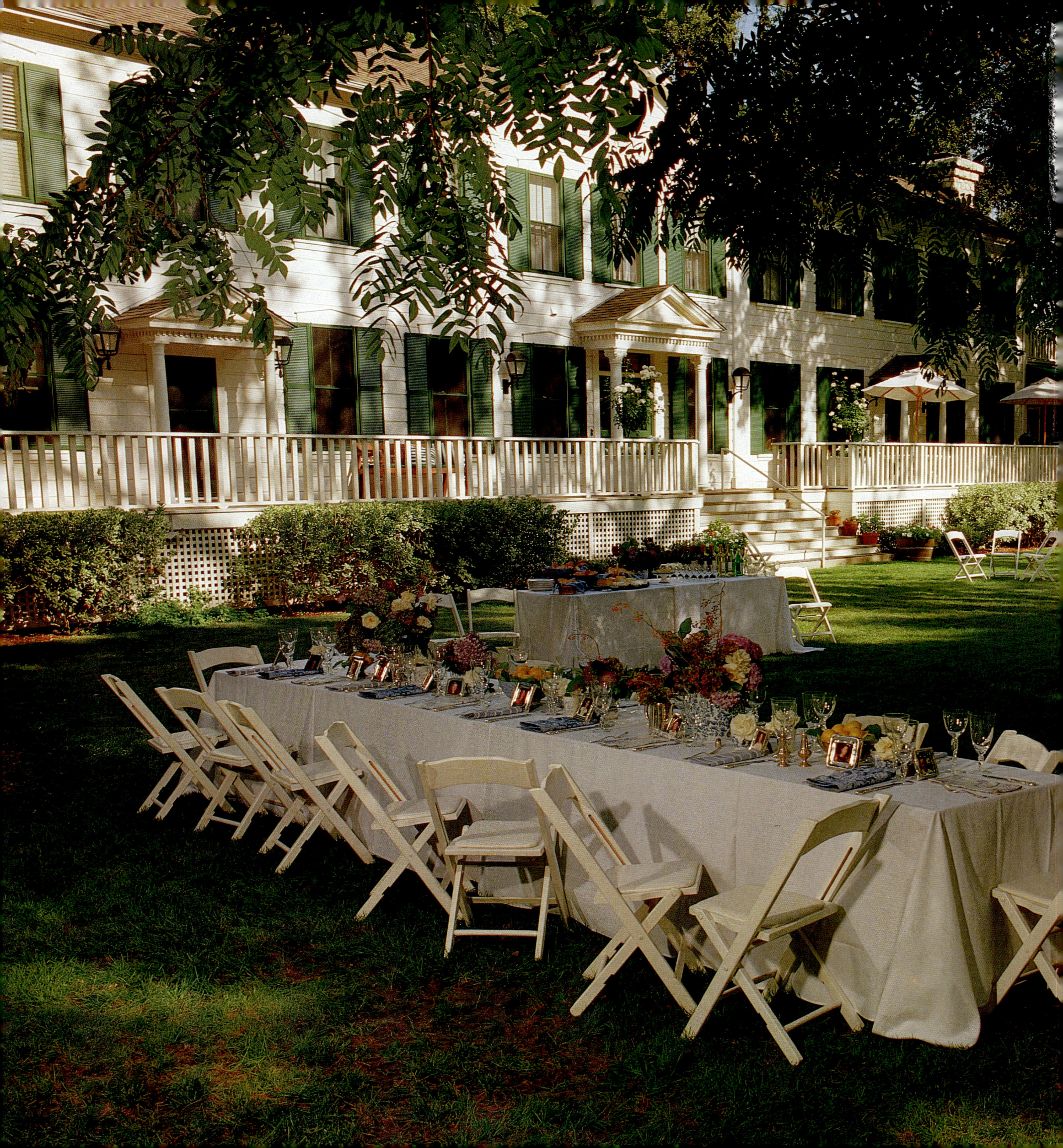

Gala-Buffet

Nichts ist schöner als ein Platz an der Sonne, um eine Verlobung, eine Hochzeit, ein Jubiläum oder eine bestandene Prüfung an einem warmen Frühjahrs- oder Sommertag zu feiern. Eine Wiese, ein Garten, ein sonniger Innenhof, eine Terrasse oder helle Innenräume bieten reichlich Raum für eine große Zahl von Gästen. Da der Anlaß wichtig ist, sollten sowohl die Speisen als auch das Ambiente gleichzeitig elegant und einladend sein. Als Festtafel eignet sich ein langer Tisch, an dem alle Gäste Platz haben; als Alternative kann man auch mehrere kleinere Tische aufstellen. Das weiß-blaue Porzellan, das wir für das Büffet ausgewählt haben, stammt aus altem Familienbesitz. Wo immer sich Platz dafür bietet, können Sie Blumen in Gefäßen jeglicher Form und Größe arrangieren.

Die Feier wird jedem Gast unvergeßlich bleiben, wenn er als Tischkarte sein Bildnis, das Sie mit einer Sofortbildkamera bei der Ankunft aufgenommen haben, in einem hübschen Rahmen an seinem Platz vorfindet und es als charmantes Andenken mit nach Hause nehmen kann.

GALA-BUFFET

Ein Sofortbild als Tischkarte ist gleichzeitig ein schönes Andenken.

Menü

Da wir die Feier für 24 Personen geplant haben, bietet bei so vielen Gästen ein Buffet die beste Möglichkeit, daß jeder mit jedem ins Gespräch kommen kann. Zudem erlaubt es, ein Maximum an Gästen mit einem Minimum an Aufwand zu bewirten. Die große Auswahl an Gerichten garantiert, daß für jeden Geschmack etwas dabei ist. Je nach Zahl der Eingeladenen kann die Zahl der Rezepte aufgestockt oder reduziert werden.

Damit alles, was das Buffet bieten soll, auch rechtzeitig vor- und zubereitet werden kann, sollten Sie sich mit der Vorbereitungsliste und den Rezepteinleitungen schon früh vertraut machen. Falls Sie selbst nur wenig Zeit zur Verfügung haben, können Sie die Hilfe von Freunden, Familienangehörigen oder eines Party-Services in Anspruch nehmen. Da jedoch alle Gerichte bei Zimmertemperatur serviert werden, dürfte die rechtzeitige Zusammenstellung des Buffets keine Schwierigkeiten machen.

Zeigen Sie sich experimentierfreudig in der Wahl Ihrer Blumenbehälter: Schalen, Champagnerkübel, silberne Teekannen, Eierbecher, Porzellantassen und -trinkbecher eignen sich als Vasen.

Auswahl an verschiedenen Käsen

❧

Garnelen mit Origano und Knoblauch

Salat von Stangensellerie, Pilzen und Chicorée

*Rinderfilet mit
Paprika, Koriander und Kreuzkümmel*

Salat von zweierlei Reis

Thunfisch mit Paprikaschoten und Oliven

❧

Tiramisù mit Beeren

VORBEREITUNGSLISTE

◆ Vier Tage vorher das Rinderfilet marinieren.
◆ Am Vortag das Fleisch mit Salz würzen.
◆ Am Vorabend das Tiramisù zubereiten.
◆ Spätestens vier Stunden vor dem Essen den Reissalat anmachen.
◆ Drei Stunden vorher den Thunfisch vorbereiten.
◆ Bis zu zwei Stunden vorher die Garnelen marinieren; den Selleriesalat zubereiten.
◆ Eine Stunde vor dem Essen die Garnelen grillen und das Rinderfilet braten.

JEDES REZEPT IST FÜR 6 ODER MEHR PORTIONEN BERECHNET.
FÜR EIN PARTY-BUFFET FÜR 24 PERSONEN SIND DIE ANGEGEBENEN MENGEN ENTSPRECHEND ZU MULTIPLIZIEREN.

Eine Auswahl an Getränken, Gläser und Eis stehen auf einem Tisch bereit, so daß sich Ihre Gäste selbst bedienen können. Weine und Wasser sind an einer improvisierten Bar auf dem Rasen zu finden.

WEINEMPFEHLUNGEN

Sie sollten zum Essen sowohl einen Weiß- als auch einen Rotwein reichen. Wählen Sie einen nicht zu kräftigen, spritzigen Weißwein, zum Beispiel einen leichten Vernaccia di San Gimignano, einen friaulischen Pinot Grigio, einen italienischen Chardonnay oder einen französischen Chablis; als Rotwein empfiehlt sich ein toskanischer Pinot Nero wie Castello di Ama oder ein Cabernet Sauvignon aus dem Friaul. Zum Tiramisù paßt ein lieblicher Schaumwein wie Asti Spumante, den man nach Wunsch mit etwas Beerenlikör oder Crème de Cassis parfümieren kann.

Garnelen mit Origano und Knoblauch

Origano gibt den gegrillten Garnelen ihre besondere Würze. Bereiten Sie etwas mehr Marinade zu und servieren Sie sie als Sauce. Man kann die Garnelen aber auch nur mit Zitronenspalten garniert auftragen. Falls Sie Holzspieße verwenden, sollten Sie diese vor Gebrauch etwa 20 Minuten in warmes Wasser legen, damit sie auf dem Grill nicht verbrennen.

36 große Garnelen
3 EL getrockneter Origano
1 EL feingehackter Knoblauch
250 ml Olivenöl
90 ml Sherry-Essig
Salz und frisch gemahlener Pfeffer
Zitronenspalten

Die Garnelen schälen, den Darm entfernen (siehe Glossar) und die Garnelen beiseite stellen. In einem kleinen Topf zwei Eßlöffel Olivenöl bei mittlerer Temperatur erhitzen und Origano und Knoblauch etwa zwei Minuten darin garen. Den Topf vom Herd nehmen und Essig sowie restliches Olivenöl unterrühren. Mit Salz und Pfeffer abschmecken und abkühlen lassen. Die Marinade über die Garnelen gießen und maximal zwei Stunden im Kühlschrank ziehen lassen.
    Den Holzkohlengrill vorheizen. Einen leicht eingeölten Rost etwa 10–15 cm über der Glut plazieren. Oder statt des Holzkohlengrills einen Elektro- oder Gasgrill vorheizen. Die Garnelen aus der Marinade nehmen und jeweils drei Stück auf insgesamt zwölf Spieße stecken. Die Garnelen über der Glut etwa zwei Minuten auf jeder Seite grillen. Ihr Fleisch sollte rosa und saftig sein. Mit Zitronenspalten garnieren und auftragen.

Für 6 Personen
(Für ein Buffet doppelte Mengenangaben)

Salat von Stangensellerie, Pilzen und Chicorée

Ein pikantes Dressing unterstreicht den leicht bitteren Geschmack des Chicorées. Fertig zubereitet bleibt der Salat bis zu zwei Stunden knackig frisch.

125 ml Olivenöl
60 ml Walnußöl, kurz erhitzt
60 ml frisch gepreßter Zitronensaft
60 ml Crème double
2 TL Dijon-Senf
Salz und frisch gemahlener Pfeffer
250 g Stangensellerie, in dünne Scheiben geschnitten
250 g frische Pilze, geputzt und in dünne Scheiben geschnitten
150 g Gruyère, in lange, dünne Streifen geschnitten
125 g Walnüsse, geröstet und grob gehackt (siehe Glossar)
3–4 Köpfe Chicorée

In einer kleinen Schüssel Olivenöl, Walnußöl, Zitronensaft, Crème double und Senf glatt miteinander verrühren und mit Salz und Pfeffer würzen.
    Stangensellerie, Pilze, Käse und Walnüsse in eine große Schüssel geben, mit der Vinaigrette beträufeln und gründlich vermengen. Von den Chicoréeköpfen die Blätter lösen. Eine große Platte mit den Chicoréeblättern auslegen und den Sellariesalat darauf anrichten.
    Oder aber die Vinaigrette über Sellerie, Pilze und Käse gießen, gut vermengen und die Chicoréeblätter damit füllen. Die gefüllten Chicoréeblätter auf einer Platte anrichten und mit den gehackten Walnüssen bestreuen.

Für 6 Personen
(Für ein Buffet doppelte Mengenangaben)

Eine Auswahl an Käse, verschiedene Brote und Crackers. Sie sollten darauf achten, daß für jeden Geschmack etwas dabei ist: weiche und schnittfeste Käse sowie Frischkäse wie (im Uhrzeigersinn von oben rechts) vollfetter Brie, Schichtkäse aus Cheddar und Gorgonzola, Ziegenkäse mit Pfeffer, alter Gouda, Pierre Robert (ein französischer Rohmilchkäse) und Port Salut. Der Käse sollte, damit sich die Gäste leichter bedienen können, in der Nähe des Weins stehen.

*Garnelen mit Origano und Knoblauch;
Salat von Stangensellerie, Pilzen und Chicorée*

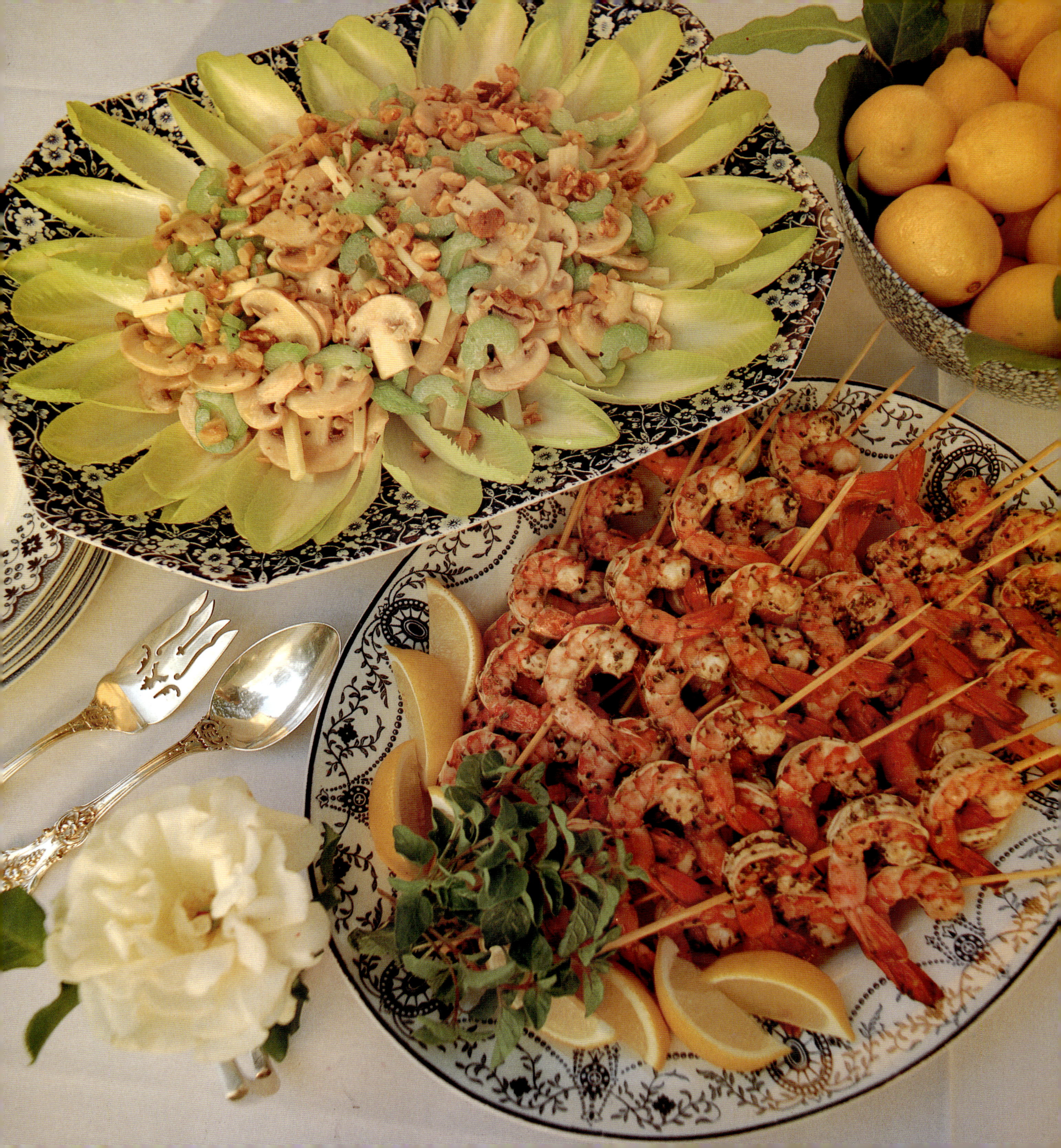

GALA-BUFFET

RINDERFILET MIT PAPRIKA, KORIANDER UND KREUZKÜMMEL

Das Rinderfilet wird mit einer Gewürzmischung eingerieben und für vier Tage mariniert; dadurch bekommt es einen besonders aromatischen Geschmack. Gebraten sollte es innen noch blutig bis rosa sein. Gäste, die das Fleisch stärker durchgebraten mögen, sollten sich die Endstücke auflegen.

1 Rinderfilet (etwa 1 3/4 kg)
3 EL Paprikapulver
2 TL gemahlener Kreuzkümmel
1 EL gemahlener Koriander
2 EL frisch gemahlener Pfeffer
1 TL geriebene Muskatnuß
¼ TL Cayennepfeffer
1 EL Salz
Scharfer Senf, mit etwas Zucker abgeschmeckt, oder eine Mischung aus scharfem und süßem Senf

Das Rinderfilet parieren. Fett und Häute entfernen. Paprikapulver, Kreuzkümmel, Koriander, Pfeffer, Muskatnuß und Cayennepfeffer vermischen und das Fleisch damit von allen Seiten einreiben. Das Filet in ein großes Glas- oder Plastikgefäß geben und zugedeckt im Kühlschrank vier Tage marinieren. Am dritten Tag das Rinderfilet mit dem Salz bestreuen.

Etwa eine Stunde vor dem Braten das Fleisch aus dem Kühlschrank nehmen,

Thunfisch mit Paprikaschoten und Oliven; Rinderfilet mit Paprika, Koriander und Kreuzkümmel; Salat von zweierlei Reis

damit es sich auf Zimmertemperatur erwärmen kann. Eine Grillplatte oder eine große gußeiserne Pfanne heiß werden lassen und den Backofen auf 180 °C vorheizen. Das Filet auf die Platte oder in die Pfanne geben und von allen Seiten in etwa 6–8 Minuten anbraten. Das Fleisch dann in einen Bratentopf legen, in den Ofen schieben und etwa 10–15 Minuten garen lassen. Mit einem Fleischthermometer etwa in der Mitte des Filets einstechen; zeigt es eine Temperatur von 50 °C an, den Topf aus dem Ofen nehmen. Das Rinderfilet, mit Alufolie zugedeckt, auf einem Brett etwa 15 Min. ruhen lassen, dann in dünne Scheiben schneiden. Mit scharf-süßem Senf auftragen.

FÜR 6 PERSONEN
(FÜR EIN BUFFET DOPPELTE MENGENANGABEN)

SALAT VON ZWEIERLEI REIS

Aus zart parfümiertem Basmati-Reis und nussig-aromatischem wildem Reis sowie einer würzig-süßlichen Vinaigrette wird dieser wohlschmeckende Salat zubereitet.

FÜR DEN REIS:

1 l kaltes Wasser
4 TL Salz
90 g wilder Reis
300 g Basmati-Reis
1 Stück frischer Ingwer, etwa 5 cm lang

FÜR DIE VINAIGRETTE:

1/2 TL geriebene Muskatnuß
1/2 TL gemahlener Kreuzkümmel
2–3 EL frisch gepreßter Zitronensaft
125 ml Oliven- oder Erdnußöl
Salz und frisch gemahlener Pfeffer

ZUM FERTIGSTELLEN DES SALATS:

50 g gehackte Frühlingszwiebeln
90 g Korinthen, etwa 10–20 Minuten in 125 ml Marsala eingeweicht
60 g geröstete Pinienkerne oder Mandelblättchen (siehe Glossar)

Für den Reis 375 ml Wasser und 2 TL Salz in einem mittleren Topf aufkochen lassen. Den wilden Reis hineingeben, die Hitze reduzieren und den Reis zugedeckt in etwa 45 Minuten gar werden lassen.

Basmati-Reis und 625 ml Wasser in einen mittleren Topf geben und etwa eine Stunde einweichen. Auf den Herd stellen und aufkochen lassen. Die restlichen zwei Teelöffel Salz und Ingwer zugeben, die Hitze reduzieren und den Reis zugedeckt etwa 15 Minuten köcheln lassen, bis er alle Flüssigkeit aufgenommen hat und gar ist. Den Ingwer entfernen.

Für die Vinaigrette Muskatnuß und Kreuzkümmel in eine kleine Schüssel geben und mit dem Zitronensaft verrühren. Oliven- oder Erdnußöl unterrühren und mit Salz und Pfeffer abschmecken.

Den noch warmen Basmati- und den wilden Reis in einer großen Schüssel miteinander vermengen und die Vinaigrette unterrühren. Frühlingszwiebeln, Korinthen samt dem nicht aufgenommenen Marsala sowie die Nüsse zugeben, alles gründlich miteinander vermischen und noch einmal abschmecken. Den Reissalat zimmerwarm servieren.

FÜR 6 PERSONEN
(FÜR EIN BUFFET DOPPELTE MENGENANGABEN)

Auch zum Rinderfilet kann eine Schüssel Reissalat serviert werden.

THUNFISCH MIT PAPRIKASCHOTEN UND OLIVEN

Sie sollten diesen einfachen mediterranen Salat bis zu drei Stunden im voraus zubereiten, damit sich die Aromen gut miteinander vermischen können.

500 g frischer Thunfisch, in 2½ cm dicke Scheiben geschnitten, oder Thunfisch aus der Dose (in Öl oder Wasser), abgetropft
2 rote Paprikaschoten
2 gelbe Paprikaschoten
180 ml Olivenöl
60 ml Rotweinessig (oder mehr, nach Belieben)
1 EL feingehackter Knoblauch
2 EL feingehackte Anchovis
60 g Kapern, abgespült, abgetropft und grob gehackt
Frisch gemahlener Pfeffer
Rucola (Rauke) zum Auslegen der Platte (nach Belieben)
75 g entsteinte, halbierte Oliven, vorzugsweise aus Kalamata
15 g gehackte glatte Petersilie

Falls Sie frischen Thunfisch verwenden, den Fisch in eine eingeölte feuerfeste Form geben, fest mit Alufolie verschließen und in dem auf 230 °C vorgeheizten Ofen etwa 8–10 Minuten garen. Der Thunfisch sollte innen noch rosa und saftig sein. Aus dem Ofen nehmen und abkühlen lassen. In der Zwischenzeit die Paprikaschoten, wie auf Seite 189 beschrieben, grillen, enthäuten und entkernen. Die Schoten in dünne Streifen schneiden.

Den Thunfisch in mundgerechte Stücke zerteilen und in eine Schüssel geben. In einer anderen Schüssel Öl, Essig, Knoblauch, Anchovis und Kapern miteinander verrühren. Mit Pfeffer abschmecken und die Hälfte der Vinaigrette über den Thunfisch gießen. Gründlich vermengen. Die Paprikaschoten mit der restlichen Vinaigrette beträufeln. Eine Platte nach Belieben mit Rucola (Rauke) auslegen, die Paprikaschoten darauf anrichten und darüber den Thunfisch geben. Mit Oliven und gehackter Petersilie garnieren.

Tiramisù mit Beeren

Tiramisù, das beliebte italienische Dessert, bekommt in diesem Rezept durch reife Beeren ein neues, frisches Aroma. Die Torte läßt sich besser aufschneiden, wenn man sie am Vorabend zubereitet und mit einem Gewicht beschwert im Kühlschrank aufbewahrt. Die Beeren-Sauce wird getrennt dazu aufgetragen.

Für den Biskuitteig:

6 Eier
250 g Zucker
1 TL Vanille-Extrakt
1 TL geriebene Zitronenschale
125 g Mehl, gesiebt
6 EL zerlassene Butter

Für die Creme-Füllung:

5 Eier, getrennt
90 g Zucker
500 g Mascarpone, zimmerwarm
2 EL dunkler Rum oder Marsala
1 TL Vanille-Extrakt

Für die Beeren-Füllung:

500 g Himbeeren oder in Scheiben geschnittene Erdbeeren
60 ml dunkler Rum oder Marsala
2 EL Zucker

Für die Beeren-Sauce:

125 g Himbeeren oder Erdbeeren
60 g Zucker
1 TL Vanille-Extrakt

Zum Garnieren:

Puderzucker
12 ganze Himbeeren oder Erdbeeren

Für den Biskuitteig den Backofen auf 180 °C vorheizen. Eine Springform von 23 cm Durchmesser ausbuttern und den Boden mit Back- oder Pergamentpapier belegen.

Eier und Zucker in eine Schüssel geben und im Wasserbad einige Minuten mit dem Schneebesen aufschlagen. Wenn die Masse warm ist, aus dem Wasserbad nehmen und mit dem elektrischen Handrührgerät bei hoher Drehzahl etwa 8 Minuten aufschlagen. Die Masse sollte jetzt sehr dick, steif und hellgelb sein. Vanille-Extrakt und Zitronenschale unterrühren. Mit einem Spatel vorsichtig die Hälfte des gesiebten Mehls unterheben, danach die zerlassene Butter und zum Schluß das restliche Mehl unterrühren.

Den Bisquitteig in die vorbereitete Form geben, glattstreichen und im mittleren Einschub des Ofens etwa 30 Minuten backen. Zur Garprobe mit einem kleinen Metallspießchen oder einem Zahnstocher in die Mitte des Biskuits stechen. Bleibt kein Teig daran kleben, kann man den Kuchen aus dem Ofen nehmen. Aus der Form nehmen und auf einem Kuchengitter vollkommen auskühlen lassen. Den Biskuitkuchen mit einem Sägemesser quer in drei etwa gleich dicke Böden schneiden.

Für die Creme-Füllung in einer Schüssel das Eigelb mit der Hälfte des Zuckers einige Minuten im Wasserbad aufschlagen. Aus dem Wasserbad nehmen und mit dem elektrischen Handrührgerät bei hoher Drehzahl in etwa 8–10 Minuten zu einer dicken hellgelben und schaumigen Masse aufschlagen.

Den Mascarpone mit einer Gabel glattrühren und unter die Eimasse heben. Rum oder Marsala und den Vanille-Extrakt unterrühren. In einer großen Schüssel das Eiweiß in einigen Minuten schaumig schlagen. Nach und nach den restlichen Zucker einrieseln lassen und in etwa einer Minute zu Eischnee aufschlagen. Den Eischnee unter die Eigelb-Zucker-Mascarpone-Mischung heben.

Für die Beeren-Füllung die Beeren mit Rum oder Marsala sowie dem Zucker vermischen und etwa 10 Minuten ziehen lassen.

Zum Fertigstellen des Kuchens einen Biskuitboden in eine Springform mit einem Durchmesser von etwa 23 cm geben. Die Hälfte der Beeren gleichmäßig darüber verteilen. Die Hälfte der Creme darauf verstreichen und mit einem Biskuitboden bedecken. Darauf wiederum die restlichen Beeren verteilen, mit der restlichen Creme bestreichen und mit einem Biskuitboden abschließen. Die Form in Alufolie wickeln, den Kuchen mit mehreren Tellern beschweren und über Nacht in den Kühlschrank stellen.

Für die Sauce die Beeren mit Zucker und Vanille-Extrakt verrühren und im Mixer oder in der Küchenmaschine pürieren. Die Beeren-Sauce durch ein Sieb passieren und bis zum Servieren kalt stellen.

Kurz vor dem Servieren den Kuchen aus der Form nehmen und auf einer Platte anrichten. Mit Puderzucker bestäuben, mit ganzen Himbeeren oder Erdbeeren garnieren und mit der Sauce auftragen.

Für 12 Personen
(Für ein Buffet empfehlen sich zwei Torten)

Elegante Champagnergläser und ein silberner Sektkübel für den zum Dessert gereichten Schaumwein geben dem Gala-Buffet einen festlichen Anstrich.

Tiramisù mit Beeren

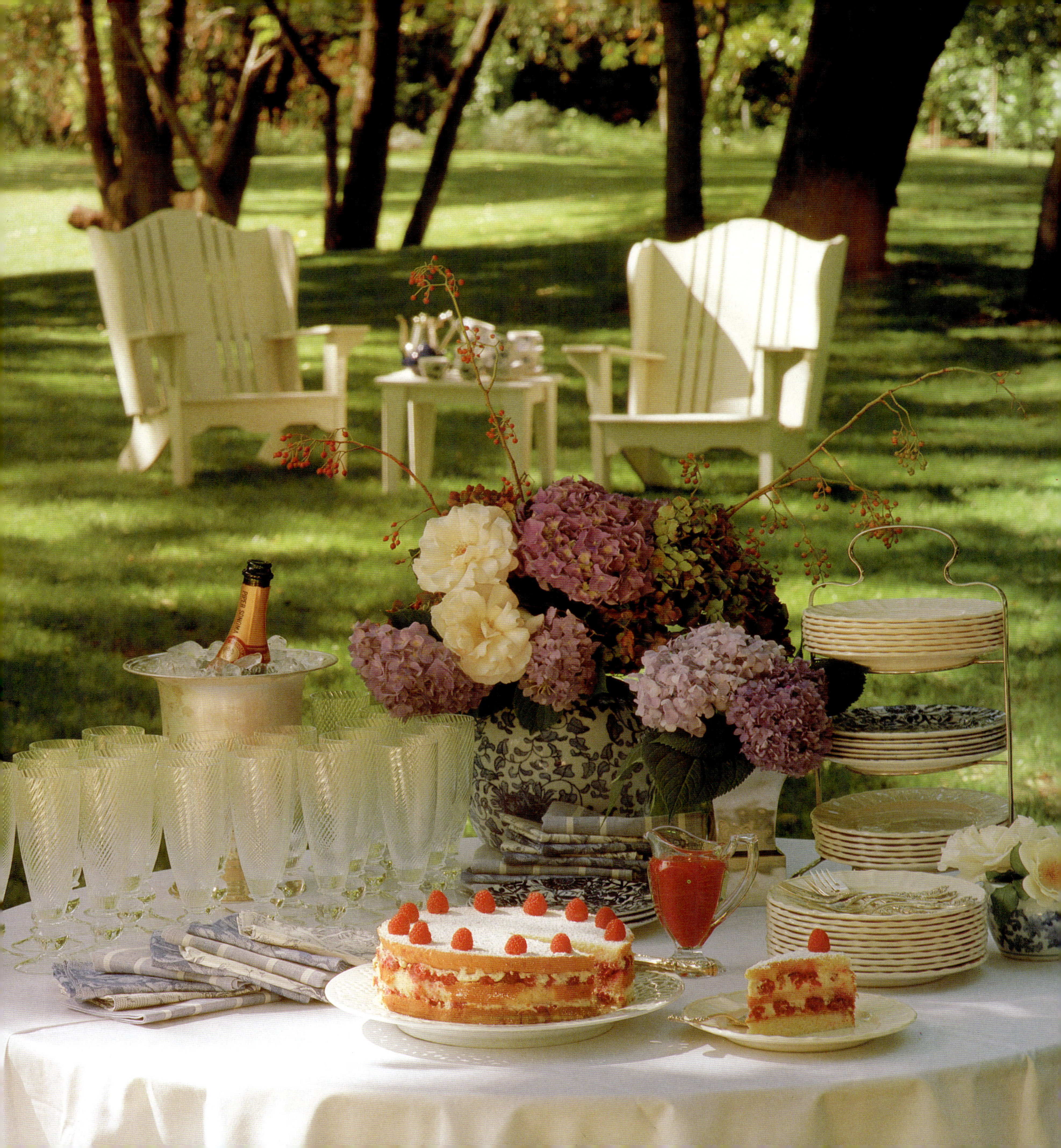

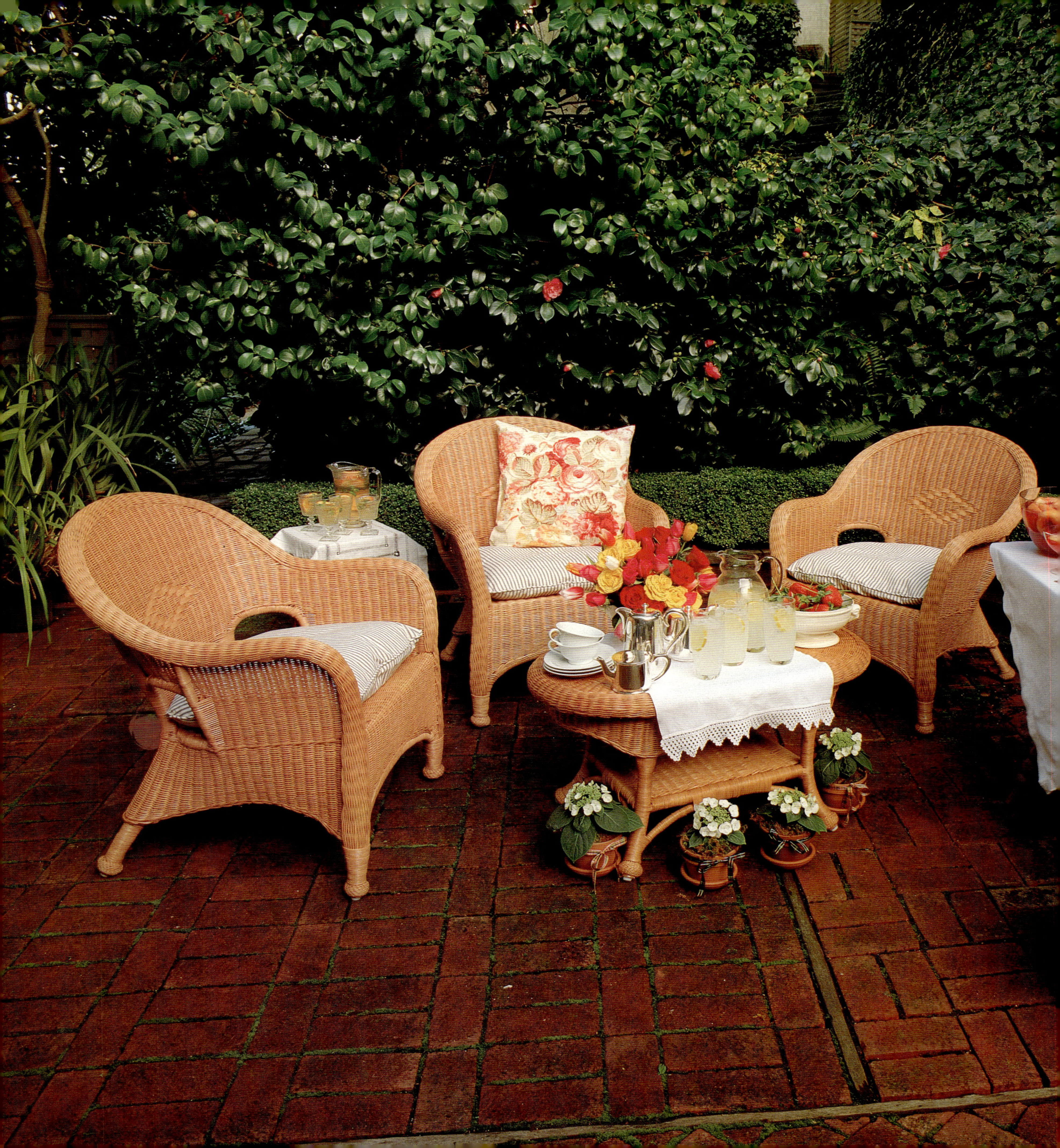

NACHMITTAGSTEE

Eine Zusammenkunft zur Teestunde im Garten, auf der Loggia oder im Wintergarten hat meist einen unbeschwerten oder beschaulichen Charakter. Unbeschwert dann, wenn man eine Verlobung feiert, Gäste zur Taufe einlädt oder den Geburtstag eines guten Freundes oder Familienmitglieds begeht. Beschaulich andererseits, wenn man sich trifft, um sich an Vergangenes, das man gemeinsam durchlebt hat, zu erinnern.

Um die unbeschwerte Frische des Menüs zu unterstreichen, legen wir frisch gestärkte Leinentischtücher und -servietten sowie ein Gedeck mit einem Blumenmuster auf, das durch eine bunte Vielfalt von Rosen und Tulpen ergänzt wird. Damit die Gäste leichter Kontakt miteinander aufnehmen und sich unterhalten können, haben wir unterschiedliche Sitzbereiche geschaffen und getrennte Serviertische für die Speisen und Getränke aufgestellt. Kuchen, Gebäck und Obst können dann auf einem Serviertisch, belegte Brote und Brötchen auf einem anderen Tisch oder auch in einem angrenzenden Raum arrangiert werden. Sorgen Sie dafür, daß genug bequeme Stühle und Sitzkissen für alle Gäste vorhanden sind.

Das Teestunden-Menü ist für zwölf Personen ausgerichtet und vereint mit Bedacht moderne Geschmacksrichtungen mit althergebrachten Gerichten. Sie sollten Ihren Gästen eine schöne Auswahl an Teesorten anbieten, vielleicht Orange Pekoe oder den rauchigen Lapsang Souchong zu den Sandwiches oder blumigen Earl Grey sowie Kräutertee zu den Süßigkeiten. Gästen, die andere Getränke bevorzugen, können Sie Limonade oder Weinschorle anbieten.

Die Rezepte lassen sich auch gut für andere Anlässe verwenden. Belegte Brote und Brötchen sowie Gebäck und Madeleines eignen sich hervorragend für einen kleinen Lunch oder für ein Picknick. Den Teekuchen mit Konfitüre kann man auch zum Frühstück oder Brunch, die Pfirsiche jederzeit als Dessert auftragen.

Locker gestreute Rosenblütenblätter verleihen dem Teetischchen eine festliche Note. Eine kleine Vase oder ein Zuckertopf sind ein originelles Behältnis für Teelöffel.

Menü

WEINEMPFEHLUNGEN

Zusätzlich zum Tee können Sie auch Wein zum Empfang reichen, und zwar als spritzig-erfrischende Schorle, die Sie aus gleichen Teilen Mineralwasser und Wein mischen und mit einer Orangen- oder Zitronenscheibe in mit zerstoßenem Eis gefüllten Gläsern servieren. Der Wein dafür darf ruhig etwas lieblich sein, zum Beispiel ein Chenin Blanc oder ein halbtrockener Saar- oder Moselwein. Zu den Sandwiches können Sie einen frischen, leichten Weißwein einschenken, vielleicht einen Mâcon-Villages oder einen Sancerre.

NACHMITTAGSTEE

*Zitronen-Safran-Teekuchen
mit aromatischer Blaubeerkonfitüre*

Thunfisch-Paste mit getrockneten Tomaten

Pitta-Brote mit Feta, Walnüssen und Aïoli

*Sandwiches mit Tomaten,
Tapenade und Mozzarella*

Jennifer's traumhafte Schokoladenkekse

Ingwer-Orangen-Madeleines

Pfirsiche in Wein

Frische Erdbeeren

Geschenke für einen Ehrengast – so auf einem Stuhl oder Tisch plaziert, daß sie gleich ins Auge fallen.

VORBEREITUNGSLISTE

◆ Einige Monate, spätestens einen Tag im voraus die Blaubeerkonfitüre herstellen.

◆ Bis zu einer Woche im voraus die *tapenade* zubereiten.

◆ Am Vortag Teekuchen, Madeleines und Kekse backen.

◆ Am Vorabend die Thunfisch-Paste zubereiten.

◆ Bis zu vier Stunden im voraus die Pitta-Brote vorbereiten.

◆ Eine Stunde im voraus die Pfirsiche einlegen.

DIESES MENÜ IST FÜR 12 PERSONEN BERECHNET. FÜR EINE GERINGERE ANZAHL VON GÄSTEN SOLLTEN SIE WENIGER GERICHTE ZUBEREITEN.

Hortensien in Blumentöpfen, die mit dekorativen Bändern geschmückt sind, geben ein hübsches Andenken an die Gastgeber ab.

Zitronen-Safran-Teekuchen

Zerriebene Safranfäden geben dem Kuchen eine intensive gelbe Farbe und ein zartes Aroma. Wie man mit Safran umgeht, erfahren Sie im Glossar.

300 g Mehl
2 TL Backpulver
1 TL Salz
¼ TL Natron
125 g Butter, zimmerwarm
185 g Zucker
2 Eier
1 EL geriebene Zitronenschale
¼ TL zerriebene Safranfäden, mit 2 EL frisch gepreßtem Zitronensaft verrührt
180 ml Milch
60 g grobgehackte Walnüsse

Den Backofen auf 180 °C vorheizen. Eine etwa 30 cm lange Kastenform ausbuttern. Mehl, Backpulver, Salz und Natron durchsieben. In einer großen Schüssel Butter und Zucker schaumig schlagen. Eier, Zitronenschale und Safran unterrühren. Ein Drittel der Mehl-Mischung unterheben und die Hälfte der Milch unterrühren. Mit dem Einarbeiten der Zutaten in der Reihenfolge fortfahren, dabei zum Schluß das restliche Drittel der Mehl-Mischung zugeben und alles zu einem glatten Teig verarbeiten. Die Walnüsse unterrühren und den Teig in die Form geben.

Auf dem mittleren Einschub des Ofens etwa eine Stunde backen. Zur Garprobe mit einem Metallspießchen in die Mitte des Kuchens stechen; bleibt kein Teig daran kleben, kann man die Form aus dem Ofen nehmen. Den Kuchen in der Form etwa 10 Minuten abkühlen lassen. Aus der Form stürzen und auf einem Kuchengitter vollkommen auskühlen lassen. Den Teekuchen in Klarsicht- oder Alufolie wickeln und über Nacht stehen lassen. Zum Servieren in dünne Scheiben schneiden.

Ergibt einen Laib von etwa 30 cm Länge

Ein Miniatur-Teeservice als passende Dekoration auf einem Beistelltisch.

Aromatische Blaubeerkonfitüre

Milde Gewürze, Zitronenschale und ein Spritzer Apfelessig geben dieser Konfitüre das ganz besondere Aroma und den kräftigen Geschmack.

500 g frische oder aufgetaute gefrorene Blaubeeren
750 g Zucker
½ TL gemahlener Zimt
½ TL gemahlene Nelken
60 ml Apfelessig
60 ml frisch gepreßter Zitronensaft
Geriebene Schale von 1 Zitrone
Geriebene Schale von 1 Orange (nach Belieben)

Alle Zutaten in einem großen, schweren Emaille- oder rostfreien Stahltopf aufkochen lassen. Die Hitze reduzieren und die Konfitüre ohne Deckel in etwa 25 Minuten dick werden lassen. Dabei gelegentlich umrühren. Die Blaubeerkonfitüre ist schnell zubereitet. Sie sollte nicht zu fest, aber auch nicht mehr flüssig sein. Zur Probe einen Teelöffel heißer Konfitüre auf einen kalten Teller geben. Sie hat die richtige Konsistenz, wenn sie noch leicht dickflüssig ist.

In fünf sterilisierte Marmeladengläser von 250 ml Inhalt füllen, dabei einen oberen Rand von etwa 12 mm lassen, und die Gläser fest verschließen. Zum Versiegeln für etwa 10 Minuten ins heiße Wasserbad stellen (siehe Glossar auf Seite 186) oder bis zu drei Monate im Gefrierfach aufbewahren.

Ergibt etwa 1,2 Kilogramm

Zitronen-Safran-Teekuchen; Aromatische Blaubeerkonfitüre

NACHMITTAGSTEE

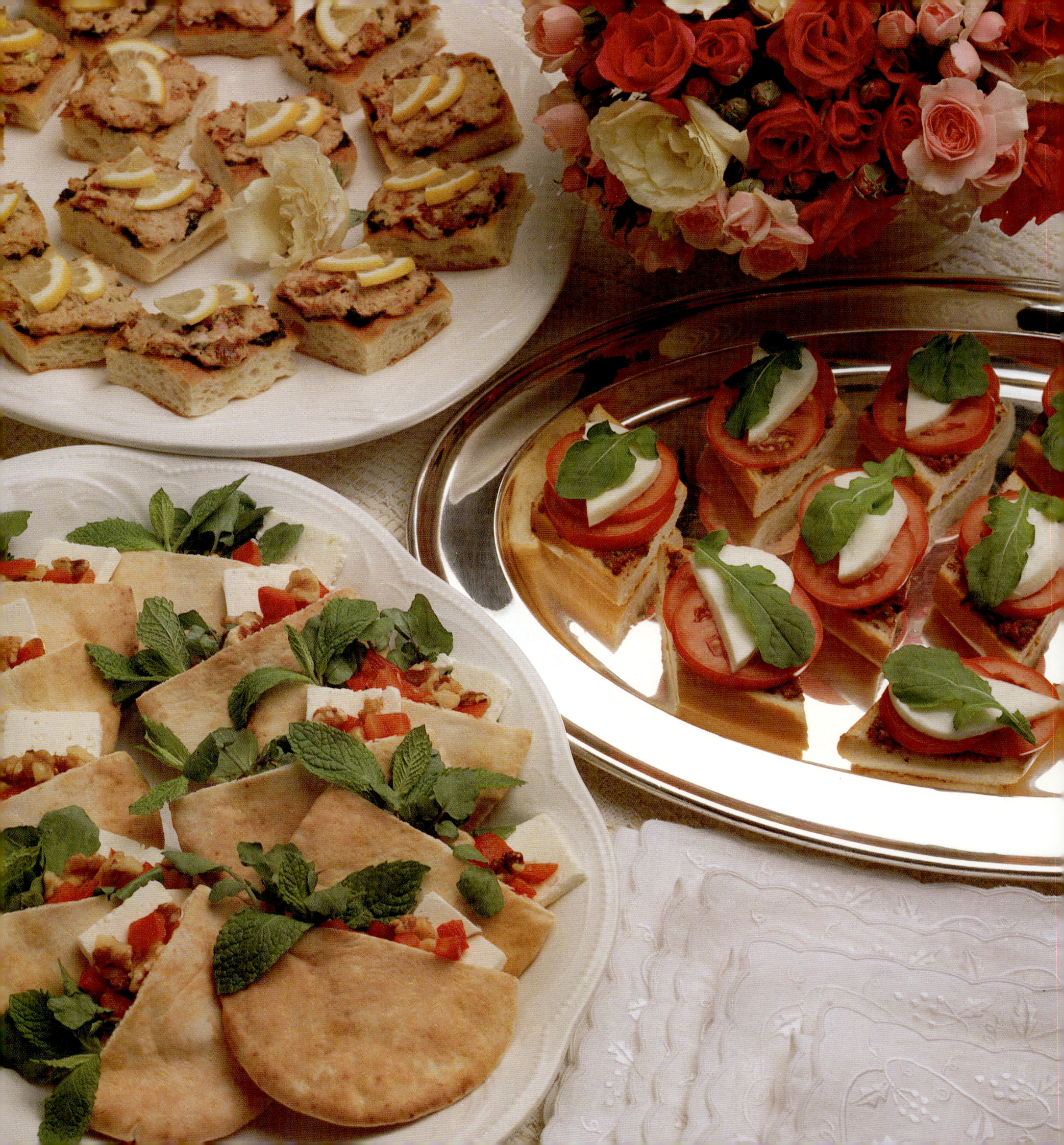

THUNFISCH-PASTE MIT GETROCKNETEN TOMATEN

Getrocknete Tomaten, rote Zwiebeln und frisches Basilikum geben diesem einfachen Aufstrich Geschmack und Farbe. Falls Sie dazu ein Bauernbrot selbst backen möchten, finden Sie das Rezept auf Seite 176.

FÜR DIE THUNFISCH-PASTE:

500 g frischer Thunfisch, in 2½ cm dicke Scheiben geschnitten, oder Thunfisch aus der Dose (in Öl oder Wasser), abgetropft
60 ml frisch gepreßter Zitronensaft
90 g rote Zwiebeln, feingehackt
250 ml Mayonnaise
125 g getrocknete Tomaten, feingehackt
10 g Basilikum, gehackt
Salz und frisch gemahlener Pfeffer

FÜR DIE SANDWICHES:

40 g frische Basilikumblätter
30 g frisch geriebener Parmesan
3 EL Pinienkerne
2 Knoblauchzehen
125 ml Olivenöl
12 große Scheiben *focaccia* (italienisches Fladenbrot) oder Bauernbrot
Hauchdünne Zitronenscheiben

Falls Sie frischen Thunfisch für die Paste verwenden, diesen in eine eingeölte feuerfeste Form geben, fest mit Alufolie verschließen und in dem auf 230 °C vorgeheizten Ofen etwa 8–10 Minuten garen. Der Fisch sollte innen noch rosa und saftig sein. Aus dem Ofen nehmen und abkühlen lassen. Den Thunfisch mit einer Gabel zerdrücken oder im Mixer pürieren. In eine Schüssel geben und mit Zitronensaft, Zwiebeln, getrockneten Tomaten und Basilikum zu einer Paste verrühren. Mit Salz und Pfeffer

Thunfisch-Paste mit getrockneten Tomaten; Sandwiches mit Tomaten, tapenade *und Mozzarella; Pitta-Brote mit Feta, Walnüssen und Aïoli*

abschmecken. Zugedeckt bis zu 8 Stunden im Kühlschrank aufbewahren.

Für die Sandwiches Basilikumblätter, Parmesan, Pinienkerne, Knoblauch und Olivenöl im Mixer oder in der Küchenmaschine zu einem glatten Püree verarbeiten. Focaccia- oder Bauernbrotscheiben in kleine Quadrate schneiden, erst mit der Basilikum-, dann mit der Thunfisch-Paste bestreichen und mit Zitronenscheiben garnieren.

ERGIBT ETWA 24 SANDWICHES

PITTA-BROTE MIT FETA, WALNÜSSEN UND AÏOLI

Die Brote werden mit Zutaten unterschiedlichster Konsistenz, Aromen und Farben garniert. Wenn Sie sie im voraus zubereiten, sollten sie mit einem sauberen Mulltuch abgedeckt und in den Kühlschrank gestellt werden, damit sie saftig bleiben.

6 Pitta- oder 24 Mini-Pitta-Brote (in türkischen oder griechischen Lebensmittelläden erhältlich)
Etwa 125 ml Aïoli (Rezept auf Seite 174)
24 große Zweige Wasserkresse
36 große, frische Minzeblätter
500 g Feta-Käse, in 12 dünne Scheiben geschnitten
185 g gehackte Walnüsse
6 rote Paprikaschoten, geröstet, enthäutet und gehackt (siehe Glossar)

Die Pitta-Brote halbieren und vorsichtig eine Tasche hineinschneiden (bei den Mini-Pitta-Broten das obere Drittel abschneiden und den unteren Teil aushöhlen) und von innen mit Aïoli bestreichen. Die Pitta-Brote gleichmäßig mit Wasserkresse, Minze, Feta, Walnüssen und Paprikaschoten füllen. Nach Belieben mit einem Mulltuch zugedeckt bis zu 4 Stunden im Kühlschrank aufbewahren.

ERGIBT 12 HALBE PITTA- ODER 24 MINI-PITTA-BROTE

SANDWICHES MIT TOMATEN, TAPENADE UND MOZZARELLA

Tapenade, *eine ursprünglich aus Nizza stammende Olivenpaste, läßt sich gut bis zu einer Woche im voraus zubereiten und im Kühlschrank aufbewahren. Das Rezept für hausgemachte Baguettes finden Sie auf Seite 176.*

FÜR DIE TAPENADE:

150 g entsteinte grüne oder schwarze Oliven (vorzugsweise *Niçoises*)
2 EL abgetropfte, gehackte Kapern
1 EL feingehackter Knoblauch
2 TL gehackte Anchovis
½ TL frisch gemahlener Pfeffer
1 TL geriebene Orangen- oder Zitronenschale
1 Prise Paprikaflocken (nach Belieben; siehe Glossar)
4–6 EL Olivenöl

FÜR DIE SANDWICHES:

1 Baguette (etwa 500 g)
6–8 Eiertomaten, in Scheiben geschnitten
2 frische Mozzarella (je 250 g), in Scheiben geschnitten
24 Rucola-Blätter

Für die *tapenade* Oliven, Kapern, Knoblauch, Anchovis, Pfeffer, Orangen- oder Zitronenschale und nach Belieben Paprikaflocken im Mixer oder in der Küchenmaschine unter Zugabe von Olivenöl zu einem glatten, dicken, streichfähigen Püree verarbeiten. Ergibt etwa 250 ml.

Für die Sandwiches die Baguette längs halbieren und jede Hälfte diagonal in 12 Scheiben schneiden. Jede Brotscheibe mit *tapenade* bestreichen und mit Tomate, Mozzarella und einem Rucola-Blatt belegen.

ERGIBT 24 KLEINE SANDWICHES

Jennifer's traumhafte Schokoladenkekse

Diese Kekse, außen leicht und knusprig, innen weich und zart, erinnern an Schokoladenkaramellen.

300 g Mehl
90 g Kakao, gesiebt
2 TL Backpulver
1 TL Salz
250 g Butter, zimmerwarm
220 g dunkelbrauner Zucker
250 g Zucker
2 TL Vanille-Essenz
2 Eier
200 g zartbittere Schokolade, grobgehackt, oder zartbittere Schokoladen-Chips

Den Backofen auf 170 °C vorheizen. Zwei Backbleche mit Backpapier auslegen. Mehl, Kakao, Backpulver und Salz in eine mittlere Schüssel sieben.

In einer großen Schüssel Butter sowie braunen und Kristallzucker schaumig aufschlagen. Vanille-Essenz und Eier zugeben und gründlich verrühren. Die Mehl-Kakao-Mischung zugeben und zu einem glatten Teig verarbeiten. Zum Schluß die Schokolade unterrühren.

Den Teig eßlöffelweise auf die vorbereiten Backbleche setzen. Die Kekse im vorgeheizten Ofen etwa 8–10 Minuten backen. Sie sollten schön aufgegangen und knusprig, innen aber noch weich sein. Auf Kuchengitter abkühlen lassen und, falls man sie im voraus zubereitet, bis zum Gebrauch in festverschlossenen Plastikbehältern aufbewahren.

ERGIBT 48 STÜCK

Ingwer-Orangen Madeleines

Orangenschale und kandierter Ingwer geben diesem köstlichen Biskuitgebäck sein besonders zartes Aroma. Falls man nicht über genügend Madeleines-Formen verfügt, backt man sie einfach in mehreren Schüben.

3 Eier
2 Eigelb
180 g Zucker
1 Prise Salz
2 EL geriebene Orangenschale, in
3 EL Orangensaft eingeweicht
150 g Mehl, gesiebt
30 g kandierter Ingwer, feingehackt
125 g geklärte Butter (siehe Glossar), zuzüglich
2 EL geklärte Butter für die Form
Puderzucker zum Bestäuben

Den Backofen auf 180 °C vorheizen. Vier Standard-Madeleines-Formen (oder weniger) einbuttern und leicht mit Mehl bestäuben.

Eier, Eigelb und Zucker in eine Rührschüssel geben und mit einem Handrührgerät einige Minuten im Wasserbad aufschlagen. Aus dem Wasserbad nehmen, Salz zugeben und bei höchster Drehzahl zu einer hellgelben, dicken Masse aufschlagen. Orangenschale und -saft unterrühren. Das Mehl durch ein Sieb zugeben und alles zu einem glatten Teig verarbeiten. Ingwer und zum Schluß nach und nach die Butter unterrühren. Die Förmchen zu zwei Drittel mit dem Teig füllen und die Madeleines in etwa 15 Minuten goldgelb backen.

Aus dem Ofen nehmen, vorsichtig aus den Formen lösen und auf einem Kuchengitter etwas abkühlen lassen. Die geriffelte Seite der noch warmen Madeleines mit Puderzucker bestäuben.

ERGIBT 36 STÜCK

Verschiedene Sorten Tee stehen in Kannen zusammen mit Teesieben für die Gäste bereit, so daß sich jeder nach Belieben selbst bedienen kann.

*Ingwer-Orangen-Madeleines;
Jennifer's traumhafte Schokoladenkekse*

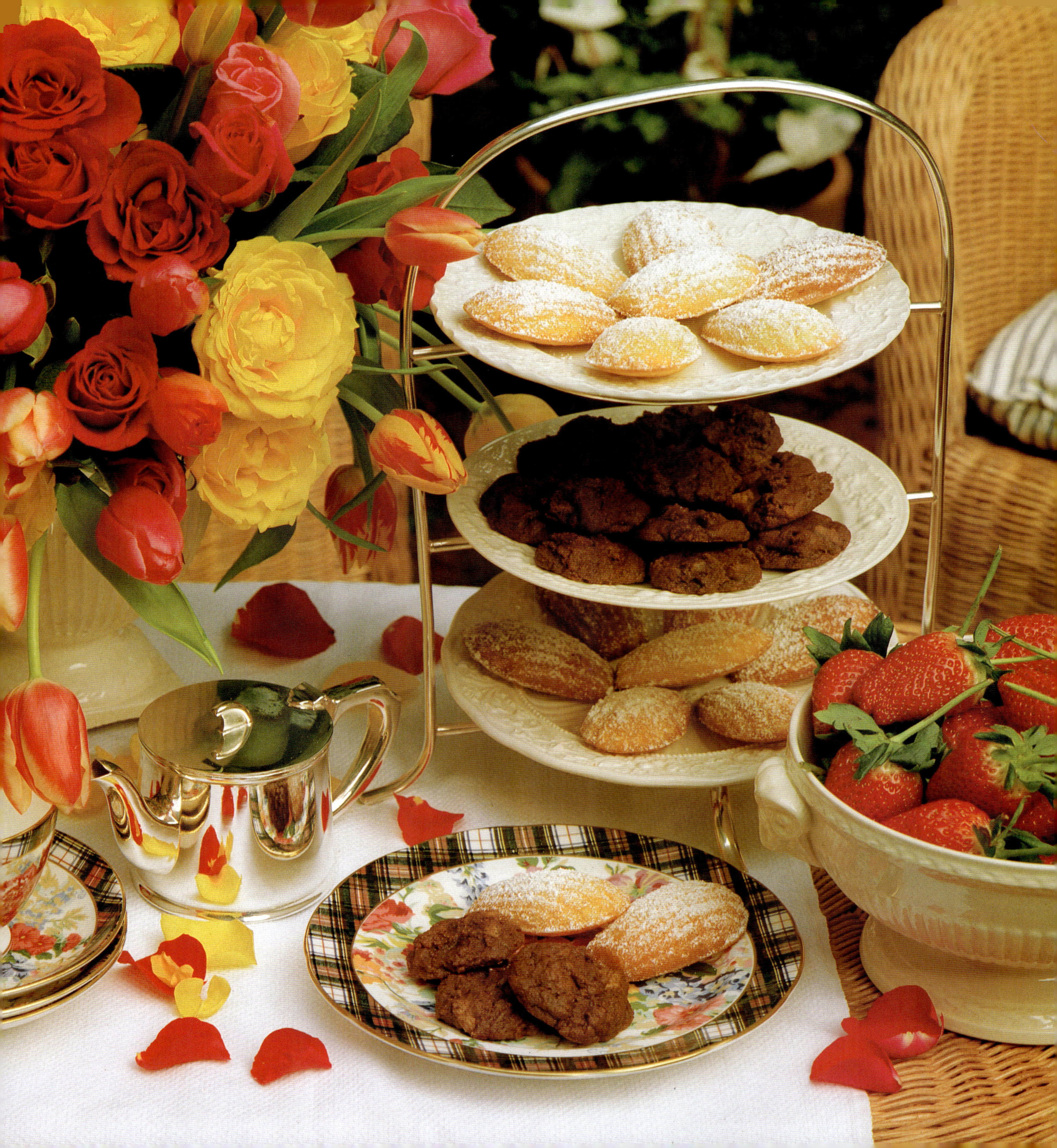

PFIRSICHE IN WEIN

Die Zubereitung dieses eleganten, leichten Desserts könnte nicht einfacher sein. Statt der Pfirsiche kann man auch Nektarinen verwenden.

12 reife Pfirsiche
1 l vollmundiger Weißwein wie Asti Spumante, Muskat oder Riesling oder ein leichter, fruchtiger Rotwein wie Lambrusco oder Beaujolais
250 g Zucker

In einem großen Topf Wasser zum Kochen bringen und für 5 Sekunden nacheinander die Pfirsiche hineingeben, damit sie sich leicht schälen lassen. Mit einem Schaumlöffel herausnehmen, kurz abkühlen lassen und die Haut abziehen. Die Früchte halbieren und die Steine entfernen.
 Wein und Zucker in eine hübsche Glasschüssel geben und so lange rühren, bis sich der Zucker aufgelöst hat.
Die Pfirsiche in Scheiben schneiden und in den Wein geben. Etwa eine Stunde im Kühlschrank kalt stellen, dann servieren.

FÜR 12 PERSONEN

Erfrischende Limonade, in hohen Gläsern auf Eiswürfeln serviert, ist eine beliebte Ergänzung oder Alternative zum Tee.

Pfirsiche in Wein

NACHMITTAGSTEE

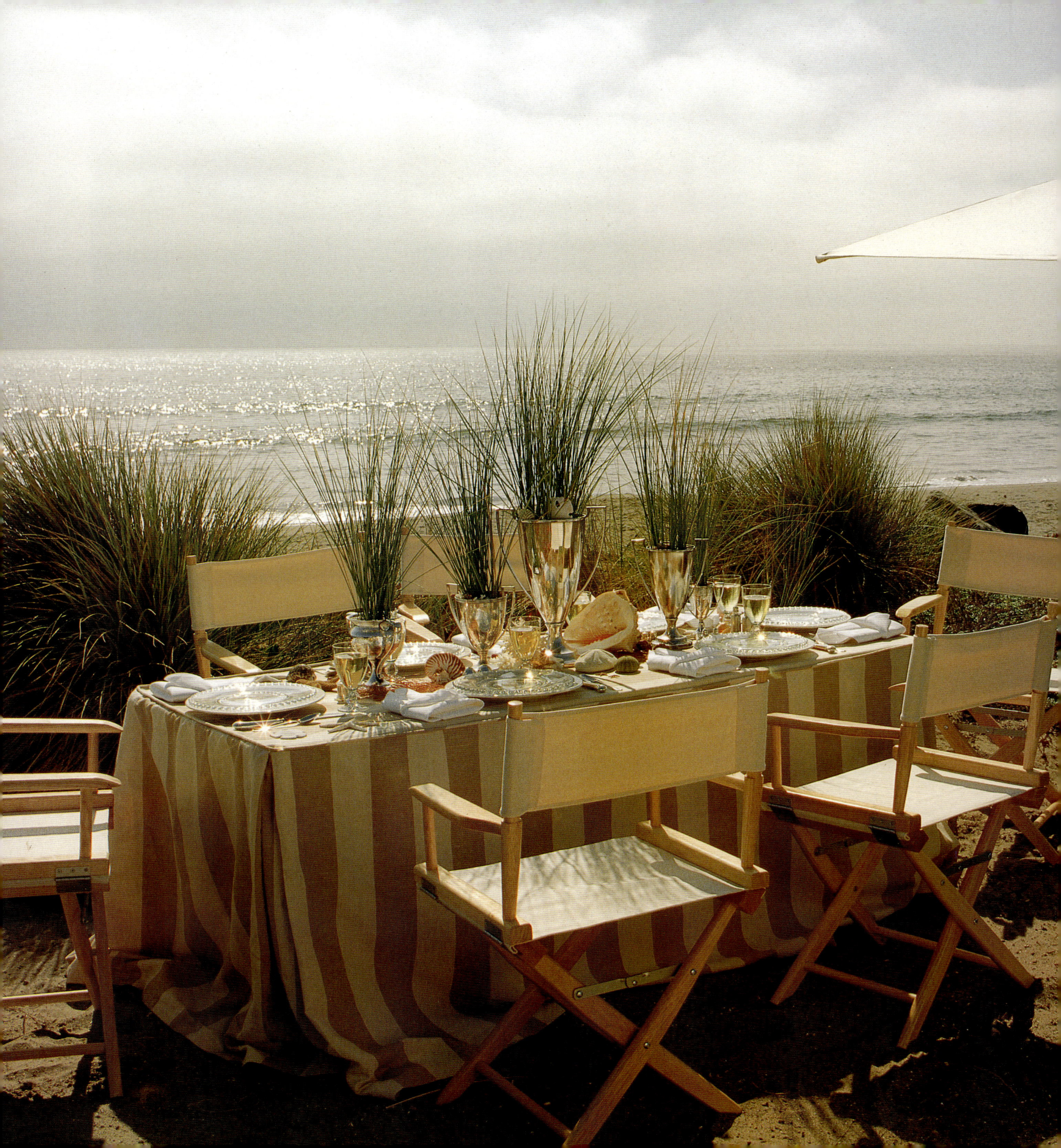

Mittagessen im Freien

Sobald es warm wird, drängt es den Menschen unwiderstehlich ins Freie. Ein Essen unter freiem Himmel bedeutet meist ein Grillfest oder ein Picknick, man kann jedoch auch, wie hier am Strand, ein richtiges Mittagessen ausrichten. Ein Anlaß dafür findet sich immer: ein Ferientag oder ein Feiertag im Sommer, eine Familienfeier, ein Wochenende, das man erholsam draußen verbringen möchte.

Ein Strand, ein Seeufer, eine Wiese oder auch nur ein sonniger Balkon sind ideale Plätze, um den Mittagstisch zu decken. Um einen Kontrast zur Freizeitatmosphäre in der Natur zu schaffen, haben wir den Tisch mit erlesenem Porzellan, schönen Gläsern und feinem Leinen gedeckt. Die Servietten wurden in Form einer Bischofsmütze (Seite 183) gefaltet. Regiestühle unterstreichen wiederum das Ungezwungene des Anlasses. Um die Strandatmosphäre einzufangen, ist der Tisch mit Muscheln, Seesternen und Seeigelgehäusen sowie Seegras, das in sand- und steinbeschwerten Vasen arrangiert wurde, geschmückt. Wenn das Mittagessen nicht am Wasser stattfindet, tut es auch ein hübscher Blattschmuck.

MITTAGESSEN IM FREIEN

Dekorativ verpacktes Mürbeteiggebäck als Andenken für Ihre Gäste.

Menü

Unser Lunch im Freien ist von der Küche Neuenglands inspiriert und besteht aus beliebten Sommergerichten wie Hummer, Gemüsemais, Ahornsirup und frischen Heidelbeeren. Alle Rezepte lassen sich leicht zubereiten, die meiste Arbeit kann im voraus erledigt werden, lediglich der Hauptgang muß frisch zubereitet werden. Tauscht man einige Zutaten je nach Angebot des Marktes aus, können diese Rezepte überall und zu jeder Jahreszeit nachgekocht werden.

Damit Ihre Gäste dieses einzigartige Erlebnis noch lange im Gedächtnis behalten, können Sie eine größere Menge der Desserttörtchen backen, sie in Papiertüten füllen, die Sie wiederum mit Bast oder einem Bindfaden zubinden und Ihren Gästen als Andenken mit nach Hause geben. Sie können die Schnüre auch mit Muscheln verknoten, um die Strandatmosphäre zu unterstreichen.

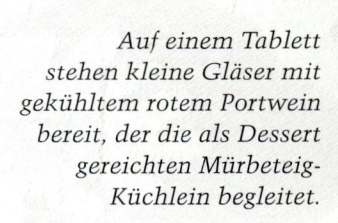

Auf einem Tablett stehen kleine Gläser mit gekühltem rotem Portwein bereit, der die als Dessert gereichten Mürbeteig-Küchlein begleitet.

*Salat von Hummer, Kartoffeln und
grünen Bohnen mit einer Pesto-Vinaigrette*

*Glasierte Stubenküken mit
Ahornsirup und Senf*

Polenta-Küchlein mit frischem Mais

*Gebackene Tomaten mit Honigglasur
und knusprigem Häubchen*

Würzig eingelegte Pfirsiche

Warme Blaubeertörtchen

VORBEREITUNGSLISTE

♦ Mindestens eine Woche oder länger im voraus die Pfirsiche einlegen.

♦ Am Vorabend die Hummer kochen und in ihren Schalen im Kühlschrank aufbewahren. Die Stubenküken vorbereiten und marinieren; die Polenta kochen und in den Kühlschrank stellen, am nächsten Tag in Dreiecke schneiden.

♦ Am Morgen die Mürbeteig-Küchlein backen, die kurz vor dem Servieren im Ofen warm gemacht werden.

♦ Eine Stunde vor dem Essen Kartoffeln und grüne Bohnen für den Salat kochen.

Pokale in unterschiedlichen Größen oder eine Auswahl anderer dekorativer Gefäße eignen sich gut als Vasen für Seegras. Mit Sand und Kieselsteinen beschwert, trotzen sie sogar plötzlich aufkommendem Wind.

WEINEMPFEHLUNGEN

Zum Hummer-Salat sollten Sie einen kräftigen, trockenen, körperreichen Weißwein servieren, zum Beispiel einen Sauvignon wie Sancerre oder Pouilly Fumé oder einen norditalienischen Weißwein. Zum Hauptgang paßt ein gehaltvoller Riesling oder ein halbtrockener Rosé. Ein gekühlter roter Portwein oder ein Muskat sind ideale Begleiter für das Dessert.

Salat von Hummer, Kartoffeln und grünen Bohnen

Den Hummer kann man ohne weiteres durch Garnelen oder frischen Thunfisch ersetzen. Das Dressing schmeckt ebenfalls gut zu gegrilltem Fisch oder zu Huhn.

Salz
3 lebende Atlantik-Hummer
 (je etwa 500–625 g)
12–18 kleine rotschalige neue
 Kartoffeln oder eine andere
 festkochende Sorte (etwa 1 kg)
750 g grüne Bohnen, geputzt und in
 5 cm lange Stücke geschnitten
50 g frische Basilikumblätter
1 TL feingehackter Knoblauch
2 EL geröstete Pinienkerne oder
 Walnüsse (siehe Glossar)
180 ml Olivenöl
60 ml Rotweinessig
Frisch gemahlener Pfeffer
Kopfsalat
Cocktail-Tomaten

In einem sehr großen Topf Salzwasser zum Kochen bringen. Die Hummer mit dem Kopf voraus hineingeben und zugedeckt 10 Minuten kochen lassen. Die Tiere aus dem Topf nehmen und in Eiswasser tauchen.
(Man kann die Hummer auch am Vorabend kochen und über Nacht im Kühlschrank aufbewahren.)
Jeden Hummer längs halbieren und Fleisch und Scheren auslösen, wie auf Seite 188 beschrieben. Die Schalen wegwerfen. Das Hummerfleisch in mundgerechte Stücke zerteilen und zugedeckt in einer Schüssel im Kühlschrank bis zum Gebrauch aufbewahren.
 Die Kartoffeln in einen Topf geben, mit kaltem Wasser bedecken und Salz zugeben. Zum Kochen bringen, die Hitze reduzieren und ohne Deckel etwa 10–20 Minuten kochen lassen.
Die Kartoffeln sollten gar, aber noch fest sein. Das Wasser abgießen, die Kartoffeln abtropfen und abkühlen lassen und in den Kühlschrank stellen.
 In einem großen Topf Salzwasser aufkochen lassen. Grüne Bohnen hineingeben und etwa 2–4 Minuten blanchieren; sie sollten noch Biß haben. Das Wasser abgießen und die Bohnen in Eiswasser abschrecken. Abtropfen lassen, trockentupfen und beiseite stellen.
 Basilikumblätter, Knoblauch und Nüsse im Mixer oder in der Küchenmaschine zerkleinern. Nach und nach etwa 125 ml Olivenöl zugießen und zu einem nicht zu feinen Püree verarbeiten. In eine Schüssel geben und Essig und so viel Olivenöl unterrühren, bis eine sämige Vinaigrette entsteht. Mit Salz und Pfeffer abschmecken.
 Die Kartoffeln in 6 mm dicke Scheiben schneiden und zusammen mit den grünen Bohnen in eine große Schüssel geben. Mit der Hälfte der Vinaigrette vermengen. Sechs Teller mit Salatblättern auslegen, den Kartoffel-Bohnen-Salat darauf anrichten und mit den Hummerstückchen belegen. Mit der restlichen Vinaigrette beträufeln und mit Cocktail-Tomaten garnieren.

FÜR 6 PERSONEN

Die Tafel ist mit großen und kleinen Muscheln und leuchtend roten Korallen dekoriert.

Salat von Hummer, Kartoffeln und grünen Bohnen mit einer Pesto-Vinaigrette

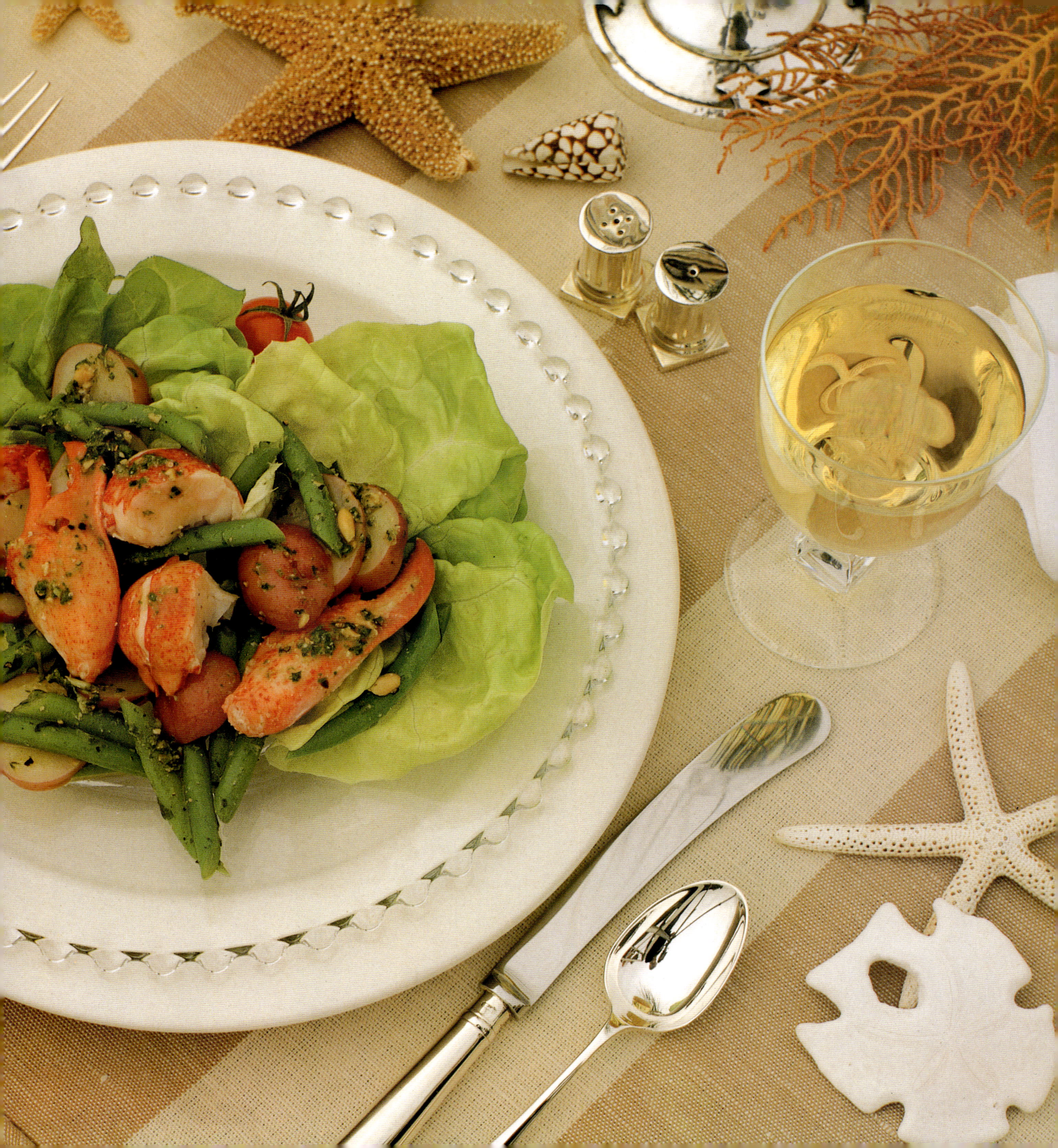

Glasierte Stubenküken mit Ahornsirup und Senf

Die Stubenküken dürfen nicht zu lange gegrillt werden; ihr Fleisch sollte innen noch rosa sein. Dieses Rezept sollten Sie auch einmal mit Wachteln ausprobieren.

6 Stubenküken (je etwa 500 g)
   oder 12 Wachteln
2 TL Senfpulver
½ TL gemahlener Zimt
2 EL Apfelessig
160 ml Ahornsirup
3 EL Dijon-Senf
2 EL Sojasauce
Salz und frisch gemahlener Pfeffer
Öl zum Bestreichen

Die Stubenküken mit der Brustseite nach unten auf eine Arbeitsplatte legen und mit der Geflügelschere vorsichtig am Rückgrat entlang aufschneiden. Die Stubenküken auseinanderklappen und wenden. Mit der Hand flach drücken (die Wachteln können Sie im Ganzen grillen).

In einer Schüssel Senfpulver, Zimt und Essig zu einer Paste verrühren. Ahornsirup, Dijon-Senf und Sojasauce unterrühren und abschmecken. Die Mischung sollte pikant und süßlich schmecken. Die Hälfte der Marinade gleichmäßig über die Stubenküken verteilen und die Vögel zugedeckt bei Zimmertemperatur etwa eine Stunde oder im Kühlschrank bis zu 8 Stunden marinieren. Die restliche Marinade zum Bestreichen beiseite stellen.

Einen Grill oder einen Holzkohlengrill vorheizen. Einen eingeölten Grillrost etwa 10–15 cm über dem Feuer plazieren.

Das Geflügel mit Salz und Pfeffer bestreuen und mit etwas Öl bestreichen. Die Stubenküken, Fleischseite nach unten, 5 Minuten grillen. Mit der Marinade bestreichen, wenden und auf der anderen Seite ebenfalls 5 Minuten grillen. (Wachteln auf jeder Seite 3–4 Minuten grillen.)

FÜR 6 PERSONEN

Polenta-Küchlein mit frischem Mais

Maismehl zur Zubereitung der Polenta ist in gutsortierten Delikatessenläden oder italienischen Lebensmittelläden erhältlich. Nachdem sie gekocht und abgekühlt ist, kann man sie in beliebige Formen schneiden.

4 Maiskolben oder 625 g aufgetaute
   gefrorene Maiskörner
280 g grobes gelbes Maismehl
1,5 l kaltes Wasser oder mehr,
   je nach Bedarf
Salz und frisch gemahlener Pfeffer
Etwa 125 ml Oliven- oder Pflanzenöl
Schnittlauchröllchen

Die Körner mit einem großen Messer von den Maiskolben lösen. Die Maiskörner in kochendes Salzwasser geben und 1–2 Minuten kochen lassen. Das Wasser abgießen und den Mais unter fließendem kaltem Wasser abschrecken. Gut abtropfen und auf Küchenpapier trocknen lassen.

Maismehl mit kaltem Wasser in einen Topf geben. Bei niedriger Temperatur unter häufigem Rühren etwa 20–30 Minuten köcheln lassen. Der Maisbrei sollte dick und nicht mehr körnig sein. Eventuell noch etwas Wasser zugeben, falls die polenta bereits dick, aber noch körnig ist. Unter die gekochte Polenta die Maiskörner rühren und mit Salz und Pfeffer abschmecken. Die Polenta gleichmäßig auf einem eingeölten Backblech etwa 2 cm dick verstreichen. Mit Klarsichtfolie zugedeckt im Kühlschrank fest werden lassen.

Zum Servieren die Polenta nach Belieben in runde Fladen, Dreiecke oder Rechtecke schneiden. Öl etwa 6 mm hoch in eine Pfanne gießen, erhitzen und die Polenta-Küchlein darin auf beiden Seiten in etwa insgesamt 5 Minuten goldgelb werden lassen. Auf Teller verteilen und mit Schnittlauchröllchen bestreuen.

FÜR 6 PERSONEN

Gebackene Tomaten mit Honigglasur und knusprigem Häubchen

Honig rundet die natürliche Süße gebackener Tomaten ab. Etwas Wasserkresse oder Rucola gibt einen frischen, würzigen Kontrast.

90 g frische Semmelbrösel
125 ml Olivenöl
1 TL Salz
½ TL frisch gemahlener Pfeffer
6 EL Honig
1 Prise geriebene Muskatnuß
6 reife Tomaten

Den Backofen auf 180 °C vorheizen. Die Semmelbrösel auf einem Backblech ausbreiten, mit 6 Eßlöffel Olivenöl beträufeln und mit jeweils ½ Teelöffel Salz und Pfeffer bestreuen. Im Ofen etwa 20 Minuten unter häufigem Rühren rösten, bis die Brösel goldgelb und leicht knusprig sind. Sie dürfen aber nicht hart werden. Aus dem Ofen nehmen und beiseite stellen. Den Backofen nicht ausschalten.

Den Honig in einem kleinen Topf bei niedriger Temperatur mit dem restlichen Öl und etwas Muskatnuß warm werden lassen.

Die Tomaten am Stielansatz kappen und in eine feuerfeste Form setzen. Mit dem restlichen Salz bestreuen und die Schnittfläche mit etwas Honigglasur bestreichen. Auf jede Tomate etwas Semmelbrösel geben und fest andrücken. Die Tomaten etwa 15–20 Minuten im Ofen backen, bis sie weich und leicht gebräunt sind. Dabei einige Male mit der Honigglasur bestreichen.

FÜR 6 PERSONEN

Glasierte Stubenküken mit Ahornsirup und Senf; Polenta-Küchlein mit frischem Mais; Gebackene Tomaten mit Honigglasur und knusprigem Häubchen

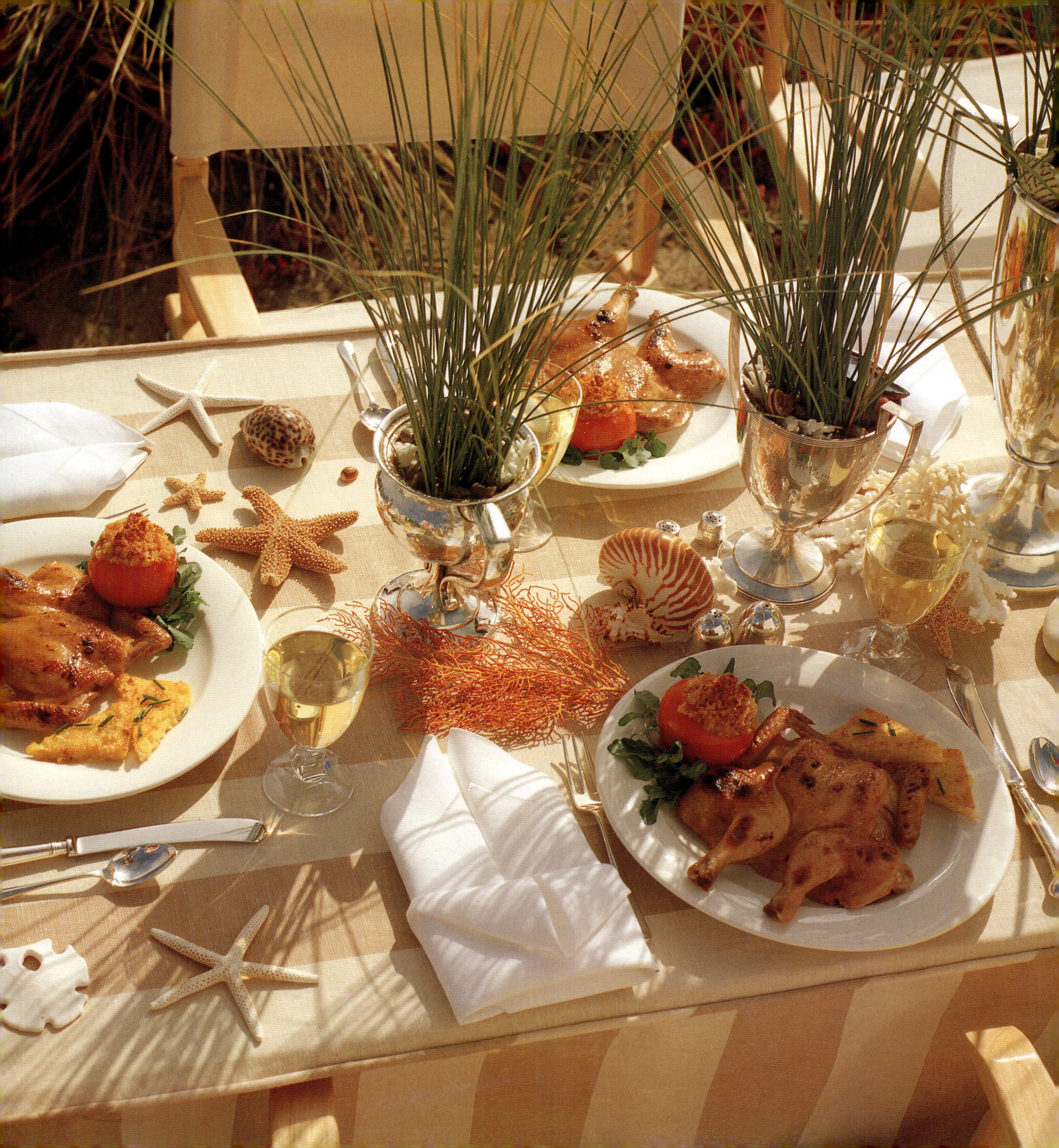

Mittagessen im Freien

Würzig eingelegte Pfirsiche

Eingelegte Pfirsiche kann man bis zu einem Monat im Kühlschrank aufbewahren. Kocht man sie ein, sind sie bis zu einem Jahr haltbar. Die Früchte halbieren, entsteinen, mit Wasserkresse garnieren und als Beilage servieren.

375 ml Apfelessig
375 ml Wasser
500 g Zucker
3 Stangen Zimt
10–12 Gewürznelken
1 TL schwarze Pfefferkörner
2 Streifen Zitronenschale
12 feste, reife Pfirsiche

Essig, Wasser, Zucker, Zimt, Gewürznelken, Pfefferkörner und Zitronenschale in einen großen Emaille- oder rostfreien Stahltopf geben. Aufkochen lassen und so lange rühren, bis sich der Zucker aufgelöst hat. Die Hitze reduzieren und den Sirup etwa 10 Minuten köcheln lassen.

   In der Zwischenzeit die Pfirsiche für etwa 1–2 Minuten in einen großen Topf mit kochendem Wasser geben. Nicht zu viele Pfirsiche auf einmal blanchieren, da das Wasser sonst zu stark abkühlt. Mit einem Schaumlöffel herausnehmen, kurz abkühlen lassen und die Haut abziehen. Die Pfirsiche 2 Minuten im heißen Sirup pochieren, mit einem Schaumlöffel herausnehmen und in zwei Gläser von jeweils 1 Liter Inhalt geben. Mit Sirup auffüllen, dabei einen oberen Rand von etwa 12 mm lassen, und die Gläser fest verschließen. Im heißen Wasserbad etwa 25–30 Minuten einkochen (siehe Glossar, Seite 186) oder bis zu einem Monat im Kühlschrank aufbewahren.

Ergibt 12 Pfirsiche

Würzig eingelegte Pfirsiche

Schätze aus dem Meer in einer Muschelschale.

WARME BLAUBEERTÖRTCHEN

Diese Törtchen sind – meist mit Erdbeerkonfitüre gefüllt – in Großbritannien als scones *bekannt und inzwischen auch bei uns sehr beliebt.*

FÜR DEN TEIG:

280 g Mehl
½ TL Salz
1 EL Backpulver
2 TL Zucker
6 EL kalte Butter
  oder Pflanzenmargarine
250 ml Milch oder Sahne
Geriebene Schale von 1 Orange
  oder 2 Zitronen
Etwa 3 EL zerlassene Butter
  oder Sahne

FÜR DAS BLAUBEER-KOMPOTT:

750 g frische oder aufgetaute gefrorene
  Blaubeeren
2 EL frisch gepreßter Zitronensaft
1 TL gemahlener Zimt
375 g Zucker
Geriebene Schale von 1 Zitrone
  oder 1 Orange

FÜR DIE GESCHLAGENE SAHNE:

250 ml Sahne
2 EL Ahornsirup
¼ TL Vanille-Essenz

Den Backofen auf 230 °C vorheizen. Für den Teig Mehl, Salz, Backpulver und Zucker in eine mittlere Schüssel geben. Butter oder Margarine in kleine Stücke schneiden und mit einer Palette oder zwei Messern in die Mehl-Zucker-Mischung einarbeiten.

In die Mitte des Teigs eine Mulde drücken und Milch oder Sahne und Zitronenschale hineingeben. Etwa 1 Minute miteinander verkneten, bis sich der Teig vom Schüsselrand löst. Den Teig auf einer leicht bemehlten Arbeitsfläche rasch mit kühlen Händen durchkneten. Er darf jetzt nicht mehr klebrig sein. Zu einem Quadrat von 12 mm Dicke ausrollen.

Eine runde oder quadratische Ausstechform von etwa 5–6 cm Durchmesser in Mehl tauchen und aus dem Teig 12 Fladen ausstechen. Die Teigfladen auf ein nicht eingefettetes Backblech setzen, die Oberfläche mit zerlassener Butter oder mit Sahne bestreichen und im mittleren Einschub des Ofens in etwa 12–15 Minuten goldgelb backen.

In der Zwischenzeit das Kompott zubereiten. Dafür 500 g Blaubeeren mit Zitronensaft, Zimt, Zucker und Zitronen- oder Orangenschale in einem schweren Topf bei mittlerer Temperatur etwa 5 Minuten köcheln lassen, bis das Kompott heiß und dick ist. Die restlichen Blaubeeren unterrühren und beiseite stellen.

Die Sahne mit Ahornsirup und Vanille-Essenz in einer Schüssel steif aufschlagen.

Zum Servieren die warmen Küchlein quer halbieren. Jeweils 2 Böden auf insgesamt 6 Teller plazieren und die Hälfte des Blaubeer-Kompotts gleichmäßig auf den Küchleinböden verteilen. Mit einem Sahnehäubchen versehen, etwas Blaubeer-Kompott darübergeben und den Teigdeckel daraufsetzen.

Die fertigen Törtchen mit dem restlichen Blaubeer-Kompott umgießen und sofort auftragen.

FÜR 6 PERSONEN

Warme Blaubeertörtchen

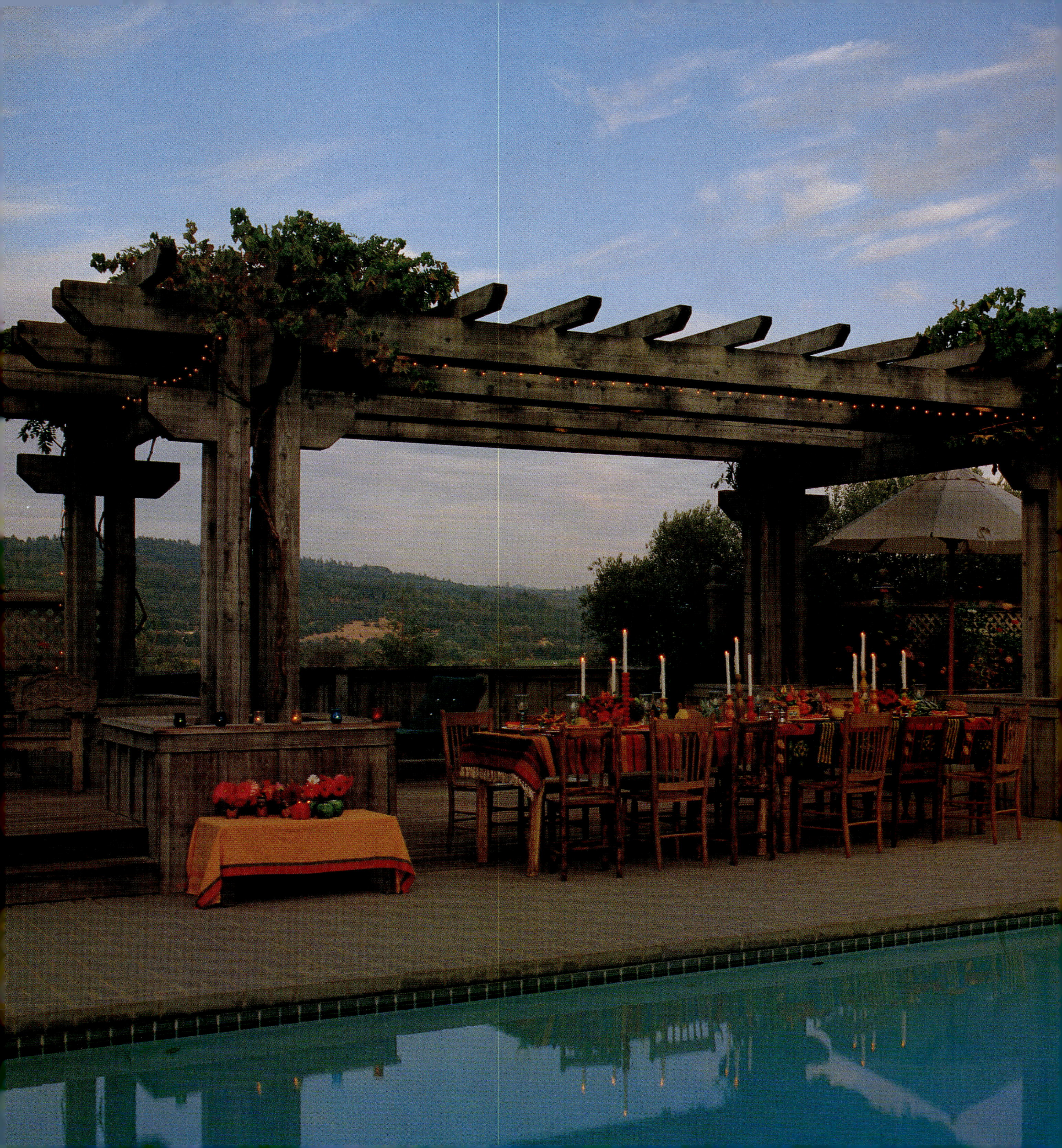

Fiesta am Pool

Feste in der Zeit des Hochsommers passen am besten in einen lebhaften Rahmen. Ihre Party sollten Sie am Abend beginnen, wenn eine kühle Abendbrise die Hitze des Tages verscheucht hat. Die Liegeflächen neben dem Swimmingpool sind für eine solche abendliche Feier bestens geeignet, aber auch ein Innenhof, ein großer Balkon, ein luftiges Eßzimmer oder eine lauschige Picknick-Wiese auf dem Lande geben einen guten Platz ab.

Zum Menü, das stark von der lateinamerikanischen Küche beeinflußt ist, haben wir Accessoires voller schwelgender Farbenpracht gewählt: schwere bäuerliche Keramik und grobes Leinen in Rot, Grün und Blau. Dazu suchten wir gleichfarbige Blumen aus und banden kleine Sträußchen aus frischen Chilischoten. Alles wurde in bunten Konservendosen aus Lateinamerika arrangiert. Mexikanische Webteppiche dienen als Tischdecken. Die Stühle wurden aus allen Ecken des Hauses zusammengetragen und um große Campingtische, die in einer Reihe aufgestellt sind, gruppiert.

FIESTA AM POOL

Bunte Konservendosen aus Lateinamerika dienen als »Vasen« für dekorative Sträußchen aus frischen Chilischoten.

Zu einer Fiesta am Pool paßt ein Menü, das vor allem aus leicht zuzubereitenden kurz gegrillten Speisen besteht, aber doch so vielseitig ist, daß jeder Gast etwas für seinen Geschmack findet. Die folgende Rezepte wurden von den *churrascos* inspiriert, den traditionellen Grillgerichten aus Argentinien und Brasilien. Zu den gut gewürzten, aber nicht zu scharfen Gerichten werden gekühlte Rum-Cocktails, Bier und Wein, die idealen Begleiter einer Sommer-Party, gereicht.

Die Tischdekorationen passen sich dem schlichten Blumenarrangement an: Man kann in Zitronen-, Limonen- und Orangenschalen mit einem Zestenschneider dekorative Muster ritzen und um die Servietten frische Chilischoten knoten. Die Mitte des Tisches kann man in ganzer Länge mit tropischen Früchten wie Papayas und Ananas auslegen. Als Beleuchtung für dieses unvergeßliche abendliche Fest dienen Paprikaschoten, deren Stengel man ausschneidet und die so Halter für Kerzen abgeben.

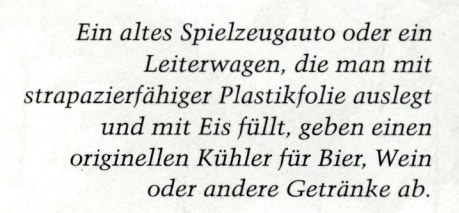

Menü

Ein altes Spielzeugauto oder ein Leiterwagen, die man mit strapazierfähiger Plastikfolie auslegt und mit Eis füllt, geben einen originellen Kühler für Bier, Wein oder andere Getränke ab.

FIESTA AM POOL

Caipirinha und Ananas-Batida

*Fischspießchen auf lateinamerikanische Art
mit einer Erdnuß-Tomaten-Salsa*

❦

Gegrillte Steaks mit Chimichurri

Tomaten mit Avocado-Salsa

Kartoffelsalat auf lateinamerikanische Art

Gegrillte Bananen mit Speck

*Gegrillte Maiskolben
mit Chili-Limonen-Butter*

❦

Caipirinha-Pie

VORBEREITUNGSLISTE

◆ Bis zu 8 Stunden im voraus die Pie backen und zugedeckt in den Kühlschrank stellen; die Steaks marinieren.

◆ Bis zu 5 Stunden vor dem Eintreffen der Gäste die Erdnuß-Tomaten-Salsa für den Fisch und die Chimichurri-Sauce für das Fleisch zubereiten.

◆ Bis zu 3 Stunden im voraus die Maiskolben mit Butter bestreichen, einwickeln und in den Kühlschrank stellen; den Kartoffelsalat anmachen und ebenfalls kalt stellen.

◆ Zwei Stunden im voraus die Avocado-Salsa zubereiten.

◆ Eine Stunde vorher den Grill anheizen; die Bananen in Speck wickeln; den Fisch marinieren.

JEDES REZEPT IST FÜR 12 PERSONEN BERECHNET.
DIE DRINKS SIND JEWEILS NUR FÜR 2 PERSONEN BERECHNET.

WEINEMPFEHLUNGEN

Obwohl einige Gäste vielleicht noch zu Beginn des ersten Gangs an ihrem Cocktail nippen werden, sollten Sie schon einen Rosé d'Anjou oder einen leichten provenzalischen Rotwein, einen jungen Beaujolais oder einen Pinot Noir, anbieten. Zu den Steaks schmeckt ein kräftiger roter Landwein aus dem Burgund oder ein Chianti. Auch Bier paßt natürlich gut zu diesem Menü. Zum Dessert kann man einen erfrischenden Asti Spumante oder einen Muscat reichen.

Chilischoten, mit einem Band an die Servietten geheftet, geben der Tafel temperamentvollen Charakter.

CAIPIRINHA

Das brasilianische Nationalgetränk, das aus Rum und Limonensaft zubereitet wird, ist nichts für schwache Naturen und steigt ordentlich zu Kopf, schmeckt aber hervorragend zu pikanten Gerichten. Man serviert es mit Limonenstücken in hohen Gläsern.

1 saftige Limone, in 6 Stücke zerteilt
2 gehäufte TL Puderzucker
 oder sehr feiner Kristallzucker
90 ml Cachaça (brasilianischer
 Zuckerrohrrum) oder weißer Rum
300 g Eiswürfel

Limonenstücke in einen Shaker geben und mit einem Stößel oder Holzlöffel kräftig ausdrücken. Die restlichen Zutaten zugeben, gründlich schütteln und einschließlich Limonenstücken und Eiswürfeln gleichmäßig auf zwei hohe Gläser verteilen.

ERGIBT 2 DRINKS

ANANAS-BATIDA

Batida kommt aus dem Portugiesischen und heißt »geschlagen« – eine passende Beschreibung für diesen schaumigen, tropischen Punsch.

90 ml Ananassaft
4 TL feiner Kristallzucker
2 EL frisch gepreßter Zitronensaft
90 ml Cachaça (brasilianischer
 Zuckerrohrrum) oder weißer Rum
300 g Eiswürfel

Alle Zutaten in einen Shaker geben und gut durchschütteln. Einschließlich der Eiswürfel auf zwei hohe Gläser verteilen und servieren.

ERGIBT 2 DRINKS

FISCHSPIESSCHEN AUF LATEINAMERIKANISCHE ART MIT EINER ERDNUSS-TOMATEN-SALSA

Die Spießchen sollten nicht länger als eine Stunde mariniert werden, weil Zitronensaft den Fisch sonst – wie zum Beispiel bei der brasilianischen Spezialität ceviche, *rohem mariniertem Fisch – »garen« würde. Für dieses Rezept kann man Schwertfisch, Heilbutt, Makrele oder Zackenbarsch verwenden.*

FÜR DIE SALSA:

75 g geröstete Erdnüsse (gesalzen
 oder ungesalzen), grobgehackt
375 g Tomaten, geschält, entkernt
 und feingehackt
75 g feingehackte Zwiebeln
125 ml frisch gepreßter Zitronensaft
2 Knoblauchzehen, feingehackt
3 *jalapeño*- (scharfe grüne) Chilischoten, entkernt und feingehackt
1–2 EL feingeriebener frischer Ingwer
 (oder nach Belieben)
2 EL gehackter frischer Koriander
125 ml Olivenöl

FÜR DIE FISCHSPIESSCHEN:

1,5 kg fester weißfleischiger Fisch
 oder 48 große Garnelen
8 Knoblauchzehen, feingehackt
3–4 *jalapeño*- (scharfe grüne)
 Chilischoten, entkernt und
 feingehackt, oder ½ TL (nach
 Belieben mehr) Cayennepfeffer
2 EL gemahlener Kreuzkümmel
2 EL gemahlener Koriander
125 ml frisch gepreßter Zitronen-
 oder Limonensaft oder Rotweinessig
125 ml Olivenöl
Salz und frisch gemahlener Pfeffer

Für die *salsa* alle Zutaten in einer mittleren Schüssel miteinander verrühren und zugedeckt bis zu 5 Stunden ziehen lassen.

Für die Spießchen den Fisch in 2½ cm große Würfel schneiden. Falls Sie Garnelen verwenden, Schalen und Därme entfernen. In einer kleinen Schüssel Knoblauch, Chilischoten, Kreuzkümmel und Koriander mit Zitronen- oder Limonensaft beziehungsweise Rotweinessig verrühren. Das Öl unterrühren. Fischwürfel oder Garnelen in eine Schüssel geben, gleichmäßig mit der Marinade überziehen und zugedeckt 30–60 Minuten im Kühlschrank marinieren. Gelegentlich umrühren.

In der Zwischenzeit den Holzkohlengrill vorheizen. Den eingeölten Grillrost 10–15 cm über dem Feuer plazieren. Oder einen Elektro- oder Gasgrill vorheizen.

Fischstücke beziehungsweise Garnelen aus der Marinade nehmen und auf 12 Spieße stecken. Mit Salz und Pfeffer würzen. Über Holzkohlenfeuer oder unter dem Grill von jeder Seite in etwa 2 Minuten gar werden lassen. Der Fisch sollte nicht mehr glasig und die Garnelen sollten rosa sein. Mit der *salsa* servieren.

FÜR 12 PERSONEN

Ein dekorativer Tischschmuck aus Zitrusfrüchten, in die mit einem Zestenschneider folkloristische Muster geritzt wurden.

*Caipirinha; Ananas-Batida;
Fischspießchen auf lateinamerikanische Art
mit einer Erdnuß-Tomaten-Salsa*

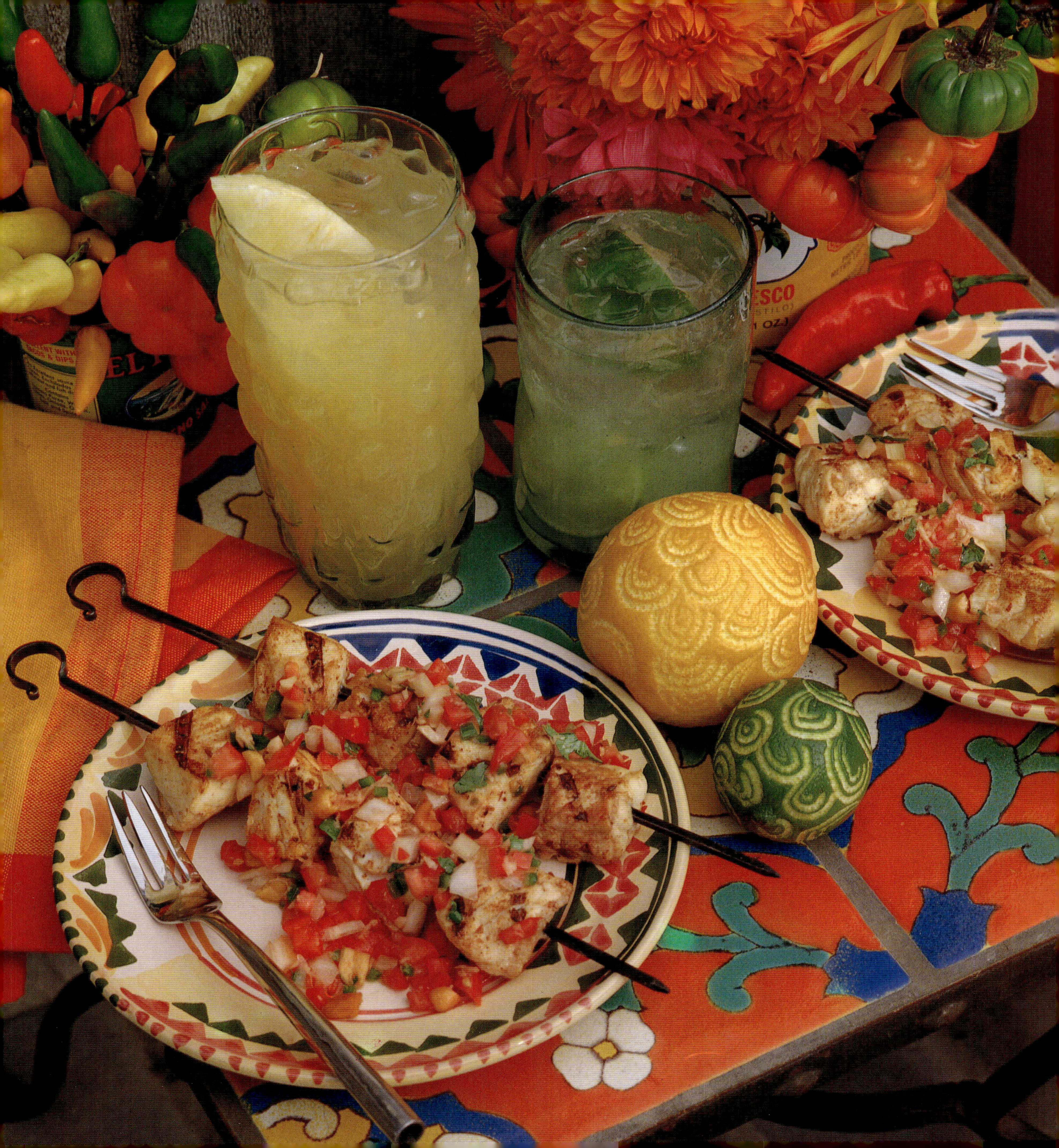

Gegrillte Steaks mit Chimichurri

Chimichurri, eine traditionelle argentinische Sauce, die man vorzugsweise zu gegrilltem Fleisch ißt, schmeckt ebenfalls gut zu gegrilltem Huhn oder zu Meerestieren.

FÜR DIE CHIMICHURRI-SAUCE:

250 ml Olivenöl
125 ml Rotweinessig
125 ml frisch gepreßter Orangensaft
Geriebene Schale von 1 Orange
150 g feingehackte Zwiebeln
1 TL feingehackter Knoblauch
20 g feingehackte Petersilie
1 EL getrockneter Origano
1 TL Cayennepfeffer

FÜR DIE STEAKS:

3 große Zwiebeln, feingehackt
8 Knoblauchzehen, feingehackt
3 EL Chilipulver
2 EL gemahlener Kreuzkümmel
2 EL frisch gemahlener Pfeffer
2 EL getrockneter Origano
250 ml frisch gepreßter Zitronensaft
Salz
2 ganze Rinderfilets
 (jedes etwa 1½ kg schwer)

Für die Chimichurri-Sauce alle Zutaten in einer mittleren Schüssel verrühren und zugedeckt bis zu 5 Stunden ziehen lassen. Ergibt etwa 625 ml Chimichurri.

Für die Steaks Zwiebeln, Knoblauch, Chilipulver, Kreuzkümmel, Pfeffer, Origano und Zitronensaft in einem Mixer oder in der Küchenmaschine zu

Gegrillte Steaks mit Chimichurri; Kartoffelsalat auf lateinamerikanische Art; Tomaten mit Avocado-Salsa

einem Püree verarbeiten. Mit Salz abschmecken. Die Rinderfilets in einen großen Glas- oder Plastikbehälter legen und mit dem Püree überziehen. Zugedeckt 2 Stunden bei Zimmertemperatur marinieren oder über Nacht im Kühlschrank ziehen lassen.

Einen Holzkohlengrill vorheizen. Den eingeölten Rost etwa 10–15 cm über dem Feuer plazieren.

Die Filets über durchgeglühtem Holzkohlenfeuer von jeder Seite etwa 4–5 Minuten grillen, wenn man sie noch blutig, etwa 8 Minuten, wenn man sie rosa gebraten haben möchte. Die Filets quer zur Faser in Scheiben schneiden und mit der Sauce auftragen.

FÜR 12 PERSONEN

TOMATEN MIT AVOCADO-SALSA

Diese »Allzwecksauce« schmeckt ebenfalls gut zu gegrilltem Fleisch, Geflügel oder Fisch. Man kann sie auch zum Füllen von quesadillas *verwenden (Rezept auf Seite 169).*

3 Avocados
8 Eiertomaten oder 4 große Tomaten, geschält, entkernt und in kleine Würfel geschnitten
1 EL feingehackte, entkernte *jalapeño*- (scharfe grüne) Chilischoten
60 g feingehackte grüne Paprikaschote
60 ml frisch gepreßter Zitronensaft
2 EL Rotweinessig
125 ml Olivenöl
2 EL gehackter Koriander
Salz und frisch gemahlener Pfeffer
6 große, reife, aromatische Fleischtomaten

Die Avocados halbieren und den Stein entfernen. Das Fruchtfleisch mit einem großen Löffel herauslösen und in kleine Würfel schneiden. In einer Schüssel Avocado-Fleisch, Tomatenwürfel, Chilischoten, Paprikaschote, Zitronensaft, Essig, Öl und Koriander miteinander vermischen und mit Salz und Pfeffer abschmecken. Bis zu 2 Stunden im Kühlschrank ziehen lassen.

Die Tomaten in Scheiben schneiden, auf einer Platte oder auf einzelnen Tellern anrichten und die Avocado-Salsa darüber verteilen.

FÜR 12 PERSONEN

KARTOFFELSALAT AUF LATEINAMERIKANISCHE ART

Aus Peru, dem Ursprungsland der Kartoffel, stammt auch das Rezept zu diesem deftigen Salat. Der kräftige Feta-Käse ist eine gute Alternative zum peruanischen queso fresco.

36 kleine neue rot- oder gelbschalige Kartoffeln (je nach Größe, etwa 2 kg)
150 g feingehackte rote Zwiebeln
90 g feingehackte Frühlingszwiebeln
3 rote oder grüne Paprikaschoten, entkernt und in kleine Würfel geschnitten
6 *jalapeño*- (scharfe grüne) Chilischoten, entkernt und feingehackt
4 Knoblauchzehen, feingehackt
8 Anchovis-Filets, feingehackt (etwa 1 EL)
185 ml Rotweinessig
250 ml Olivenöl
300 g Feta-Käse, grob zerbröckelt
6 hartgekochte Eier, in Viertel zerteilt
10 g feingehackter Koriander
Schwarze Oliven zum Garnieren (vorzugsweise Kalamatas oder Niçoises)

Die ungeschälten Kartoffeln in einen großen Topf geben, mit kaltem Wasser bedecken, Salz zufügen und aufkochen lassen. Die Hitze reduzieren und ohne Deckel etwa 12–18 Minuten köcheln lassen, bis die Kartoffeln gar, aber noch fest sind. Die Kochzeit richtet sich nach der Größe der Kartoffeln. Das Kochwasser abgießen, die Kartoffeln mit kaltem Wasser abschrecken und abtropfen lassen.

Die kalten Kartoffeln halbieren oder vierteln (je nach Größe), mit den Zwiebeln und Paprikaschoten in einer großen Schüssel vermischen und beiseite stellen. Chilischoten, Knoblauch und Anchovis mit etwas Essig in einer mittleren Schüssel oder einem großen Mörser mit dem Rücken eines großen Löffels oder einem Stößel zu einer Paste zerreiben. Den restlichen Essig zugeben und das Öl unterrühren. Die Vinaigrette über Kartoffeln, Paprikaschoten und Zwiebeln gießen, gut vermischen und vorsichtig Feta-Käse und Eier unterheben.

Zugedeckt bis zu 3 Stunden im Kühlschrank ziehen lassen. Mit gehacktem Koriander bestreuen und mit Oliven garniert auftragen.

Tropische Früchte eignen sich auch als Tischdekoration.

Gegrillte Bananen mit Speck

Heiß und süß – diese angenehm milde Beilage schmeckt gut zu scharfen Gerichten. Auch Ananasspießchen lassen sich auf diese Art zubereiten. Bambusspieße sollte man vor Gebrauch mindestens 20 Minuten in warmes Wasser legen, damit sie auf dem Grill nicht verbrennen.

6 Bananen
Frisch gemahlener Pfeffer
12 Scheiben Speck

Den Holzkohlengrill vorheizen. Den eingeölten Rost etwa 10–15 cm über dem Feuer plazieren.

Die Bananen schälen und quer halbieren. Jede Hälfte mit Pfeffer bestreuen und in eine Scheibe Speck wickeln. Jeweils eine Bananenhälfte auf einen Spieß stecken. Die Bananenspießchen über der Holzkohlenglut etwa 5 Minuten grillen, bis der Speck knusprig und die Bananen leicht gebräunt sind. Dabei gelegentlich wenden.

Für 12 Personen

Gegrillte Maiskolben mit Chili-Limonen-Butter

Limonen und Chilipulver bringen die natürliche Süße der Maiskolben erst richtig zur Geltung. Dazu reicht man einige Limonenspalten, mit deren Saft man den Mais beträufelt.

12 Maiskolben
180 g Butter, zimmerwarm
2 EL Chilipulver
½ TL Cayennepfeffer
1 TL Paprikapulver
Geriebene Schale von 2 Limonen
60 ml frisch gepreßter Limonensaft

Von den Maiskolben die Hülsen entfernen. In einer Schüssel Butter, Chilipulver, Cayennepfeffer, Paprikapulver, Limonenschale und -saft miteinander verrühren. Die Maiskolben mit jeweils 1 Eßlöffel Chili-Limonen-Butter bestreichen und jeden Kolben in ein großes Stück Alufolie wickeln. Bis zu 3 Stunden in den Kühlschrank legen.

Einen Holzkohlengrill vorheizen. Den eingeölten Rost etwa 10–15 cm über dem Feuer plazieren. Die Maiskolben über der heißen Holzkohlenglut unter gelegentlichem Wenden etwa 10 Minuten garen. Vor dem Servieren aus der Alufolie nehmen.

Für 12 Personen

Caipirinha-Pie

Namensgeber für dieses cremige Dessert mit dem kräftigen Aroma ist der aus Brasilien stammende Cocktail.

Grundrezept für 2 Mürbeteigböden (Rezept auf Seite 177)
2 EL oder 2 Blätter weiße Gelatine, aufgelöst in
250 ml frisch gepreßtem Limonensaft
250 ml brauner Rum
12 Eigelb
500 g Zucker
Geriebene Schale von 4 Limonen
1 l Sahne
150 g geröstete Kokosnußflocken (siehe Glossar)

Den Teig in zwei Portionen teilen. Ausrollen und zwei Pie-Formen von etwa 23 cm Durchmesser damit auskleiden. Den Rand hochziehen und begradigen. Für etwa 30 Minuten oder über Nacht in den Kühlschrank stellen. Die Mürbeteigböden wie auf Seite 177 beschrieben backen. Vor dem Füllen vollkommen erkalten lassen.

Die aufgelöste Gelatine mit dem Rum in einem kleinen Topf erwärmen. In einer großen Schüssel das Eigelb zu einer sehr dicken und hellgelben Creme aufschlagen, dabei nach und nach den Zucker einrieseln lassen. Rum-Gelatine-Mischung und Limonenschale vorsichtig unter die Creme rühren. Die Sahne sehr steif schlagen und ebenfalls unterheben. Die Creme in etwa 30 Minuten im Kühlschrank etwas fester werden lassen.

Die Füllung gleichmäßig auf die beiden Kuchenböden verteilen und für etwa 1½ Stunden in den Kühlschrank stellen, bis die Creme fest geworden ist. Jede Caipirinha-Pie mit gerösteten Kokosnußflocken bestreuen und auftragen.

Ergibt 2 Kuchen von etwa 23 cm Durchmesser

Gegrillte Bananen mit Speck, Gegrillte Maiskolben mit Chili-Limonen-Butter (oben); Caipirinha-Pie (rechts)

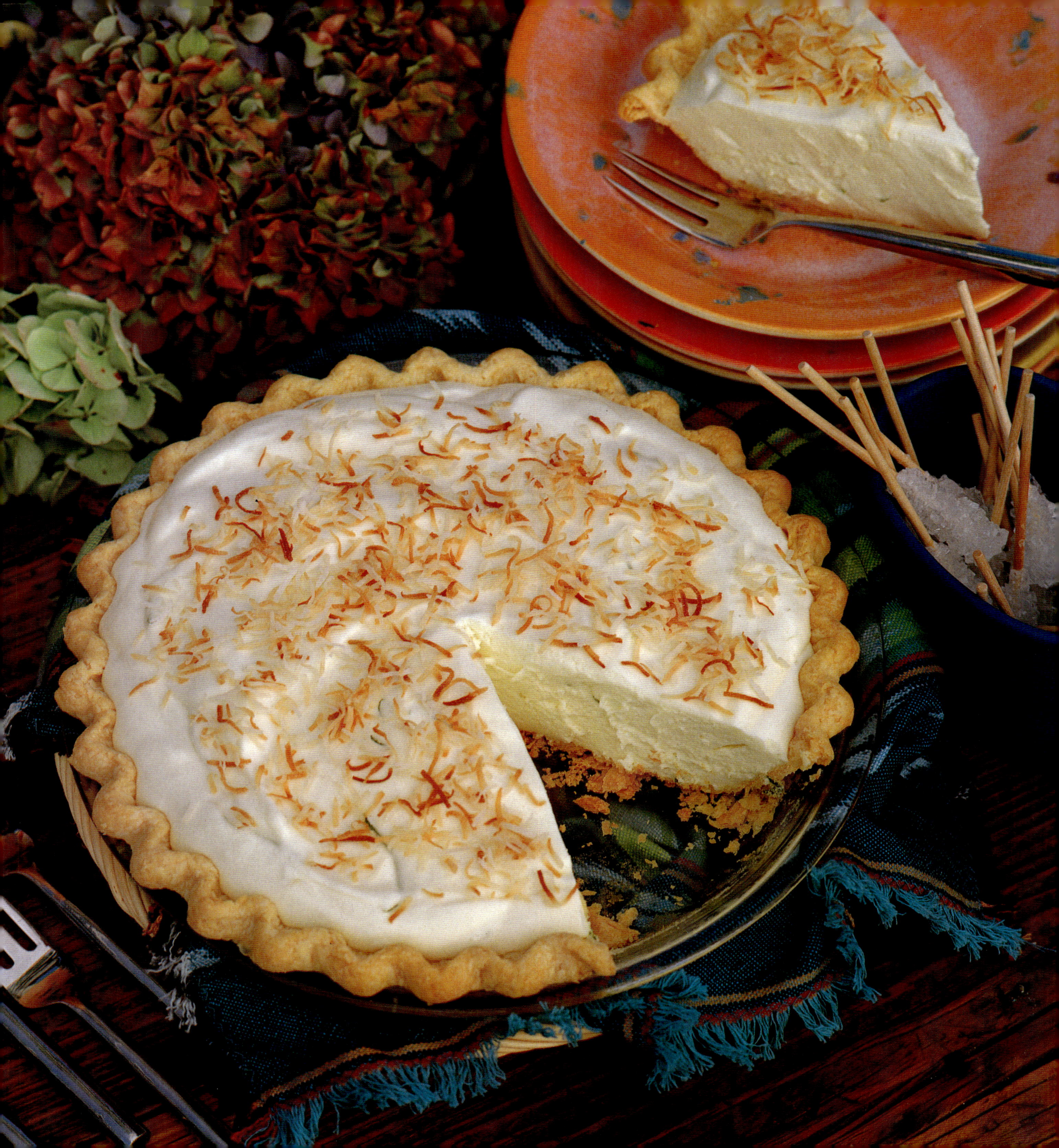

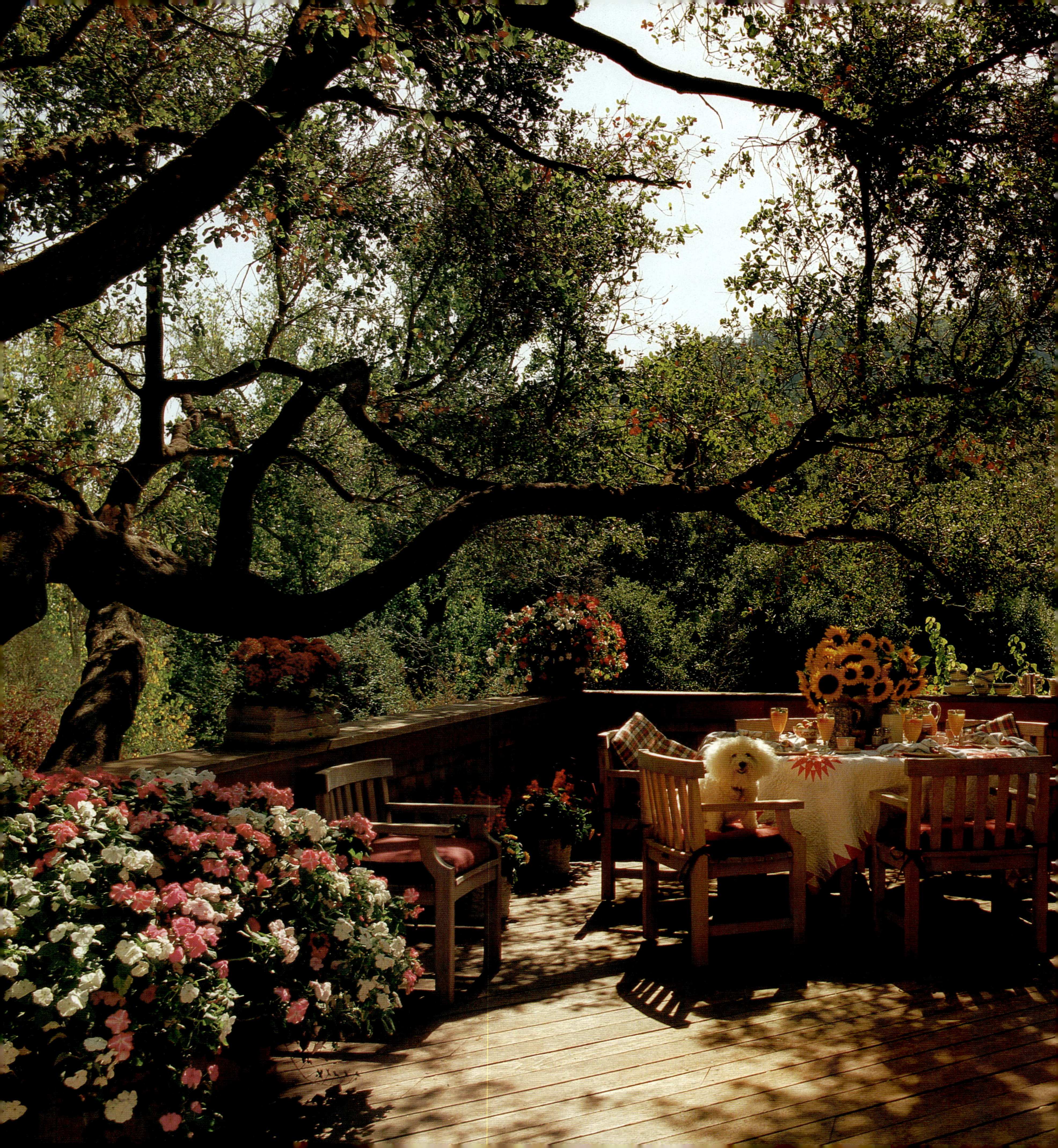

Sommer-Brunch mit maghrebinischen Aromen

Die Herbstwochen, in denen die Hitze vergangener Tage zurückkehrt, locken uns noch einmal ins Freie. Sie sind von Gerüchen durchzogen, die uns wehmütig an den verflossenen Sommer erinnern. Der Altweibersommer ist eine ideale Jahreszeit, um Geburtstage oder Jubiläen, sportliche Ereignisse oder einen Besuch von auswärtigen Gästen im Rahmen eines ungezwungenen Wochenend-Brunches zu feiern.

Unser Brunch findet auf einer mit Bäumen gesäumten Terrasse statt, aber auch eine Veranda, ein großer Balkon, ein Garten oder eine Eßecke eignen sich gut dafür. Unsere Farbskala ist vom Altweibersommer inspiriert: In Tiefrot, Rosttönen und warmen Goldfarben präsentiert sich der Tischschmuck; leuchtende Sonnenblumen und Schalen mit rotbackigen Äpfeln unterstreichen den herbstlichen Ton. Dem herzhaften Charakter der Rezepte entsprechen der rustikale Patchwork-Quilt, der als Tischtuch dient, die altmodische Milchflasche und die gestreiften Baumwollservietten, die um Miniaturnudelhölzer gebunden sind.

Sommer-Brunch mit maghrebinischen Aromen

Eine Schale mit rotbackigen Äpfeln repräsentiert die Farben des Altweibersommers.

Die Farben der Jahreszeit schlagen sich auch im Menü nieder, in dem vertraute Frühstücksklassiker mit Gerichten aus der Küche des Maghreb, der nordafrikanischen Länder, eine Verbindung eingehen. Auch hier kann viel im voraus zubereitet werden, und die Gerichte sind so ausgewählt, daß Sie den Morgen zusammen mit Ihren Gästen genießen können.

Machen Sie sich Ihre Sache leicht, indem Sie den Orangensalat schon für jeden Gast auf separaten Tellern anrichten und Marmelade sowie Körbchen mit Toast aufstellen. Die gebackenen Eier können direkt in der Form, die man wegen der Hitze am besten in einen Korb stellt, aufgetragen werden, danach die Pfannkuchen. Dazu sollten Sie verschiedene warme und kalte Getränke anbieten, darunter Sekt mit Orangensaft, mit Zimt oder Kardamom aromatisierten Kaffee und Tee mit Zimt oder Minze.

Menü

Die Servietten werden locker um Spielzeugnudelhölzer gebunden, die man den Gästen später als Andenken mitgibt.

SOMMER-BRUNCH MIT MAGHREBINISCHEN AROMEN

Orangensalat auf nordafrikanische Art

*Gebackene Eier mit
Merguez, Paprikaschoten und Tomaten
Toast
Zitronenmarmelade mit Kräuteraroma*

*Pfannkuchen auf
marokkanische Art mit Mandelcreme*

VORBEREITUNGSLISTE

◆ Mindestens 2 Wochen vor dem Brunch die Marmelade kochen (man kann die Marmelade natürlich auch fertig im Glas kaufen).

◆ Am Vorabend die Mandelcreme zubereiten und im Kühlschrank aufbewahren; *merguez* und Sauce für die Eier zubereiten.

◆ Etwa 30 Minuten vor dem Servieren des Salates den Pfannkuchenteig anrühren.

◆ Nach dem Eier-Gericht die Pfannkuchen backen und garnieren.

Es muß nicht immer Hintergrundmusik aus der Stereoanlage sein – hängen Sie kleine Glöckchen ins Geäst der Bäume und lassen Sie den Wind für Ihre Party musizieren.

WEINEMPFEHLUNGEN

Als Getränke eignen sich Kaffee, Tee oder Orangen-Mixgetränke. Zum Salat kann man, wenn man mag, einen leichten Riesling oder einen italienischen Moscato d'Asti trinken: Beide passen ebenfalls zu den gebackenen Eiern. Man kann dem Wein auch einen trockenen Champagner oder einen Schaumwein, in dessen Cuvée Chardonnay-Trauben dominieren, folgen lassen.

Sommer-Brunch mit maghrebinischen Aromen

Orangensalat auf nordafrikanische Art

Der süße und aromatische Orangensalat ist ein guter Kontrast zum darauffolgenden pikanten Eiergericht. Im Winter sollten Sie den Salat mit Blutorangen ausprobieren.

6 Orangen oder Blutorangen
18 eingelegte schwarze Oliven
3 Bund Wasserkresse
½ TL gemahlener Zimt
2 EL Puderzucker
60 ml Olivenöl
3 EL frisch gepreßter Zitronensaft
1 Prise Salz
½ TL gemahlener Kreuzkümmel

Die Schale einer Orange reiben und beiseite stellen. Die Orangen sorgfältig schälen und in einzelne Spalten zerteilen, dabei alle Häute und Kerne entfernen. Kleine Orangen einfach in Scheiben schneiden, die Kerne ebenfalls entfernen.

Die Oliven halbieren und die Steine entfernen. Man kann die Oliven aber auch im Ganzen mitsamt ihren Steinen verwenden. Die Wasserkresse putzen, die dicken Stengel entfernen.

In einer großen Schüssel Olivenöl, Zitronensaft, Salz, Kreuzkümmel und geriebene Orangenschale miteinander verrühren. Wasserkresse und Oliven hineingeben und gut vermengen. Gleichmäßig auf 6 Teller verteilen, Orangenscheiben oder -spalten darauf anrichten. Zimt und Puderzucker miteinander vermischen, in ein kleines Sieb geben und die Orangenscheiben damit bestäuben.

Für 6 Personen

Orangensalat auf nordafrikanische Art

Gebackene Eier mit Merguez, Paprikaschoten und Tomaten

Dieses Eiergericht heißt in Tunesien chakchouka *und besteht aus* merguez, *frischen, gut gewürzten Würsten, wie man sie in Nordafrika schätzt, und wird mit einer Sauce aus geschmorten Paprikaschoten und Tomaten zubereitet.*

Für die Merguez:

500 g Lamm- oder Rinderhack, nicht zu mager
2 Knoblauchzehen, feingehackt
½ TL gemahlener Zimt
¼–½ TL Cayennepfeffer (oder nach Belieben)
1 TL gemahlener Kreuzkümmel
1 EL Paprikapulver, edelsüß
1 TL gemahlener Koriander
1½ TL Salz
½ TL frisch gemahlener Pfeffer
2 EL Wasser

Für die Sauce:

3 EL Olivenöl
2 Zwiebeln, grobgehackt
2 Knoblauchzehen, feingehackt
3 große grüne oder rote Paprikaschoten, Stengel und weiße Innenrippen entfernt, entkernt und grobgehackt
4 große Tomaten, geschält, entkernt und gehackt
10 g Koriandergrün und/oder Petersilie, gehackt
Salz und frisch gemahlener Pfeffer

Zum Fertigstellen:

1 EL Olivenöl
merguez, siehe oben
Sauce, siehe oben
12 Eier

Für die *merguez* Lammhack, Knoblauch, Zimt, Cayennepfeffer, Kreuzkümmel, Paprikapulver, Koriander, Salz, Pfeffer und Wasser in die Küchenmaschine oder in einen Mixer geben und gründlich vermengen. Aus dem Fleischteig 12 ovale

Gebackene Eier mit Merguez, Paprikaschoten und Tomaten; Zitronenmarmelade mit Kräuteraroma (Rezept Seite 78)

Laibe formen und zugedeckt bis zu acht Stunden in den Kühlschrank stellen.

Für die Sauce das Öl in einem großen Topf erhitzen. Zwiebeln hineingeben und bei mittlerer Temperatur in etwa 10 Minuten weich werden lassen. Knoblauch und Paprikaschoten zugeben und etwa 5 Minuten schmoren lassen, bis sie weich sind. Tomaten zugeben und weitere 10 Minuten köcheln lassen. Koriander und/oder Petersilie unterrühren und mit Salz und Pfeffer abschmecken.

Für die Fertigstellung des Gerichts den Backofen auf 200 °C vorheizen. Das Öl in einer schweren Pfanne bei starker Hitze heiß werden lassen. Die *merguez*-Laibchen hineingeben und von beiden Seiten braun werden lassen. Aus der Pfanne nehmen und auf Küchenpapier abtropfen lassen. Die Sauce in eine große feuerfeste Form geben. Die merguez am Rand entlang in gleichmäßigen Abständen anrichten, die Eier aufschlagen und in die Mitte setzen. Oder aber die Sauce auf 6 kleine feuerfeste Förmchen verteilen und jeweils 2 *merguez* und 2 Eier hineingeben. Im Ofen backen, bis das Eiweiß fest, das Eigelb aber noch weich ist. Die Garzeit beträgt bei einer großen Form etwa 20 Minuten, bei kleineren Förmchen etwa 8–10 Minuten.

ZITRONENMARMELADE MIT KRÄUTERAROMA

Frische Minze und Pfefferminztee sowie Verbene (Eisenkraut) und Orangenblütenwasser geben dieser Zitronenmarmelade ein besonderes Aroma. Die Marmelade sollte mindestens zwei Wochen vor Gebrauch gekocht werden.

2 kg große, saftige, unbehandelte Zitronen (etwa 10–12 Stück)
2,5 l kaltes Wasser
4 Beutel Pfefferminztee
2 kg Zucker
3 EL Orangenblütenwasser (nach Belieben)
32 Blätter Minze
16 Blätter Verbene (nach Belieben)

Die Zitronen abspülen und trockentupfen, sehr dünn mit einem Gemüseschäler oder, besser noch, mit einem Zestenschneider schälen. Darauf achten, daß die weiße Haut nicht mitabgeschält wird. Die Schale in dünne Streifen schneiden (erübrigt sich, wenn man mit einem Zestenschneider arbeitet), in einen Topf geben, mit 250 ml Wasser bedecken und zum Kochen bringen. 2 Minuten kochen lassen, dann das Wasser abgießen. Die Zitronenschale nochmals mit 250 ml Wasser bedecken und über Nacht einweichen.

Die gut geschälten Zitronen quer halbieren und in hauchdünne Scheiben schneiden. Die Kerne entfernen. Die Zitronenscheiben in einen großen Topf geben, mit den restlichen 2 Litern Wasser bedecken und über Nacht ziehen lassen.

Am nächsten Tag Pfefferminzteebeutel zu den Zitronenscheiben in den Topf geben, aufkochen lassen, die Hitze reduzieren und ohne Deckel etwa 15 Minuten köcheln lassen. Den Topf vom Herd nehmen und 3 Stunden ziehen lassen. Danach die Teebeutel entfernen. Eingeweichte Zitronenschale und Zucker zugeben, zum Kochen bringen, die Hitze reduzieren und ohne Deckel etwa 35 Minuten köcheln lassen. Zur Probe einen Teelöffel Marmelade auf einen kalten Teller geben. Sie sollte eine geleeartige Konsistenz haben.

Nach Belieben mit Orangenblütenwasser parfümieren und den Topf vom Herd nehmen. Jeweils zwei Minzblätter und nach Belieben ein Verbene-Blatt auf dem Boden von 8 sterilisierten Marmeladengläsern von 250 ml Inhalt auslegen und die Marmelade hineinfüllen, dabei einen oberen Rand von etwa 12 mm lassen. Mit den restlichen Blättern bedecken und die Gläser fest verschließen. Die Marmelade im heißen Wasserbad in etwa 10 Minuten einkochen (siehe Glossar, Seite 186) oder im Kühlschrank bis zu 3 Monaten aufbewahren. *(Foto siehe vorhergehende Seite.)*

Ergibt 2 Kilogramm

PFANNKUCHEN AUF MAROKKANISCHE ART MIT MANDELCREME

Diese Hefepfannkuchen sind gehaltvoller als die Pfannkuchen, die wir kennen.

FÜR DIE MANDELCREME:

1 l Milch
90 g gemahlene Mandeln, geröstet (siehe Glossar)
185 g Zucker
30 g Maisstärke
4 Eigelb
1 TL Vanille-Essenz
½ TL Mandel-Essenz
2 EL Orangenblütenwasser

FÜR DIE PFANNKUCHEN:

1 EL Trockenhefe
1 TL Zucker
60 ml warmes Wasser (etwa 40 °C)
235 g Mehl
¼ TL Salz
¼ TL gemahlener Zimt
1 Ei
300 ml Milch

ZUM BACKEN UND SERVIEREN:

Öl zum Backen
6 kleine Bananen
90 g ganze Mandeln oder Mandelblättchen, geröstet (siehe Glossar)
Orangenschale, in sehr feine Streifen geschnitten (nach Belieben)

Für die Mandelcreme Milch, Mandeln und die Hälfte des Zuckers in einen mittleren Topf geben. Bei mittlerer Temperatur zum Sieden bringen, die Milch vom Herd nehmen und zugedeckt etwa 30 Minuten ziehen lassen. Die Milch durch ein Sieb in einen anderen Topf gießen, dabei die Mandeln mit dem Rücken eines Löffels kräftig ausdrücken. Die Milch wieder erhitzen. In einer kleinen Schüssel Maisstärke, restlichen Zucker und Eigelb miteinander verquirlen. Etwas heiße Milch unterrühren und die Masse in dünnem Strahl in die heiße Milch rühren. Bei mittlerer Temperatur unter ständigem Rühren in etwa 1–2 Minuten dick werden lassen. Die Creme vom Herd nehmen, mit Vanille- und Mandelessenz sowie Orangenblütenwasser parfümieren und abkühlen lassen. Zugedeckt kann man die Mandelcreme bis zu 8 Stunden im Kühlschrank aufbewahren.

Für die Pfannkuchen Hefe, Zucker und warmes Wasser in einer kleinen Schüssel verrühren. Den Vorteig an einem warmen Platz etwa 10 Minuten gehen lassen. Mehl, Salz und Zimt in eine mittlere Schüssel sieben. In die Mitte eine Mulde drücken und den Vorteig hineingeben. In einer kleinen Schüssel das Ei mit der Milch verquirlen und nach und nach unter Mehl und Hefe rühren. Alles zu einem glatten Teig verarbeiten und zugedeckt in der Schüssel an einem warmen Platz etwa eine Stunde gehen lassen.

Eine schwere Pfanne mit Öl ausstreichen und sehr heiß werden lassen. Die Hitze reduzieren. Gehäufte Eßlöffel Teig in die Pfanne geben und die Pfannkuchen backen, bis sie Blasen werfen. Die Pfannkuchen wenden und von der anderen Seite in etwa 1 Minute ebenfalls goldgelb werden lassen. Auf Kuchenblechen nebeneinander auslegen und im Backofen warm stellen.

Die Bananen schälen, in Scheiben schneiden und unter die Mandelcreme heben. Die Creme über die warmen Pfannkuchen geben und mit gerösteten Mandeln und nach Belieben mit Orangenschale garnieren.

FÜR 6 PERSONEN

Pfannkuchen auf marokkanische Art mit Mandelcreme

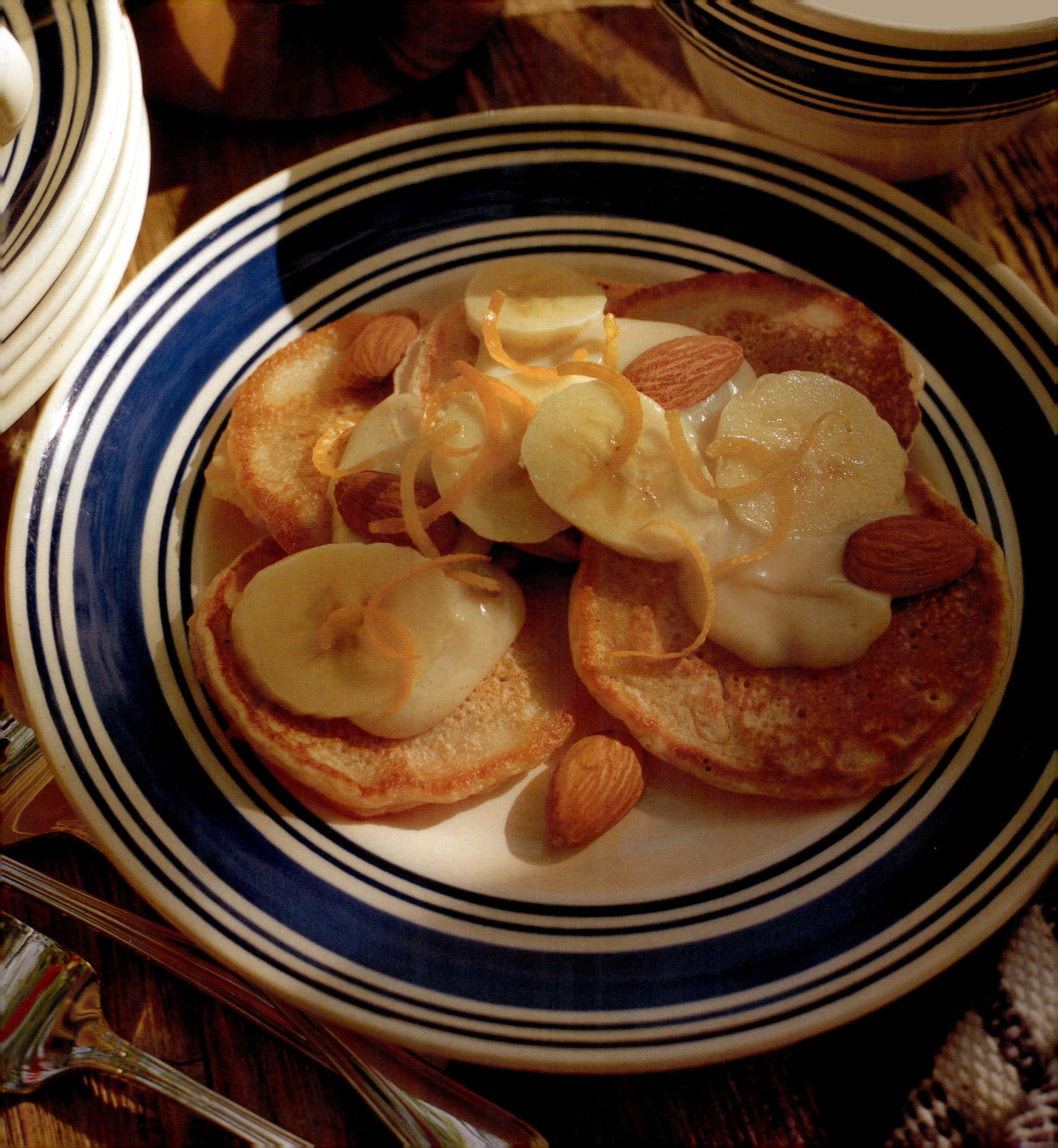

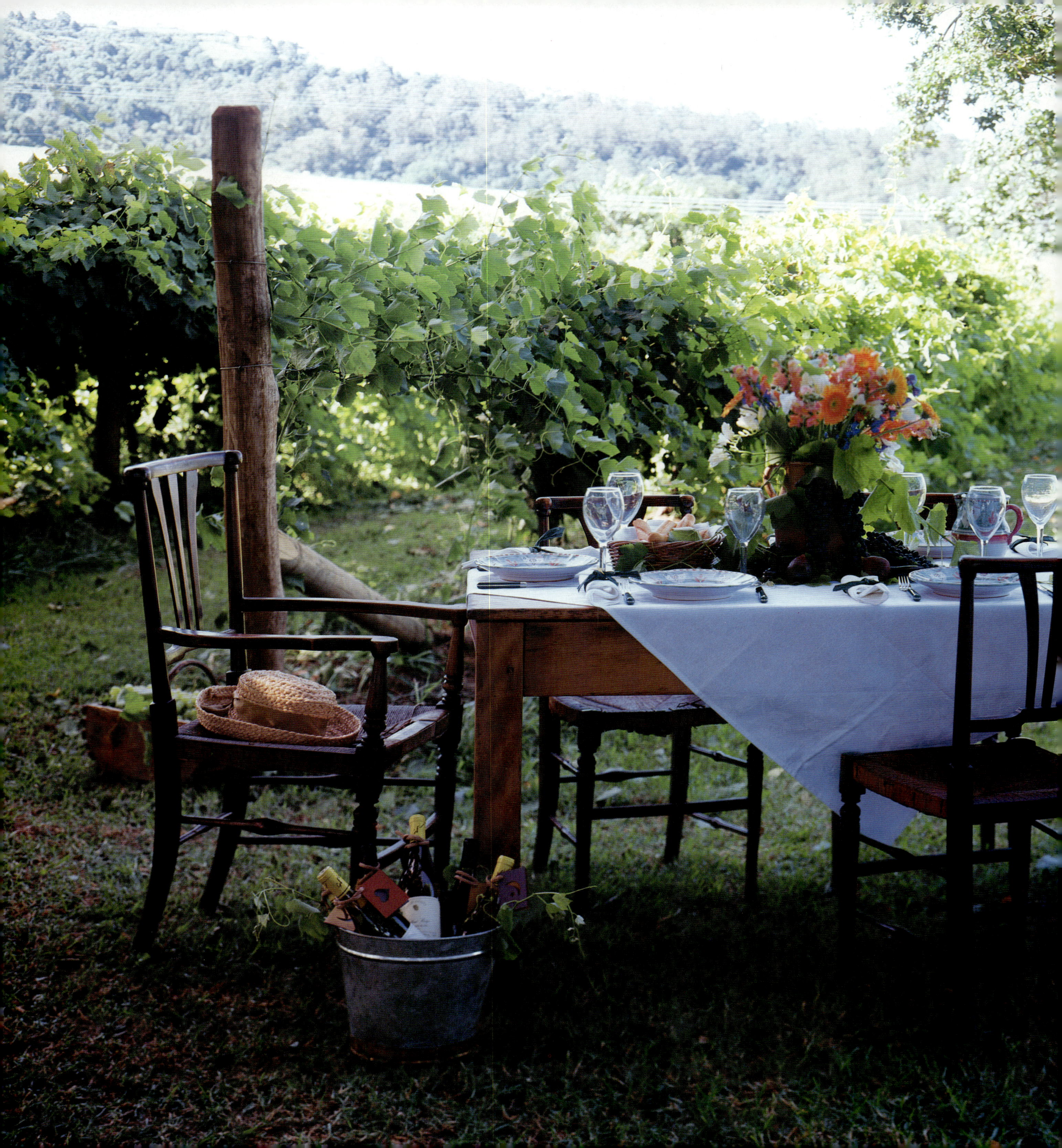

Herbstliches Mittagessen auf dem Land

Auf den Feldern und in den Weinbergen ruht mittags die Erntearbeit. Man setzt sich zum wohlverdienten, einfachen Mittagsmahl zusammen und genießt die unverfälschte ländliche Kost. Für unser herbstliches Mittagessen haben wir einen Weingarten ausgewählt; man muß aber nicht auf dem Land wohnen, um die Früchte des Herbstes zu genießen. Egal ob Sie Ihren Tisch unter Bäumen, auf einer Terrasse oder an einem sonnigen Fenster aufstellen: Decken Sie ihn mit den reichen Gaben, die die Jahreszeit bietet, und mit dem Ausdruck unverfälschter Gastfreundschaft.

Wir versuchten, die Atmosphäre des Herbstes einzufangen, indem wir einen rustikalen, wettergegerbten Tisch mit Keramikgeschirr und schlichtem Besteck deckten. Die Tischdekoration besteht aus Blumen aus dem Garten und anderen jahreszeitlichen Blumen, wie sie beim Floristen erhältlich sind. Als Dekoration passen auch frische Früchte, Weintrauben, gebündeltes Herbstlaub und Weinblätter.

HERBSTLICHES MITTAGESSEN AUF DEM LAND

Ein lockeres Arrangement aus Gartenblumen und Weinblättern ziert den Tisch.

Menü

Das Menü spiegelt den Überfluß der Jahreszeit wider, ist aber nichtsdestoweniger einfach und schnell zuzubereiten. Die meisten Zutaten wird Ihr Lebensmittelladen vorrätig haben, bestimmte Obst- und Gemüsesorten machen den Gang zum Delikatessenladen nötig. Ein Fest im Herbst ist auch eine gute Gelegenheit, seinen Freunden einige gute Tropfen aus dem Weinkeller anzubieten. Auch dieses Menü ist nicht an die Jahreszeit gebunden. Wenn Sie den Alternativen in den Rezepteinleitungen folgen, können Sie die Gerichte das ganze Jahr über als Mittag- oder Abendessen zubereiten.

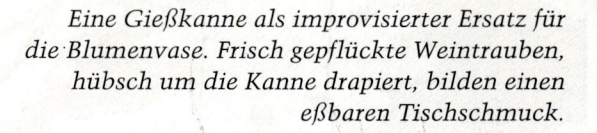

Eine Gießkanne als improvisierter Ersatz für die Blumenvase. Frisch gepflückte Weintrauben, hübsch um die Kanne drapiert, bilden einen eßbaren Tischschmuck.

*Gegrillte Feigen mit in Weinblättern
gegrilltem Ziegenkäse*

Walnuß-Focaccia

*Ausgebeinte Lammkeule
in Joghurt-Marinade*

Pikantes Aprikosen-Chutney

*Gegrillte Auberginen
mit Cocktailtomaten-Sauce*

Linsensalat

Pflaumenkuchen

VORBEREITUNGSLISTE

◆ Einige Monate im voraus das Chutney zubereiten (oder es fertig kaufen).

◆ Bis zu einer Woche vorher die Cocktailtomaten-Sauce für die Auberginen kochen.

◆ Am Vortag den Käse in Weinblätter wickeln und mit Öl bestreichen.

◆ Am Vorabend die Lammkeule marinieren.

◆ Am Morgen des Brunch die *focaccia* backen; Linsensalat und Pflaumenkuchen zubereiten.

◆ Eine Stunde vorher das Lammfleisch aus dem Kühlschrank nehmen und Zimmertemperatur annehmen lassen, bevor man es grillt.

Weine Ihrer Lieblingslage, mit Blüten und selbstgemachten Namensschildern geschmückt, als kleines Geschenk für die Gäste.

WEINEMPFEHLUNGEN

Genießen Sie das herbstliche Mittagessen mit einer Auswahl aromatischer junger Weiß- und Rotweine. Sie sollten einen vollmundigen, fruchtigen Weißwein wählen, der gut zu den süß-säuerlichen Gerichten des Menüs paßt: zum Beispiel einen kraftvollen Chardonnay aus Südtirol oder dem Trentino oder einen trockenen Gewürztraminer. Der Rotwein sollte körperreich, aber nicht zu schwer sein. Hier würde beispielsweise ein frischer Pinot Noir oder ein leichterer Bordeaux passen. Zum Dessert sollten Sie einen gut gekühlten Pflaumenschnaps anbieten.

Herbstliches Mittagessen auf dem Land

Gegrillte Feigen mit in Weinblättern gegrilltem Ziegenkäse

Feigen schmecken oft erst dann am besten, wenn sie geplatzt sind; sie sehen dann leider nicht besonders appetitlich aus. Außerhalb der Saison kann man statt der Feigen auch Pfirsiche oder aromatische, saftige Birnen nehmen.

6 Scheiben milder Ziegenfrischkäse, 2½ cm dick geschnitten
6 frische oder eingelegte Weinblätter, gut abgespült und Stengel entfernt
6 große, reife Feigen
6 dünne Scheiben luftgetrockneter italienischer Schinken
Olivenöl zum Bestreichen
frisch gemahlener Pfeffer
6 Limonenspalten

Jeweils eine Scheibe Ziegenkäse fest in ein Weinblatt einwickeln. Der eingewickelte Käse läßt sich zugedeckt über Nacht im Kühlschrank aufbewahren.

Einen Holzkohlengrill vorheizen. Den eingeölten Rost etwa 10–15 cm über dem Feuer plazieren. Ersatzweise einen Gas- oder Elektrogrill vorheizen.

Die Feigen sowie den Schinken längs halbieren. Jede Feigenhälfte in eine halbe Scheibe Schinken einwickeln und jeweils zwei Feigenhälften auf einen Spieß stecken. Eingewickelte Feigen und Ziegenkäse leicht mit Olivenöl bestreichen und mit Pfeffer bestreuen.

Feigen und Ziegenkäse über nicht zu heißem Feuer oder unter dem Grill braten, dabei einmal wenden. Die Feigen brauchen etwa 3 Minuten, bis sie auch innen heiß sind, der Käse etwa 4 Minuten.

Feigen und Käse auf 6 Teller verteilen und mit Limonenspalten garniert auftragen.

Für 6 Personen

Walnuss-Focaccia

Wenn Sie für Ihr Menü keine Feigen bekommen, können Sie dieses herzhafte Brot auch mit Trauben backen. Das Walnußöl ist übrigens aromatischer, wenn man es vor Gebrauch kurz erhitzt.

Für den Teig:
2 TL Trockenhefe
300 ml warmes Wasser (etwa 40 °C)
2 EL Zucker
600 g Mehl
3 EL Walnußöl, erhitzt
1 TL Salz

Für den Belag:
Walnußöl, erhitzt
125 g gehackte Walnüsse, geröstet (siehe Glossar)
2 EL gehackter frischer Rosmarin
300 g Feigen, ersatzweise blaue Trauben, halbiert und entkernt (nach Belieben)
1–2 EL Zucker (nach Belieben)

Frisch geerntete Trauben warten in einer hölzernen Bütte auf den Transport zur Weinpresse.

Für den Teig die Hefe in einer Rührschüssel in 250 ml warmem Wasser auflösen. Zucker und 75 g Mehl unterrühren und zugedeckt etwa 30 Minuten gehen lassen. Das restliche Mehl, restliches Wasser, Walnußöl und Salz zugeben und mit einem elektrischen Handrührgerät in etwa 10 Minuten zu einem glatten, elastischen Teig verarbeiten. Eventuell noch etwas Mehl zugeben, falls der Teig noch klebrig ist. Den Teig in eine eingeölte Schüssel geben, mit einem sauberen Geschirrtuch abdecken und an einem warmen Platz etwa eine Stunde gehen lassen, bis er sein doppeltes Volumen erreicht hat.

Den Backofen auf 240 °C vorheizen. Den Teig auf einer leicht bemehlten Arbeitsfläche flach drücken und zu einem Rechteck von etwa 28 x 46 cm ausrollen. Ein etwa gleich großes Backblech mit dem Teig belegen und locker zugedeckt weitere 15–30 Minuten gehen lassen. Der Teig sollte jetzt ungefähr sein doppeltes Volumen erreicht haben.

Für den Belag den Teig leicht mit Walnußöl bestreichen und die Oberfläche mit den Fingern etwas eindrücken. Mit Walnüssen und Rosmarin bestreuen. (Falls Sie Trauben verwenden, die Früchte in den Teig drücken und die focaccia mit Zucker bestreuen, dann erst mit Walnüssen und Rosmarin bestreuen.) Auf dem untersten Einschub des Ofens etwa 12–15 Minuten backen, bis die Oberfläche goldbraun ist.

Ergibt eine focaccia von etwa 28 x 46 cm Grösse

Gegrillte Feigen mit in Weinblättern gegrilltem Ziegenkäse; Walnuß-Focaccia.

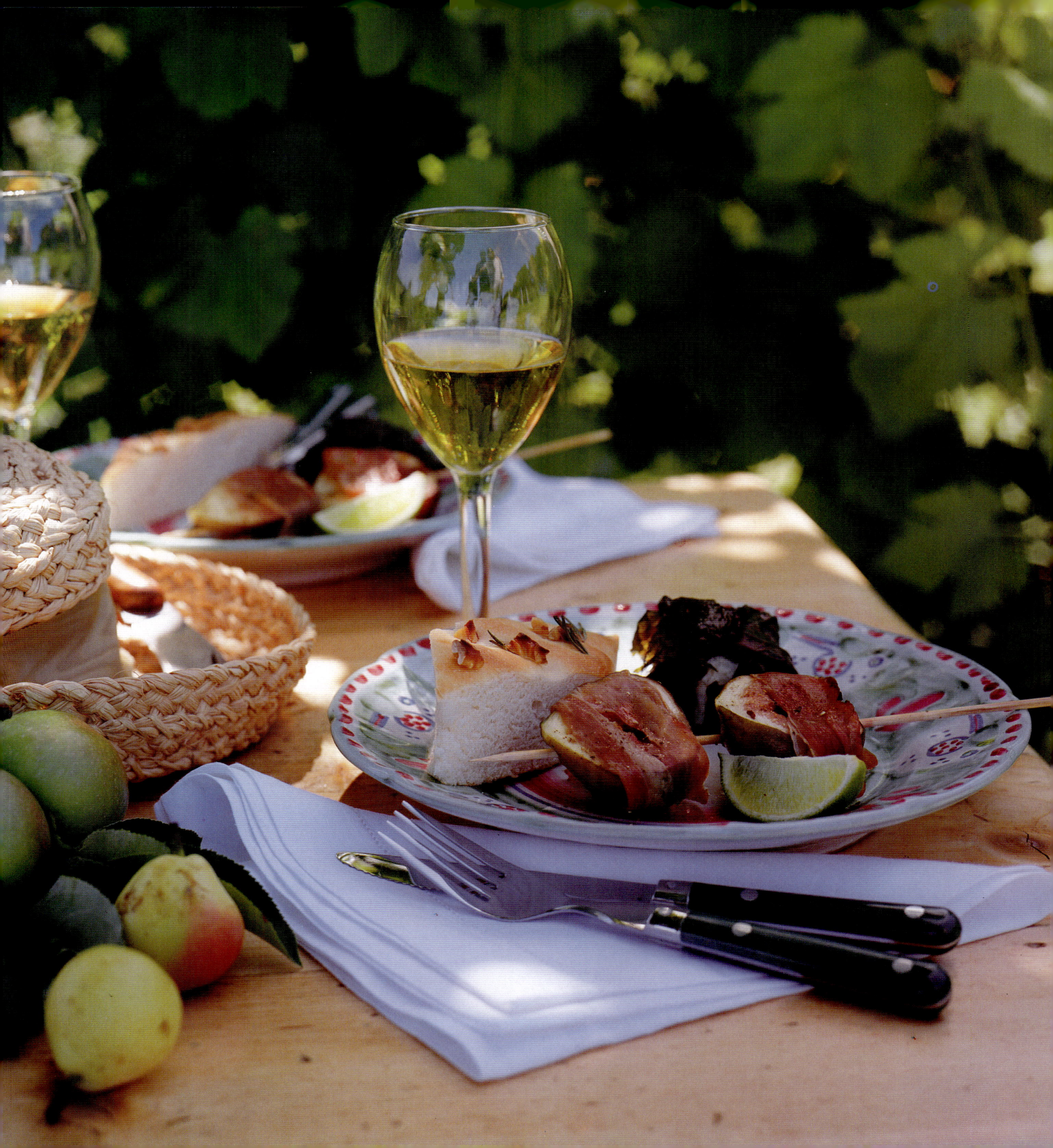

HERBSTLICHES MITTAGESSEN AUF DEM LAND

AUSGEBEINTE LAMMKEULE IN JOGHURT-MARINADE

Das Fleisch einer ausgebeinten, aufgeklappten Lammkeule ist unterschiedlich dick, so daß es nach dem Braten zum Teil noch blutig, zum Teil rosa ist. Die einfache Marinade erzielt große geschmackliche Wirkung.

1 große Lammkeule (etwa 3 kg), ausgebeint, aufgeklappt, überschüssiges Fett und Haut entfernt
1 große Zwiebel, gehackt
2-3 Knoblauchzehen, feingehackt
½ TL gemahlener Zimt
½ TL gemahlener Kardamom
¼ TL Safranfäden, zerrieben
1 TL gemahlener oder 1 EL frisch geriebener Ingwer
1 EL gemahlener Koriander
½ TL frisch gemahlener Pfeffer
500 g Joghurt, Halbfett- oder Magerstufe
3 EL frisch gepreßter Zitronensaft
30 g gehackte frische Minze
Öl zum Bestreichen
Salz und frisch gemahlener Pfeffer

Die ausgebeinte Lammkeule in einem ausreichend bemessenen Glas- oder Plastikbehälter ausbreiten und beiseite stellen.

Zwiebel und Knoblauch in einen Mixer oder in die Küchenmaschine geben und grob zerkleinern. Zimt, Kardamom, Safran, Ingwer, Koriander, Pfeffer, Joghurt, Zitronensaft und Minze zugeben und zu einem Püree verarbeiten. Die Marinade über das Lammfleisch geben. Das Fleisch ringsherum mit Marinade bestreichen und zugedeckt über Nacht im Kühlschrank ziehen lassen.

Ausgebeinte Lammkeule in Joghurt-Marinade; Pikantes Aprikosen-Chutney; Gegrillte Auberginen mit Cocktailtomaten-Sauce

PHOTOGRAPH BY PETER JOHNSON

Einen Holzkohlengrill vorheizen. Einen eingeölten Rost etwa 10–15 cm über dem Feuer plazieren. Oder einen Gas- oder Elektrogrill heiß werden lassen.

Die Lammkeule aus der Marinade nehmen. Mit Öl bestreichen und mit Salz und Pfeffer würzen. Über der Holzkohlenglut oder unter dem Grill auf jeder Seite etwa 8–10 Minuten garen, wenn man das Fleisch noch blutig mag, 12 Minuten, wenn es rosa gebraten sein soll. An den dickeren Stellen braucht das Lammfleisch einige Minuten länger. Zum Servieren gegen die Faser aufschneiden.

FÜR 6 PERSONEN

PIKANTES APRIKOSEN-CHUTNEY

Süßsaure Aprikosen passen gut zu Lammfleisch. Das Chutney sollte man zubereiten, wenn Aprikosen Saison haben, und es an einem kühlen, dunklen Platz 2–3 Wochen stehen lassen, damit sich die Aromen vermischen können. Man kann natürlich das Chutney auch fertig im Handel kaufen.

750 g entsteinte frische Aprikosen, geviertelt
500 g Zucker
½ EL Salz
1 Zwiebel, gehackt
1 Stück frischer Ingwer, etwa 10 x 4 cm groß, geschält und in Scheiben geschnitten
3 Knoblauchzehen
1 TL gemahlener Zimt
½ TL gemahlene Gewürznelken
½ TL Cayennepfeffer oder 3–4 *jalapeño*- (scharfe grüne) Chilischoten, feingehackt
375 ml Apfelessig

Die Aprikosen in einen großen emaillierten oder rostfreien Stahltopf geben, mit Zucker und Salz bestreuen und mindestens eine oder bis zu acht Stunden ziehen lassen.

In der Küchenmaschine oder im Mixer Zwiebel, Ingwer, Knoblauch, Zimt, Gewürznelken und Cayennepfeffer oder Chilischoten zerkleinern. Die Hälfte des Essigs zugießen und zu einem Püree verarbeiten. Diese Mischung über die Aprikosen gießen und den restlichen Essig unterrühren. Zum Kochen bringen, die Hitze reduzieren und ohne Deckel unter häufigem Rühren etwa eine Stunde köcheln lassen. Das Chutney sollte dick sein. Zur Probe einen Teelöffel Chutney auf einen kalten Teller geben. Es kann vom Herd genommen werden, wenn es nicht auf dem Teller zerläuft. Das Chutney in 3 sterilisierte Gläser von 500 ml Inhalt füllen, dabei einen oberen Rand von etwa 12 mm lassen. Die Gläser fest verschließen und im heißen Wasserbad versiegeln (siehe unter Einkochen, Seite 186) oder im Kühlschrank bis zu 3 Monaten aufbewahren.

ERGIBT ETWA 1,5 KILOGRAMM

GEGRILLTE AUBERGINEN MIT COCKTAILTOMATEN-SAUCE

Die geleeartige Sauce schmeckt auch sehr gut zu einem Weich- oder Ziegenkäse oder zu gegrilltem Huhn.

FÜR DIE COCKTAIL-TOMATENSAUCE:
375 g Cocktail-Tomaten ohne Strunk
100 g brauner Zucker
Geriebene Schale von 1 Zitrone
60 ml frisch gepreßter Zitronensaft
1 EL frisch geriebener Ingwer
3 EL Wasser
½ TL gemahlener Zimt
½ TL gemahlener Kreuzkümmel
1 Prise Cayennepfeffer
Salz und frisch gemahlener Pfeffer

FÜR DIE GEGRILLTEN AUBERGINEN:
1 Knoblauchzehe, zerdrückt
60 ml Olivenöl, leicht erhitzt
2 feste, dicke Auberginen (je etwa 250–375 g) oder 6 dünne asiatische Auberginen
Salz und frisch gemahlener Pfeffer

Für die Sauce Tomaten, braunen Zucker, Zitronenschale und -saft, Ingwer, Wasser, Zimt, Kreuzkümmel und Cayennepfeffer in einen Topf geben. Bei mittlerer Temperatur ohne Deckel etwa 30 Minuten köcheln lassen, bis die Tomaten geplatzt sind, die Sauce einzudicken beginnt und eine sirupartige Konsistenz hat. Mit Salz und Pfeffer abschmecken und in ein Einmachglas oder in eine Schüssel geben. Nach Belieben zugedeckt bis zu einer Woche im Kühlschrank aufbewahren. Ergibt etwa 250 ml Sauce.

Für die gegrillten Auberginen den Knoblauch im warmen Öl etwa 1 Stunde ziehen lassen. Einen Holzkohlengrill vorheizen. Einen eingeölten Rost etwa 10–15 cm über dem Feuer plazieren. Oder einen Gas- oder Elektrogrill vorheizen. Die dicken Auberginen schälen und in 2½ cm dicke Scheiben schneiden. Dünnere Auberginen nicht schälen; sie werden längs halbiert und die Kerne mit der Messerspitze herausgekratzt. Die Auberginen mit dem Knoblauchöl bestreichen und mit Salz und Pfeffer bestreuen. Die Auberginen auf dem Grill etwa 3 Minuten auf jeder Seite braten. Sie sollten weich, aber nicht zu stark gebräunt sein.

In der Zwischenzeit die Tomatensauce bei niedriger Temperatur heiß werden lassen. Die Auberginenscheiben auf 6 Teller verteilen (oder jeweils zwei Auberginenhälften, bei schlankem Gemüse), etwas Tomatensauce darüber geben und servieren.

FÜR 6 PERSONEN

HERBSTLICHES MITTAGESSEN AUF DEM LAND

LINSENSALAT

Den Salat sollte man nicht länger als einige Stunden im voraus zubereiten, dann ist er am besten. Wenn man ihn jedoch im voraus macht, lediglich die Hälfte der Minze unterrühren, die restliche erst vor dem Servieren.

450 g grüne oder braune Linsen
1 Lorbeerblatt
1 TL Salz
125 ml zuzüglich 3 EL Olivenöl
60 ml frisch gepreßter Zitronensaft
250 g Zwiebeln, in kleine Würfel geschnitten
1 TL feingehackter Knoblauch
2 EL gemahlener Kreuzkümmel
1 TL gemahlener Koriander
Geriebene Schale von 1 Zitrone
20 g gehackte frische Minze
Salz und frisch gemahlener Pfeffer

Linsen und Lorbeerblatt in einen tiefen Topf geben und mit kaltem Wasser etwa 7 cm hoch bedecken. Bei hoher Temperatur zum Kochen bringen, Salz zugeben, die Hitze reduzieren und die Linsen zugedeckt gar werden lassen. Sie dürfen aber nicht zerfallen. Grüne Linsen brauchen etwa 45 Minuten, braune nur etwa 15 Minuten. Man sollte sie immer wieder probieren. Wenn sie gar sind, das Wasser abgießen, die Linsen gut abtropfen lassen und mit 125 ml Olivenöl und dem Zitronensaft vermengen. Beiseite stellen.

 Die restlichen 3 EL Olivenöl in einem großen Topf erhitzen, die Zwiebeln hineingeben und in etwa 10 Minuten weich und glasig werden lassen. Knoblauch, Kreuzkümmel, Koriander und Zitronenschale zugeben und 2–3 Minuten anschwitzen lassen. Zwiebelmischung zu den Linsen geben, die Minze unterrühren und mit Salz und Pfeffer abschmecken. Zimmerwarm servieren.

FÜR 6 PERSONEN

Linsensalat

Pflaumenkuchen

Pflaumenkuchen

Das Aroma von Pflaumen und Zitrusfrüchten dominiert in diesem mit Nüssen zubereiteten Kuchen. Statt der italienischen blauen Pflaumen kann man unter Umständen auch Zwetschgen verwenden.

1 Grundrezept Mürbeteig für einen Kuchenboden (Rezept auf Seite 177)
60 g zuzüglich 2 EL Haselnüsse, geröstet und enthäutet (siehe Glossar)
125 g zuzüglich 2 EL Zucker
½ TL gemahlener Zimt
½ TL gemahlener Ingwer
3 EL Butter, zimmerwarm
Etwa 20 italienische blaue Pflaumen, halbiert und entsteint
180 ml Orangenmarmelade
Geschlagene Sahne, mit
1 TL geriebener Orangenschale parfümiert (nach Belieben)

Den Backofen auf 200 °C vorheizen. Den Teig auf einer leicht bemehlten Arbeitsfläche zu einem großen Rechteck ausrollen und eine Form von etwa 20 x 28 cm damit belegen. Oder den Teig zu einem runden Fladen ausrollen und eine Form von etwa 25 cm Durchmesser damit auskleiden. In den Kühlschrank stellen und den Belag vorbereiten.

Dafür 60 g Haselnüsse fein, die restlichen 2 Eßlöffel Nüsse grob hacken. Feingehackte Haselnüsse, 125 g Zucker, Zimt, Ingwer und Butter in der Küchenmaschine oder in einer mittleren Schüssel mit zwei Messern gründlich miteinander vermengen. Die Masse auf dem Mürbeteig glatt verstreichen. Die Pflaumen dachziegelförmig darauf auslegen, mit den restlichen 2 Eßlöffeln Zucker bestreuen und in den mittleren Einschub des Ofens geben. Etwa 10 Minuten backen, die Hitze auf 180 °C reduzieren und den Kuchen weitere 20–30 Minuten backen, bis die Pflaumen Blasen werfen und der Teig goldgelb ist.

In der Zwischenzeit die Orangenmarmelade in einem kleinen Topf erhitzen, durch ein Sieb gießen und warm stellen. Den Kuchen aus dem Ofen nehmen, die Pflaumen mit der Orangenmarmelade bestreichen und mit 2 Eßlöffeln grobgehackten Haselnüssen bestreuen. In Stücke schneiden und nach Belieben mit geschlagener Sahne servieren.

Ergibt einen rechteckigen Kuchen von 20 x 28 cm Größe oder einen runden von 25 cm Durchmesser

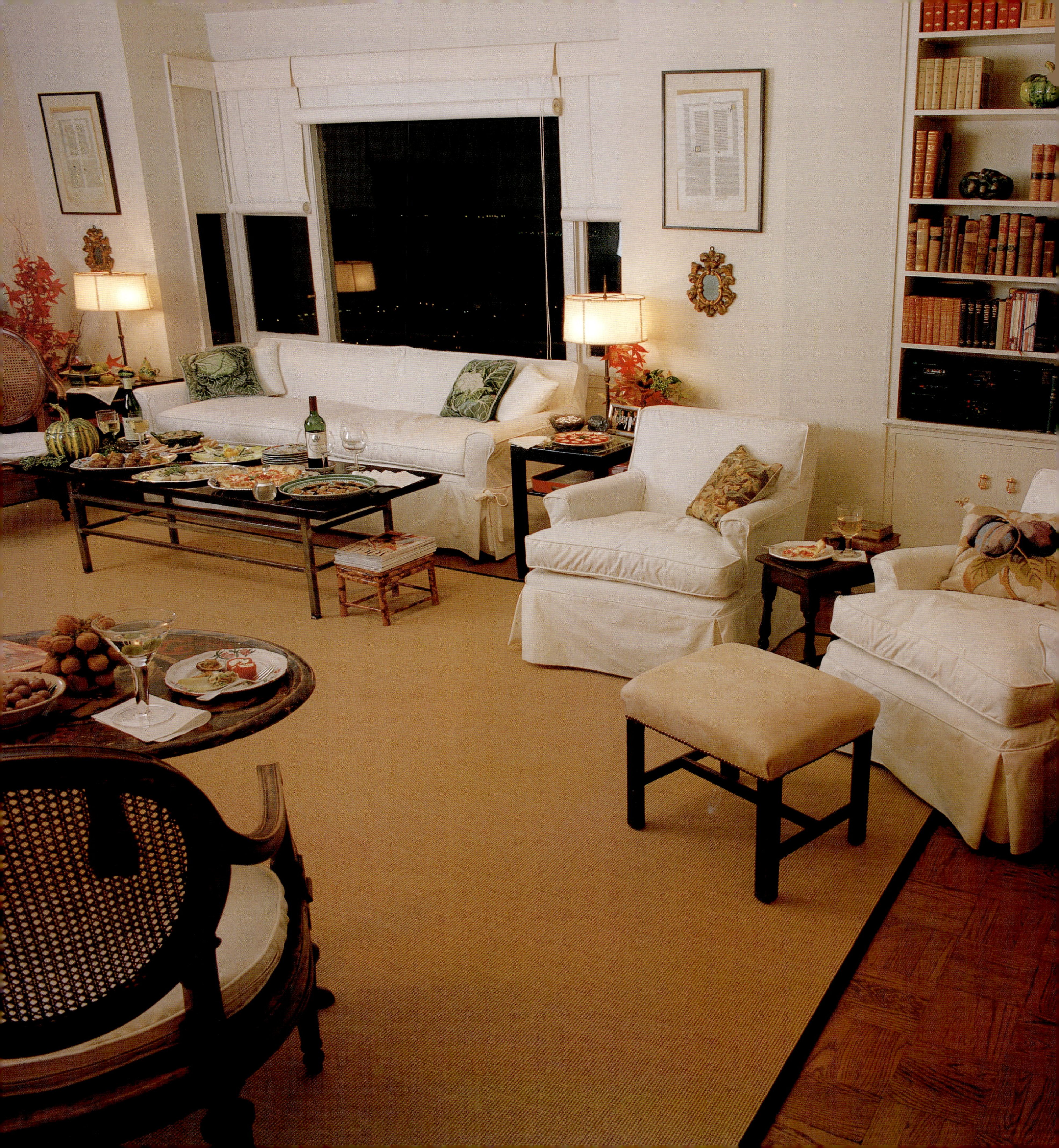

Cocktailparty vor dem Theaterbesuch

Wenn sich Freunde am Abend treffen, um ins Theater, in die Oper oder zum Ballett zu gehen, ist es schwierig, ein Abendessen einzuplanen. Da die Vorstellungen in der Regel zwischen sieben und acht Uhr abends beginnen, bleibt kaum Zeit für eine ausgiebige Mahlzeit. Eine Cocktailparty bietet sich hier als Helfer in der Not an, natürlich nicht nur vor einer Abendveranstaltung, sondern auch dann, wenn man es nicht zu spät werden lassen möchte.

Unsere Cocktailparty findet in einem Wohnzimmer mit hübschem Ausblick statt; jedes andere gemütliche Zimmer oder die Bibliothek eignen sich genauso. Die entspannte Atmosphäre solcher Zusammenkünfte wird durch Laub- und Obstdekorationen, die im Raum verteilt sind, unterstrichen. Hier bildet zudem die Bücher- und Antiquitätensammlung des Wohnungseigentümers einen idealen Hintergrund.

COCKTAILPARTY VOR DEM THEATERBESUCH

Eine Auswahl an Weinen, Gläsern und Servietten auf einem Beistelltisch erlaubt es den Gästen, sich zwanglos selbst zu bedienen.

Menü

Herbstlaub und Khakifrüchte bilden eine hübsche, jahreszeitlich gestimmte Dekoration.

Damit jeder Gast etwas für seinen Gaumen findet, bietet das für zwölf Personen konzipierte Cocktailparty-Menü sowohl Häppchen wie kleine Gerichte an. Die Portionen sind jedoch großzügig genug bemessen, um den Hunger aller Gäste zu stillen. Auf der Speisekarte dominieren Herbstaromen, denn in dieser Jahreszeit fängt die Theatersaison üblicherweise wieder an. Die Rezepte lassen sich jedoch jederzeit im Jahr zubereiten. Die meisten Gerichte lassen sich auch hier im voraus vorbereiten, der Abwasch hinterher ist mühelos zu bewältigen.

Verteilen Sie Speisen, Geschirr, Besteck und Servietten auf verschiedene Plätze im Raum, so daß sich Ihre Gäste leichter bedienen können. Es ist ebenfalls sinnvoll, die Selbstbedienungs-Weinbar von der Spirituosen-Bar, die auch die Möglichkeit bieten sollte, Getränke selbst zu mixen, zu trennen. Alkoholfreie Getränke sollten ebenfalls ihren eigenen Platz haben.

COCKTAILPARTY VOR DEM THEATERBESUCH

Griechischer Strudel mit Hühnerfleischfüllung

Paprikaschoten mit Kräuter-Ziegenkäse

Tomaten-Quiche

Auberginen-Püree

Krebssalat auf Chicoréeblättern

Überbackene Muscheln mit Origano

Champignons mit würziger Hackfleischfüllung

VORBEREITUNGSLISTE

◆ Am Morgen der Party das Auberginen-Püree zubereiten; die Pilze füllen und in den Kühlschrank stellen.

◆ Drei bis vier Stunden im voraus die Paprikaschoten mit dem Ziegenkäse füllen, in Scheiben schneiden und mit Klarsichtfolie zugedeckt in den Kühlschrank stellen; die Muscheln dämpfen und die Schalen öffnen, mit Semmelbröseln bestreuen und zugedeckt im Kühlschrank aufbewahren.

◆ Eine bis zwei Stunden vorher die Quiche backen, die man vor dem Servieren nochmals im Ofen warm werden läßt oder bei Zimmertemperatur aufträgt; den Krebssalat auf Chicoréeblättern vorbereiten.

DAS FOLGENDE MENÜ IST FÜR 12 PERSONEN BERECHNET. FÜR EINE GERINGERE ANZAHL VON GÄSTEN WERDEN WENIGER GERICHTE SERVIERT.

WEINEMPFEHLUNGEN

Es empfiehlt sich, eine Auswahl an Weiß- und Rotweinen bereitzustellen. Zu den pikanten Gerichten dieses Menüs paßt ein akzentuierter Weißwein, zum Beispiel ein Muscadet, ein leichter Côte Beaune oder ein Pinot Gris aus dem Elsaß oder ein Pinot Grigio aus dem Friaul.

Außerdem sollten Sie einen kräftigen, erdigen Rotwein servieren: einen Médoc oder St.-Émilion, einen Barolo oder einen guten Beaujolais, zum Beispiel einen Moulin à Vent oder einen Morgon.

Ein elegantes Silbertablett mit Aperitifs, ein Behälter mit Eis sowie ein Cocktail-Shaker und eine Auswahl an Gläsern verwandelt ein Sideboard in eine Selbstbedienungsbar.

GRIECHISCHER STRUDEL MIT HÜHNERFLEISCHFÜLLUNG

Dieses Rezept eignet sich auch als exzellentes, leichtes Hauptgericht zum Abendessen. Alternativ kann man den Blätterteig wie eine Lasagne in eine feuerfeste Form schichten und zum Servieren in Stücke schneiden.

FÜR DIE FÜLLUNG:

750 ml Hühnerbrühe
6 Hühnerbrusthälften, ohne Knochen und ohne Haut
400 g Spinat, gründlich gewaschen und gehackt
3 EL Olivenöl
150 g feingehackte Frühlingszwiebeln
15 g gehackter frischer Dill
15 g gehackte Petersilie
400 g Feta-Käse, zerkleinert
150 g Kefalotiri-Käse oder Parmesan, gerieben
3 Eier
½ TL frisch geriebene Muskatnuß
1 TL gemahlener Koriander
¼ TL Cayennepfeffer
90 g geröstete Walnüsse, gehackt (siehe Glossar)
Salz und frisch gemahlener Pfeffer

ZUM FERTIGSTELLEN:

12 Lagen Strudelteig
90–125 g zerlassene Butter zum Bestreichen

Für die Füllung in einem flachen, großen Topf die Brühe, die die Hühnerbrüste gut bedecken soll, zum Kochen bringen. Das Hühnerfleisch hineingeben, die Hitze reduzieren und ohne Deckel etwa 8–10 Minuten garen lassen. Die Hühnerbrüste mit einem Schaumlöffel herausnehmen und abkühlen lassen. Das Fleisch in dünne Streifen schneiden oder hacken. Die Brühe für eine andere Zubereitungsart verwenden.

In einem großen Topf ausreichend Salzwasser zum Kochen bringen, den Spinat hineingeben und etwa 3 Minuten blanchieren. Das Wasser abgießen, den Spinat gut abtropfen lassen und kräftig ausdrücken.

Das Öl in einem Topf erhitzen, Frühlingszwiebeln hineingeben und in etwa 5 Minuten weich werden lassen. Zusammen mit Hühnerfleisch, Spinat, Dill, Petersilie, Feta- und Kefalotiri-Käse beziehungsweise Parmesan, Eier, Muskatnuß, Koriander, Cayennepfeffer und Walnüssen in eine Schüssel geben und gründlich vermengen. Großzügig mit Salz und Pfeffer würzen.

Den Backofen auf 170 °C vorheizen. Eine Lage Teig mit zerlassener Butter bestreichen, mit einer weiteren Lage Teig bedecken, die ebenfalls mit Butter bestrichen wird, und darauf noch zwei weitere Lagen Teig, ebenfalls mit Butter bestrichen, geben. Auf der Längsseite des Teigrechtecks die Hühnerfleischfüllung in einer schmalen Reihe aufhäufen, die Teigenden einschlagen und den Strudel aufrollen. Mit den beiden anderen Strudeln ebenso verfahren. Die Strudel auf ein Backblech geben und im mittleren Einschub des Ofens etwa 25–30 Minuten goldbraun backen. Etwa 10 Minuten ruhen lassen, dann mit einem Sägemesser in 2½ cm dicke Scheiben schneiden.

ERGIBT 3 STRUDEL

Ein gemütlicher Sitzplatz in einer ruhigen Ecke des Raumes.

PAPRIKASCHOTEN MIT KRÄUTER-ZIEGENKÄSE

Eine einfache, farbenfrohe Vorspeise, die den vollen, cremigen Geschmack von Ziegenkäse und die Süße von Paprikaschoten wunderbar vereint.

6 große rote Paprikaschoten
650 g milder Ziegenfrischkäse, zerkleinert
10 g Schnittlauchröllchen
10 g gehackte Petersilie
2 Knoblauchzehen, feingehackt
2 TL gehackter frischer Thymian
3 EL gehacktes frisches Basilikum
Geriebene Schale von 1 Zitrone
½ TL frisch gemahlener Pfeffer
1 Prise Cayennepfeffer
Sahne (nach Belieben)
Frische Thymianzweige (nach Belieben)

Die Paprikaschoten im Ofen oder auf dem Grill rösten, die Haut abziehen, die Schoten halbieren und entkernen.

In einer Schüssel Ziegenkäse, Schnittlauchröllchen, Petersilie, Knoblauch, Thymian, Basilikum, Zitronenschale und Pfeffer gut miteinander verrühren. Mit Cayennepfeffer abschmecken. Eventuell etwas Sahne zugeben, falls die Creme noch nicht geschmeidig ist. Die halbierten Paprikaschoten mit der Käsecreme bestreichen und längs aufrollen. Für einige Stunden in den Kühlschrank stellen, damit die Füllung fest wird.

Kurz vor dem Servieren jede Paprikarolle in etwa 6 Scheiben schneiden. Auf einer Platte anrichten und nach Belieben mit Thymianzweigen garnieren.

ERGIBT ETWA 72 STÜCK

Griechischer Strudel mit Hühnerfleischfüllung; Paprikaschoten mit Kräuter-Ziegenkäse

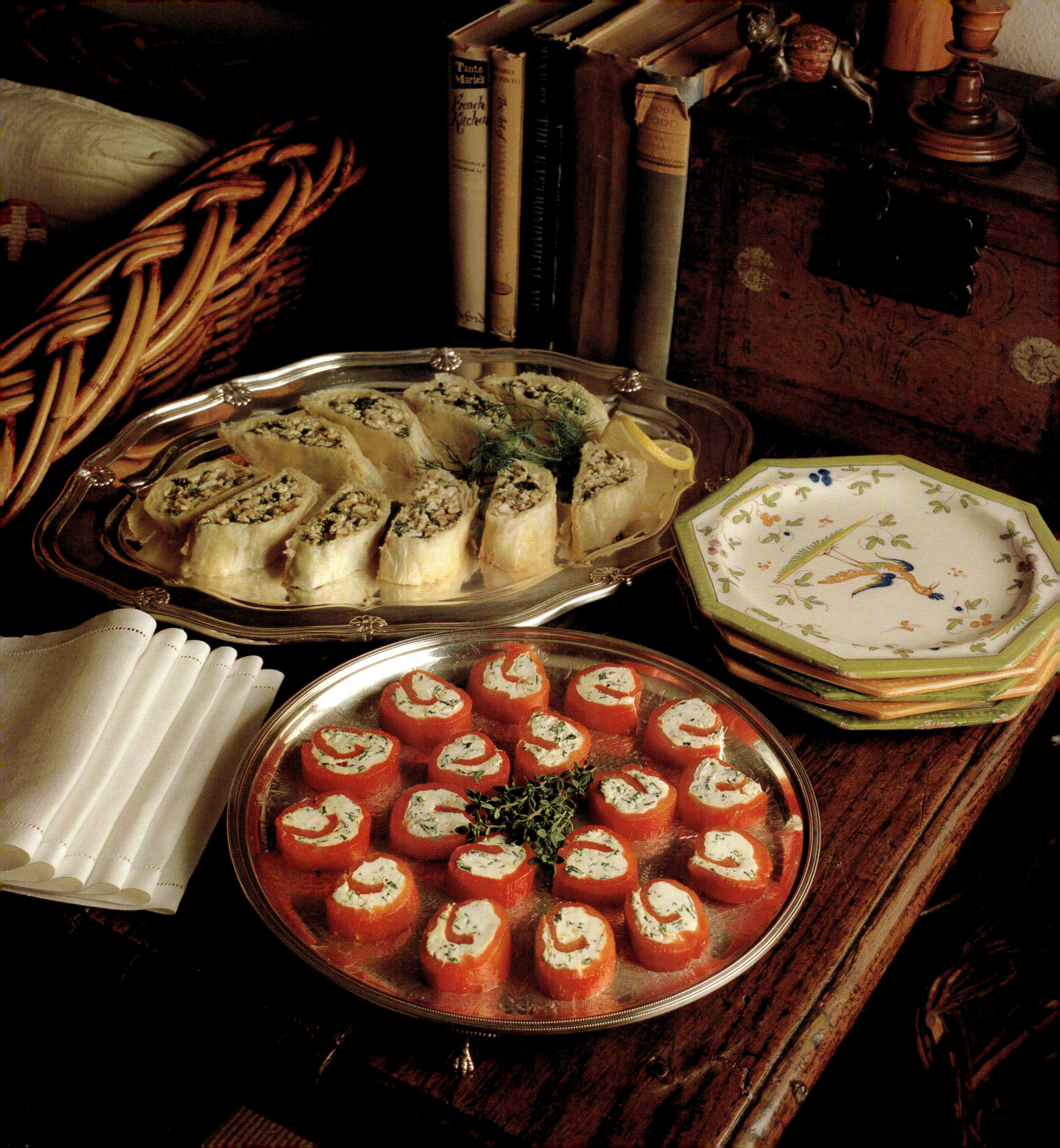
Tante Marie's
French Kitchen

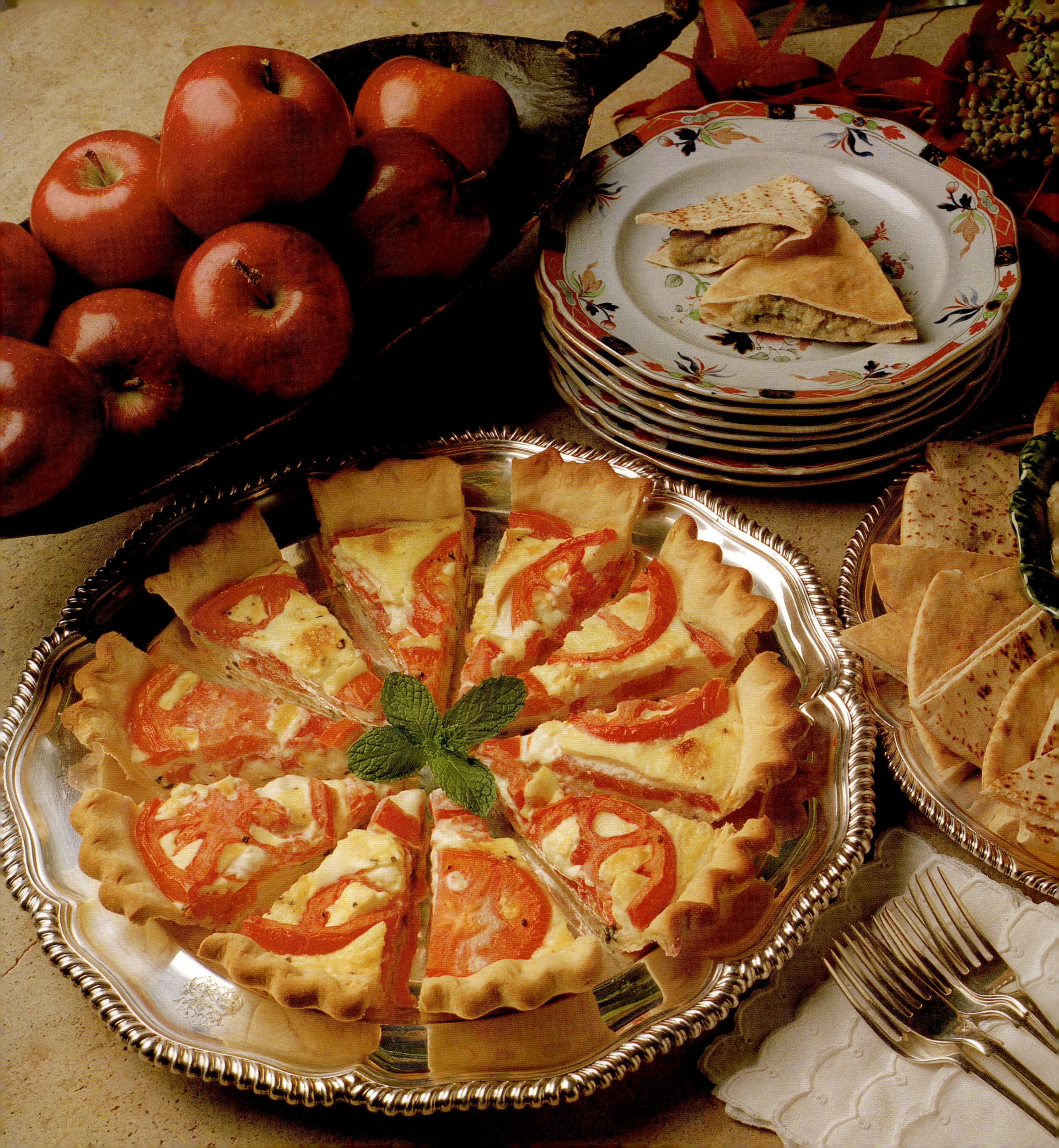

COCKTAILPARTY VOR DEM THEATERBESUCH

TOMATEN-QUICHE

Eine italienische Geschmacksrichtung bekommt diese französische Tomaten-Quiche, wenn man die Minze durch Basilikum und Gruyère durch Mozzarella ersetzt.

1 Grundrezept Mürbeteig für einen Kuchenboden (Rezept auf Seite 177)
3 große Tomaten, in 12 mm dicke Scheiben geschnitten
Salz
2 EL Dijon-Senf
3 EL gehackte frische Minze
125 g Gruyère oder Emmentaler, in 8 dünne Scheiben geschnitten
2 Eier
250 ml Sahne
Frisch gemahlener Pfeffer

Den Teig ausrollen und eine Pie-Form von etwa 25 cm Durchmesser damit auskleiden. Für 30 Minuten in den Kühlschrank stellen.

Aus den Tomatenscheiben vorsichtig mit den Fingern Kerne und Saft herausdrücken. Die in Scheiben geschnittenen Tomaten mit Salz bestreuen und in einem großen Sieb etwa 30 Minuten abtropfen lassen. Die Tomatenscheiben aus dem Sieb nehmen und mit Küchenpapier trockentupfen.

Den Backofen auf 180 °C vorheizen. Mit einem Gummispatel den Senf gleichmäßig auf dem Teigboden verstreichen und mit der gehackten Minze bestreuen. Darüber den Käse verteilen und mit den Tomatenscheiben belegen.

In einer kleinen Schüssel Eier und Sahne miteinander verquirlen, mit Salz und Pfeffer würzen und über die Tomaten gießen. Etwa 30 Minuten backen, bis die Eimasse fest geworden und die Oberfläche goldgelb ist.

Die Tomaten-Quiche etwa 10 Minuten ruhen lassen, dann in Scheiben schneiden und auftragen.

FÜR 12 PERSONEN

AUBERGINEN-PÜREE

Falls man dieses fettarme Püree im voraus zubereitet, sollte man die gehackte Minze und die gerösteten Mandeln erst unmittelbar vor dem Servieren unterrühren.

3 große Auberginen
250 g fettarmer Joghurt
2 EL frisch gepreßter Zitronensaft (oder nach Belieben)
1 EL feingehackter Knoblauch
1 TL feingehackte *jalapeño*- (scharfe grüne) Chilischoten (oder mehr, je nach Belieben)
2 TL gemahlener Kreuzkümmel
Salz und frisch gemahlener Pfeffer
90 g Mandeln, geröstet und gehackt (siehe Glossar)
10 g gehackte frische Minze
4 Pitta-Brote, jeweils in 6 Spalten geschnitten

Den Backofen auf 200 °C vorheizen. Die Auberginen auf ein Backblech legen und von allen Seiten mit der Gabel einstechen. Für etwa 1 Stunde in den Ofen schieben, bis das Auberginenfleisch weich und gar ist. Aus dem Ofen nehmen und etwas abkühlen lassen. Die Auberginen schälen und das Fruchtfleisch etwa 30 Minuten in einem Sieb abtropfen lassen.

Das Fruchtfleisch der Auberginen in einen Mixer oder in die Küchenmaschine geben und zu einem Püree verarbeiten. Joghurt, Zitronensaft, Knoblauch, Chilischoten und Kreuzkümmel zugeben, alles schnell miteinander vermengen und mit Salz und Pfeffer abschmecken. Das Püree in eine Schüssel geben. Man kann das Auberginen-Püree auch im voraus zubereiten und zugedeckt bis zu 6 Stunden im Kühlschrank aufbewahren. Zum Schluß die gerösteten Mandeln und die gehackte Minze unterrühren und mit dem Pitta-Brot auftragen.

FÜR 12 PERSONEN

Tomaten-Quiche; Auberginen-Püree

COCKTAILPARTY VOR DEM THEATERBESUCH

KREBSSALAT AUF CHICORÉEBLÄTTERN

Die knackigen, leicht bitteren Chicoréeblätter bilden einen angenehmen Kontrast zum milden Geschmack des Krebsfleisches.

Geriebene Schale von 1 Zitrone
2 EL Zitronensaft
1 TL gehackter frischer Estragon
2 EL Schnittlauchröllchen
2 EL gehackte Petersilie
1 EL Dijon-Senf
125 ml Mayonnaise (oder mehr)
500 g frisches Krebsfleisch, zerpflückt und alle Spelzen entfernt
125 g Sellerie, in kleine Würfel geschnitten
Salz, frisch gemahlener Pfeffer und Cayennepfeffer
24 Chicorée-Blätter

In einer Schüssel Zitronenschale und -saft, Estragon, Schnittlauch, Petersilie, Senf und Mayonnaise verrühren, Krebsfleisch und Selleriewürfel unterheben und mit Salz, Pfeffer und Cayennepfeffer abschmecken. Zugedeckt läßt sich der Salat bis zu 6 Stunden im Kühlschrank aufbewahren. Zum Servieren den Krebssalat auf Chicoréeblätter anrichten und mindestens 30 Minuten, höchstens jedoch 2 Stunden kalt stellen, damit die Füllung fest wird.

ERGIBT 24 STÜCK

Ein Stück Tomaten-Quiche, ein Glas Wein und ein einladender Sessel warten auf den Gast.

ÜBERBACKENE MUSCHELN MIT ORIGANO

Wenn man frische Muscheln verwendet, sollte man jede einzelne prüfen, ob sie noch lebt, indem man auf die Schale klopft. Schließt sich die Schale nicht, sollte man die Muschel wegwerfen.

36 Kammuscheln, gründlich gesäubert und gebürstet
Trockener Weißwein
3 EL Olivenöl
2 Knoblauchzehen, feingehackt
1 EL getrockneter Origano
60 g Semmelbrösel
1 EL gehackte Petersilie
3 EL frisch geriebener Parmesan (nach Belieben)
Salz und frisch gemahlener Pfeffer
Grobes Meersalz
Zitronenspalten

Die Muscheln in einen großen Topf geben, soviel Weißwein zugießen, daß er den Boden 2½ cm hoch bedeckt, und die Muscheln 2–8 Minuten bei starker Hitze garen, bis sich ihre Schalen öffnen. Den Topf sofort vom Herd nehmen und die Muscheln mit einem Schaumlöffel herausheben. Auf eine Platte geben und alle ungeöffneten Muscheln entfernen. Die obere Muschelschale ebenfalls entfernen. Das Muschelfleisch mit einem Messer von der Schale lösen. Den Muschelsaft auffangen und beiseite stellen.

Das Olivenöl in einem kleinen Topf erhitzen, Knoblauch und Origano zugeben und bei niedriger Temperatur etwa 2 Minuten braten. Den Topf vom Herd nehmen und Semmelbrösel, Petersilie und nach Belieben Parmesan unterrühren. Abkühlen lassen. Diese Mischung über die Muscheln geben, mit einigen Tropfen Muschelsaft beträufeln und mit Salz und Pfeffer würzen. Bis zum Servieren kühl stellen. Kurz vor dem Servieren einen Grill vorheizen. Die Muscheln auf einem Bett von grobem Meersalz auf einem Backblech plazieren und unter den Grill schieben. Etwa 5 Minuten überbacken, bis die Oberfläche gebräunt ist, und sofort mit Zitronenspalten auftragen.

ERGIBT 36 STÜCK

CHAMPIGNONS MIT WÜRZIGER HACKFLEISCHFÜLLUNG

24 große, frische Champignons oder Egerlinge
4 EL Öl
60 g gehackte Zwiebeln
1 EL feingehackter Knoblauch
250 g Schweinehack
½ TL gemahlener Zimt
¼ TL geriebene Muskatnuß
1 TL Fenchelsamen, geröstet und gemahlen (siehe Glossar)
1 EL geriebene Orangenschale
30 g Semmelbrösel
Salz und frisch gemahlener Pfeffer
250 ml Hühnerbrühe

Die Stiele der Pilze entfernen und hacken. 2 EL Öl erhitzen, gehackte Zwiebeln hineingeben und in etwa 5 Minuten weich werden lassen. Gehackte Pilzstiele zugeben und bei starker Hitze etwa 5 Minuten schmoren lassen, bis fast alle Flüssigkeit verdampft ist. Den Knoblauch zugeben und eine weitere Minuten schmoren lassen. Die Mischung in eine Schüssel geben und beiseite stellen.

Die restlichen 2 Eßlöffel Öl im selben Topf erhitzen. Das Schweinehack hineingeben, mit einer Gabel zerpflücken und etwa 5 Minuten braten, bis es nicht mehr rosa ist. Zimt, Muskatnuß, Fenchelsamen und Orangenschale unterrühren. Die Mischung aus Pilzstielen, Zwiebeln und Knoblauchlauch sowie die Semmelbrösel zugeben und alles gut miteinander vermengen. Mit Salz und Pfeffer würzen und nochmals abschmecken.

Den Backofen auf 180 °C vorheizen. Die Pilzhüte mit dem Hackfleisch füllen und in eine feuerfeste Form setzen. Mit der Hühnerbrühe umgießen und im Ofen etwa 20–25 Minuten garen. Warm servieren.

ERGIBT 24 STÜCK

Überbackene Muscheln mit Origano; Champignons mit würziger Hackfleischfüllung; Krebssalat auf Chicoréeblättern

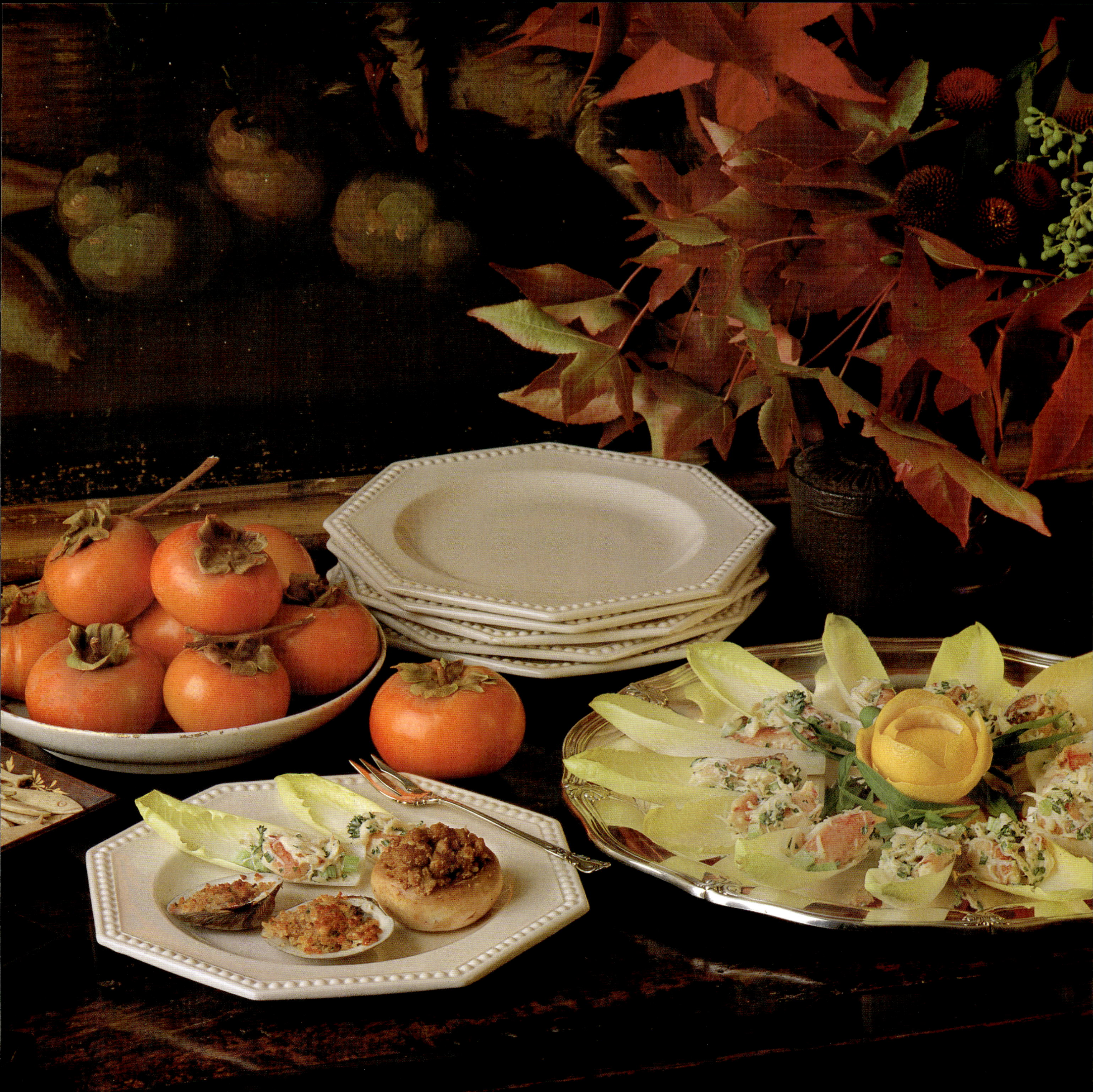

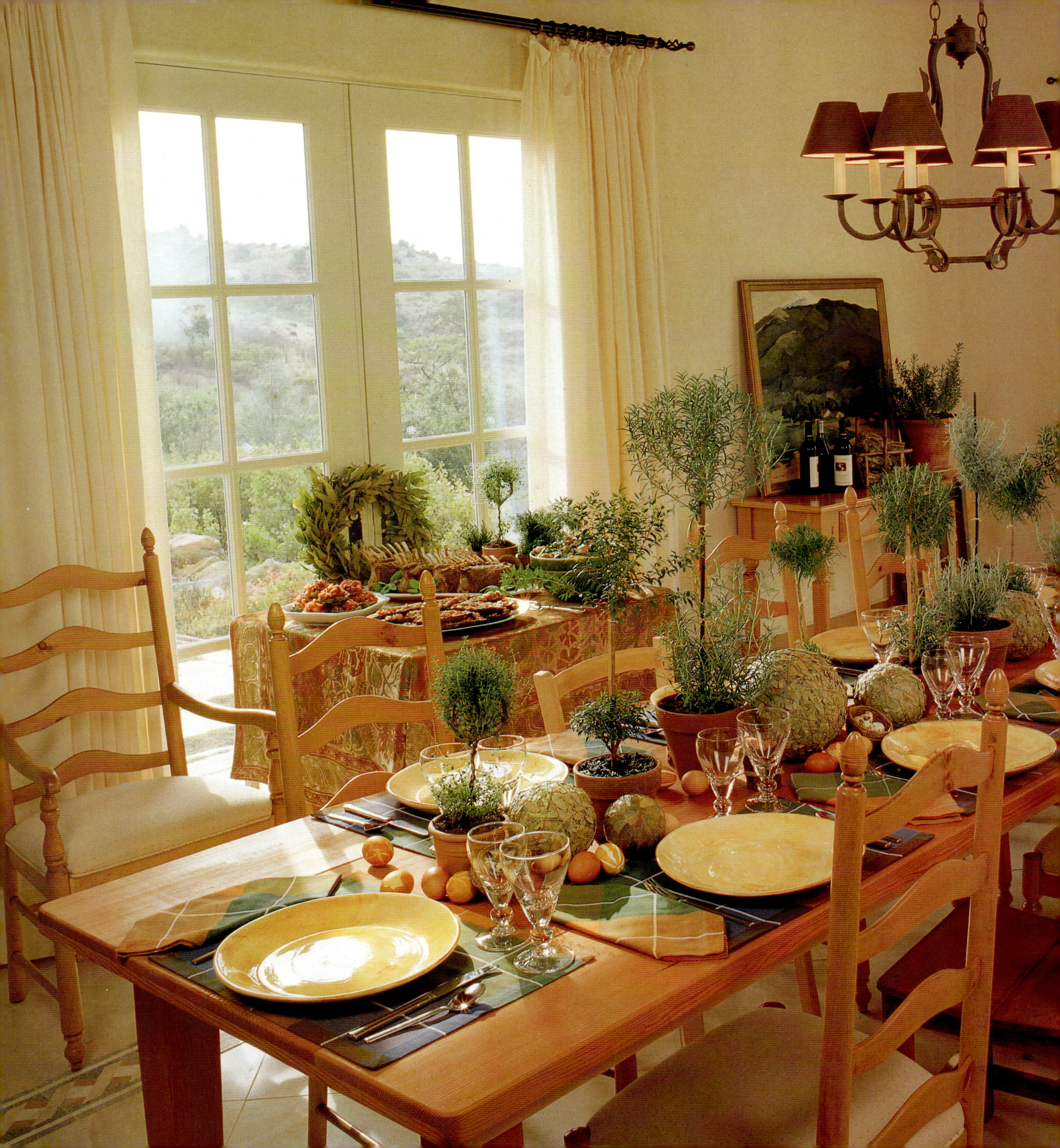

MEDITERRANES OSTERFEST

In den europäischen Mittelmeerländern werden die Osterfeiertage fröhlich und heiter mit mittäglichen und abendlichen Festessen begangen. Die Tische sind reich gedeckt mit den ersten Boten des jungen Frühlings und den Gaben des vergangenen Herbstes: Junge, knackige Frühjahrssalate, frische Meerestiere, zartes Osterlamm, neue duftende Kräuter, saftige Auberginen und Artischocken, aromatisch-süßer Honig, Nüsse und Käse – all das vereint sich auf der österlichen Tafel zu einem nicht enden wollenden Fest der Sinne.

Unser Ostermahl findet im Wohnzimmer eines reizenden Landhauses statt, von dem man auf die umliegenden Hügel blickt. Der Tisch ist mit Geschirr aus glasiertem Ton gedeckt, das dem herzhaften Charakter der Speisen entspricht. Um die junge Jahreszeit auch im Innern des Hauses spürbar werden zu lassen, ist das Wohnzimmer mit Kräutersträußen und Terrakottatöpfen mit jungen Origano-, Thymian- und Rosmarinpflanzen geschmückt, die man in Gemüseläden, auf Märkten oder beim Gärtner kaufen kann.

MEDITERRANES OSTERFEST

Kleine Töpfe mit frisch duftenden Mittelmeer-Kräutern rahmen einen Eßplatz ein.

Menü

Der beginnende Frühling, der sich mit erstem zartem Grün nach den langen dunklen Wintertagen ankündigt, ist ein willkommener Anlaß für ein unkompliziertes Familienfest. Unser Menü trägt dem Rechnung: Die Speisen werden ohne große Förmlichkeit am Tisch auf Teller aufgefüllt und gereicht; die Weine stehen in der Nähe des Tisches, so daß jeder sich selbst und seine Tischnachbarn während der Mahlzeit bedienen kann.

Zu einem richtigen Osterfest gehören selbstverständlich Ostereier, die man auf althergebrachte natürliche Weise selbst einfärben kann: Man kocht Schalen von braunen Zwiebeln so lange in Wasser, bis das Wasser kräftig rostfarben wird. Mit einem Pinsel malt man Muster mit flüssigem Wachs auf die Eierschale und färbt die Eier im abgekühlten Zwiebelsud ein. Die mit Wachs bedeckten Stellen nehmen dabei keine Farbe an.

Im Hof bieten zwei rustikale Stühle Platz für ein ungestörtes Schwätzchen.

Spinatkuchen

*Gefüllte Weinblätter mit Lachs
und Ei-Zitronen-Sauce*

*Lammkrone
mit Kräutern und Gewürzen*

*Artischockenherzen
mit Tomaten und Korinthen*

Gefüllte Auberginen

*Spargel-Kartoffel-Gemüse mit
Mandeln und Minze*

Käsekuchen mit Haselnüssen und Honig

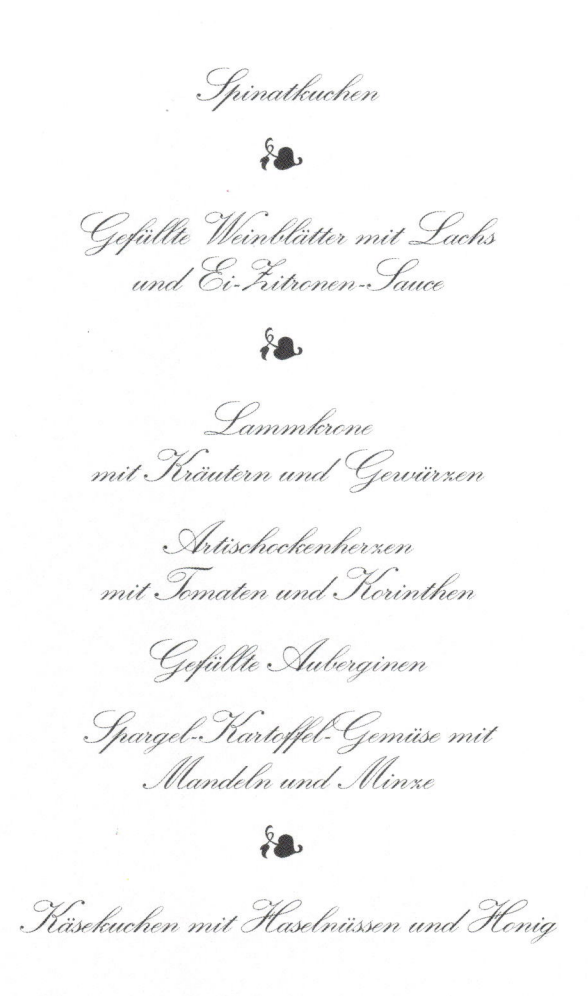

WEINEMPFEHLUNGEN

Zum Spinatkuchen sollten Sie einen französischen Muscadet oder einen kräftigen italienischen Soave servieren. Zum Lachs paßt ein trockener Chenin Blanc oder ein trockener Rhein-Riesling und zum Lamm ein Rosé aus der Provence oder ein körperreicher, vollmundiger italienischer Rotwein, etwa ein Barolo, ein Gattinara oder ein Chianti Riserva. Zum Dessert schmeckt ein lieblicher Sherry aus Spanien oder ein Portwein mit feiner Süße.

VORBEREITUNGSLISTE

◆ Bis zu 2 Tage im voraus das Lammfleisch marinieren.
◆ Am Vortag Artischocken und Auberginen vorbereiten; die Artischocken werden kurz vor dem Servieren auf dem Herd, die Auberginen im Ofen erhitzt.
◆ Am Morgen des Osterfestes den Käsekuchen backen.
◆ Bis zu 4 Stunden im voraus den Spinatkuchen backen; die Kartoffeln im Ofen garen und den Spargel blanchieren.
◆ Etwa 2 bis 3 Stunden vor Beginn des Festes die mit Lachs gefüllten Weinblätter vorbereiten, die kurz vor dem Servieren im Ofen gegart werden. Die Sauce wird unmittelbar vor dem Servieren zubereitet.

JEDES REZEPT IST FÜR 6 PERSONEN BERECHNET.
FÜR 12 PERSONEN WERDEN DIE ZUTATENMENGEN EINFACH VERDOPPELT.

*Gläser mit spanischem Sherry,
der mit frischen Erdbeeren aromatisiert wird.*

Mediterranes Osterfest

Spinatkuchen

Diesen deftigen, gedeckten Spinatkuchen kann man ohne weitere Beilagen auch als Mittagessen servieren. Für eine Feier mit zwölf Personen backt man zwei Kuchen.

Mürbeteig für zwei Kuchenböden
   (Rezept auf Seite 177)
1 kg Spinat, gründlich gewaschen
   und die Stengel entfernt; oder eine
   Mischung aus Spinat, Rote-Bete-
   Blättern, Sauerampfer und Mangold;
   oder etwa 650 g gefrorener gehackter
   Spinat, aufgetaut
60 g Butter oder 60 ml Olivenöl
2 Bund Frühlingszwiebeln, gehackt
2 EL Mehl
Salz und Pfeffer
¼ TL geriebene Muskatnuß
   (oder nach Belieben)
1 Prise Cayennepfeffer
30 g geröstete Pinienkerne
   (siehe Glossar)
90 g Korinthen, etwa 10 Minuten in
   warmem Wasser eingeweicht
20 g gehackte Petersilie
20 g gehackter frischer Dill
4 hartgekochte Eier
30 g geröstete Semmelbrösel
Olivenöl zum Bestreichen

Den Backofen auf 190 °C vorheizen. Den Teig für den Kuchenboden ausrollen und eine Pie-Form von etwa 23 cm Durchmesser damit auskleiden. Den Teig für den Deckel ebenfalls ausrollen und beiseite stellen.
   In einem großen Topf reichlich Wasser aufkochen lassen. Spinat oder grünes Blattgemüse hineingeben und bei mittlerer Temperatur etwa 3 Minuten blanchieren. Das Gemüse gut abtropfen lassen, kräftig ausdrücken und grobhacken.
   Butter oder Öl in einem kleinen Topf erhitzen. Die Frühlingszwiebeln hinein-

Spinatkuchen

geben und in etwa 3 Minuten weich werden lassen. Das Mehl zugeben und unter Rühren 2–3 Minuten anschwitzen lassen. Die Mischung zum gehackten grünen Gemüse geben und großzügig mit Salz, Pfeffer, Muskatnuß und Cayennepfeffer abschmecken. Pinienkerne, abgetropfte Korinthen, Petersilie und Dill unterrühren.

Die hartgekochten Eier in Scheiben schneiden.

Die mit Teig ausgekleidete Pie-Form mit Semmelbröseln bestreuen und das Gemüse darüber verteilen. Mit den Eierscheiben belegen. Die Teigränder mit Wasser bestreichen, den Teigdeckel daraufsetzen, die Ränder begradigen und fest aufeinanderdrücken. In die Mitte des Teigdeckels ein Loch schneiden, damit der Dampf entweichen kann, und die Oberfläche mit Zweigen und Blättern aus Teigresten dekorieren. Die Oberfläche mit Olivenöl bestreichen und den Spinatkuchen im mittleren Einschub des Ofens in etwa 40 Minuten goldgelb backen. Den Spinatkuchen aus dem Ofen nehmen und etwa 10 Minuten ruhen lassen, bevor man ihn zum Servieren aufschneidet.

FÜR 6 PERSONEN

GEFÜLLTE WEINBLÄTTER MIT LACHS UND EI-ZITRONEN-SAUCE

Dies ist eine moderne Variante der traditionellen Zubereitungsart für Weinblätter. Normalerweise werden sie lediglich mit Reis gefüllt und mit Zitronensaft beträufelt.

560 g Lachsfilet, ohne Haut
12 eingelegte Weinblätter,
  gut abgespült und Stengel entfernt
250 ml Fisch- oder Hühnerbrühe
2 Eier, getrennt
2 EL frisch gepreßter Zitronensaft
Frisch gemahlener Pfeffer
Gehackter frischer Dill
Zitronenspalten

Den Backofen auf 230 °C vorheizen. Das Lachsfilet in 12 etwa 6 cm lange und 4 cm breite Streifen schneiden. Die Lachsstreifen jeweils in ein Weinblatt wickeln und nebeneinander, Blattränder nach unten, in eine feuerfeste Form legen. Mit Fisch- oder Hühnerbrühe begießen und 4–5 Minuten im Ofen garen. Der Fisch sollte noch fest sein und darf nicht zerfallen. In der Zwischenzeit Eigelb und Zitronensaft in einer Schüssel miteinander aufschlagen. In einer zweiten Schüssel das Eiweiß steif schlagen und unter die Eigelb-Zitronen-Mischung heben.

Die gefüllten Weinblätter auf vorgewärmte Teller verteilen. Die Brühe in einen kleinen Topf gießen, die Eimischung zugeben und die Sauce unter ständigem Rühren in etwa 1–2 Minuten eindicken lassen. Etwas Ei-Zitronen-Sauce über die Weinblätter geben, mit Pfeffer und gehacktem Dill bestreuen, mit Zitronenspalten garnieren und sofort auftragen.

FÜR 6 PERSONEN

Gefüllte Weinblätter mit Lachs und Ei-Zitronen-Sauce

Mediterranes Osterfest

Lammkrone mit Kräutern und Gewürzen; Gefüllte Auberginen; Artischockenherzen mit Tomaten und Korinthen; Spargel-Kartoffel-Gemüse mit Mandeln und Minze (Rezept auf Seite 108)

Lammkrone mit Kräutern und Gewürzen

Die Marinade vereint griechische, türkische und nordafrikanische Aromen in sich. Hat man zwölf Gäste zu bewirten, nimmt man die doppelten Zutatenmengen.

Für die Marinade:

1 Zwiebel, gerieben
2 EL feingehackter Knoblauch
3 EL frisch gepreßter Zitronensaft
Geriebene Schale von 1 Zitrone
 und 1 Orange
1 EL Dijon-Senf
1 TL gemahlene Gewürznelken
2 TL gemahlener Kreuzkümmel
½ TL Cayennepfeffer
2 EL gehackter frischer oder
 2 TL getrockneter Thymian
1 TL frisch gemahlener Pfeffer
125 ml Olivenöl

Für das Fleisch:

2 Stielkotelettstücke vom Lamm,
 Fett und Fleisch von den Rippenenden entfernt, oder 12 Lammkoteletts
Öl zum Bestreichen der Lammkoteletts
Salz für die Lammkoteletts

Für die Marinade Zwiebel, Knoblauch, Zitronensaft und Zitrusschale, Senf, Nelken, Kreuzkümmel, Cayennepfeffer, Thymian und gemahlenen Pfeffer in einen Mixer oder in die Küchenmaschine geben und zu einem Püree verarbeiten. Nach und nach dabei das Olivenöl unterrühren.

Das Lammfleisch in einen Glas- oder Plastikbehälter geben, mit der Marinade überziehen und zugedeckt im Kühlschrank mindestens 6 Stunden, höchstens jedoch 2 Tage marinieren.

Für die Lammkrone den Ofen auf 180 °C vorheizen. Das Fleisch in einer gußeisernen Pfanne bei hoher Temperatur von allen Seiten kräftig anbraten, in einen Bratentopf geben und im Ofen etwa 10–12 Minuten braten. Zur Probe mit einem Fleischthermometer in die Mitte des Fleischstücks stechen. Zeigt es eine Temperatur von 52 °C an, ist die Lammkrone rosa gebraten und man kann sie aus dem Ofen nehmen. Das Fleisch mit Alufolie bedecken und etwa 10 Minuten auf einem Brett ruhen lassen, bevor man es aufschneidet.

Für die Lammkoteletts einen Gas- oder Elektrogrill oder, besser noch, einen Holzkohlengrill vorheizen und einen eingeölten Rost etwa 10–15 cm über dem Feuer plazieren. Die Lammkoteletts mit Öl bestreichen, mit Salz würzen und auf dem Grill auf jeder Seite 3 Minuten braten, wenn man das Fleisch noch blutig, je 4 Minuten, wenn man es rosa gebraten mag.

FÜR 6 PERSONEN

ARTISCHOCKENHERZEN MIT TOMATEN UND KORINTHEN

Artischocken werden im Mittelmeerraum auch gern süß-sauer zubereitet.

6 große Artischocken (etwa 10 cm Durchmesser)
½ Zitrone
2 EL frisch gepreßter Zitronensaft
60 ml Olivenöl
250 ml Wasser, Brühe oder trockener Weißwein
375 g Tomaten, geschält und in kleine Würfel geschnitten, oder Tomaten aus der Dose, abgetropft und gehackt
90 g Korinthen, etwa 10 Minuten in warmem Wasser eingeweicht
2 EL Honig
Salz und frisch gemahlener Pfeffer

Von den Artischocken Stiel und Außenblätter abbrechen. Mit einem scharfen Messer die Spitze abschneiden und mit einem kleinen Löffel das Heu herauskratzen. Die Schnittflächen mit der halben Zitrone einreiben und die Artischocken in eine Schüssel mit kaltem Wasser und Zitronensaft geben. Das Gemüse erst kurz vor der weiteren Zubereitung aus dem Wasser nehmen und trockentupfen.

Das Olivenöl in einem großen Topf bei mittlerer Temperatur heiß werden lassen. Die Artischockenherzen hineingeben, von allen Seiten mit Öl überziehen und Wasser, Brühe oder Weißwein zugießen. Die Artischocken zugedeckt etwa 12–15 Minuten garen; sie sollten noch etwas fest und die Flüssigkeit fast vollständig eingekocht sein. Tomaten, abgetropfte Korinthen und Honig zugeben, gut umrühren und ohne Deckel etwa 10 weitere Minuten schmoren lassen, bis die Artischocken weich sind (zur Garprobe mit einem spitzen Messer hineinstechen) und die Flüssigkeit eingekocht ist. Mit Salz und Pfeffer würzen und nochmals mit Honig und Zitronensaft abschmecken. Die Artischockenherzen auf einer Platte anrichten und etwas Sauce darüber verteilen.

FÜR 6 PERSONEN

GEFÜLLTE AUBERGINEN

Die ausgehöhlten Auberginenhälften sollten vor dem Füllen vorgebraten werden, damit sie beim anschließenden Schmoren vollständig weich werden und man sie mitessen kann.

6 kleine oder 3 große Auberginen
125 ml zuzüglich 2 EL Olivenöl
1 große Zwiebel, gehackt
4 große Knoblauchzehen, feingehackt
1 EL getrockneter Origano
300 g Tomaten, geschält und in Würfel geschnitten
10 g gehackte Petersilie
Frisch gemahlener Pfeffer
Salz, 125 ml Wasser

Die Auberginen längs halbieren und mit einem scharfen Messer das Fruchtfleisch auslösen. Dabei eine Schale von etwa 6 mm Dicke stehenlassen. Das Auberginenfleisch in kleine Würfel schneiden und beiseite stellen. Die ausgehöhlten Auberginenhälften mit Salz bestreuen und, Innenseite nach unten, für etwa 1 Stunde in ein großes Sieb geben. Anschließend abspülen und mit Küchenpapier trockentupfen.

Den Backofen auf 180 °C vorheizen. In einem großen Topf 2 EL Olivenöl erhitzen, die Zwiebel hineingeben und in etwa 10 Minuten weich und glasig werden lassen. In eine Schüssel geben und beiseite stellen. In demselben Topf 6 EL (90 ml) Olivenöl heiß werden lassen, das in Würfel geschnittene Auberginenfleisch hineingeben und etwa 5 Minuten braten, bis es weich ist. Knoblauch, Origano und Tomaten zugeben und etwa 3 Minuten schmoren lassen. Zwiebel und Petersilie unterrühren, mit Salz und Pfeffer abschmecken und beiseite stellen.

Die restlichen 2 Eßlöffel Öl in einem großen Topf erhitzen und die Auberginenhälften darin einige Minuten braten, dabei ein- bis zweimal wenden. Nebeneinander in eine eingeölte feuerfeste Form setzen und mit dem Gemüse füllen. Wasser in die Form geben und die Auberginen zugedeckt im Ofen in etwa 45 Minuten sehr weich garen.

FÜR 6 PERSONEN

Mediterrane Kräuter, in Terrakotta-Töpfe gepflanzt, sind ein ebenso dekorativer wie praktischer Tischschmuck, da sie in unzähligen Rezepten verwendet werden können.

Gesprenkelte Wachteleier, handbemalte Hühnereier und eine mit Lorbeerblättern geschmückte Kugel fungieren als österlicher Schmuck. Für die blattgeschmückte Kugel werden Lorbeer- oder andere Blätter auf einer Styroporkugel aufgeklebt. Damit das Ganze besser hält, kann man die Kugel zusätzlich mit Blumendraht umschnüren.

SPARGEL-KARTOFFEL-GEMÜSE MIT MANDELN UND MINZE

Dieses schnell fertiggestellte Gemüsegericht läßt sich beliebig abwandeln: Man kann die Mandeln auch durch Pinienkerne ersetzen, die gut zur Minze passen, oder man verwendet Mandeln in Kombination mit frischem Basilikum.

24 kleine neue rotschalige Kartoffeln
   (etwa 1,5 kg)
Etwa 2 EL Olivenöl zum Braten
Salz und frisch gemahlener Pfeffer
1 kg frischer grüner Spargel
250 ml Hühnerbrühe
2 Knoblauchzehen, feingehackt
60 g Mandelblättchen oder -stifte,
   geröstet (siehe Glossar)
20 g frische Minze, gehackt

Den Backofen auf 200 °C vorheizen. Die Kartoffeln in eine feuerfeste Form geben, mit etwa 2 Eßlöffeln Olivenöl überziehen und mit Salz und Pfeffer würzen. In den Ofen schieben und je nach Größe etwa 25–35 Minuten braten. Sie sollten noch fest, aber gar sein. Aus dem Ofen nehmen und etwas abkühlen lassen.

In der Zwischenzeit den Spargel vorbereiten. Das holzige Ende entfernen, dicke Stangen eventuell mit einem Gemüseschäler schälen. Einen Topf etwa 5 cm hoch mit Salzwasser füllen und zum Kochen bringen. Den Spargel hineingeben und etwa 3–5 Minuten blanchieren. Er sollte gar sein, aber noch Biß haben. Den Spargel aus dem Wasser nehmen und in Eiswasser abschrecken. Herausnehmen, gut abtropfen lassen und mit Küchenpapier trockentupfen. Den Spargel in 5 cm lange Stücke schneiden.

Die abgekühlten Kartoffeln in Viertel schneiden. Das Olivenöl in einer Pfanne oder in einem großen Topf erhitzen. Die Kartoffeln hineingeben und heiß werden lassen. Spargel, Hühnerbrühe und Knoblauch zugeben und einige Minuten köcheln lassen, bis das Gemüse heiß ist. Mit Salz und Pfeffer abschmecken, Mandeln und Minze unterrühren und auftragen.

FÜR 6 PERSONEN

Spargel-Kartoffel-Gemüse mit Mandeln und Minze

KÄSEKUCHEN MIT HASELNÜSSEN UND HONIG

Für die Zubereitung dieses Kuchens sollten Sie einen Honig verwenden, der ein kräftiges und intensives Aroma hat. Dieser Käsekuchen schmeckt am besten, wenn er noch warm oder zimmerwarm ist.

FÜR DEN TEIG:

250 g Haselnüsse, geröstet
  und geschält (siehe Glossar)
90 g Zucker
½ TL gemahlener Zimt
4-5 EL zerlassene Butter

FÜR DIE KÄSEFÜLLUNG:

750 g Quark, zimmerwarm
125 ml saure Sahne, zimmerwarm
280 g Honig mit ausgeprägtem Aroma,
  zum Beispiel Lavendelblütenhonig
6 Eier, getrennt, zimmerwarm
1 EL geriebene Zitronenschale
1 EL Orangenschale
1 TL Vanille-Essenz
3 EL gehacktes Orangeat
  (nach Belieben)
60 g Zucker

ZUM GARNIEREN:

Haselnüsse, geröstet, geschält
  und gehackt (siehe Glossar)
Frische Erdbeeren (nach Belieben)

Für den Teig die Haselnüsse zusammen mit Zucker und Zimt in die Küchenmaschine geben und so fein wie möglich, aber nicht zu einer Paste mahlen. So viel Butter unterrühren, bis sich die Zutaten gut miteinander verbinden.

Den Teig auf dem Boden einer Springform von etwa 23 cm Durchmesser gleichmäßig verteilen, ihn dabei am Rand etwas hochdrücken und die Form beiseite stellen.

Den Backofen auf 180 °C vorheizen. Für die Füllung Quark und saure Sahne in eine Rührschüssel geben und mit dem elektrischen Handrührgerät aufschlagen. Den Honig zugeben und mit der Quarkmischung zu einer glatten Creme verrühren. Eigelb, Zitronen- und Orangenschale, Vanille-Essenz und nach Belieben Orangeat unterrühren.

In einer großen Schüssel das Eiweiß schaumig schlagen. Dabei nach und nach den Zucker einrieseln lassen und das Eiweiß sehr steif schlagen. Ein Drittel des Eischnees unter die Quarkcreme rühren, dann den Rest unterheben.

Die Masse in die vorbereitete Form geben und den Kuchen im mittleren Einschub des Ofens etwa 45–50 Minuten backen, bis die Creme etwas gestockt ist. Zur Probe die Form ein wenig hin und her rütteln. Den Backofen abschalten und den Kuchen bei halboffener Tür etwa 2 Stunden im Rohr lassen.

Den Käsekuchen vorsichtig aus der Springform lösen und auf eine Platte gleiten lassen. Mit gehackten Haselnüssen bestreuen und nach Belieben mit Erdbeeren umlegen.

ERGIBT EINEN KUCHEN
VON ETWA 23 CM DURCHMESSER

Käsekuchen mit Haselnüssen und Honig

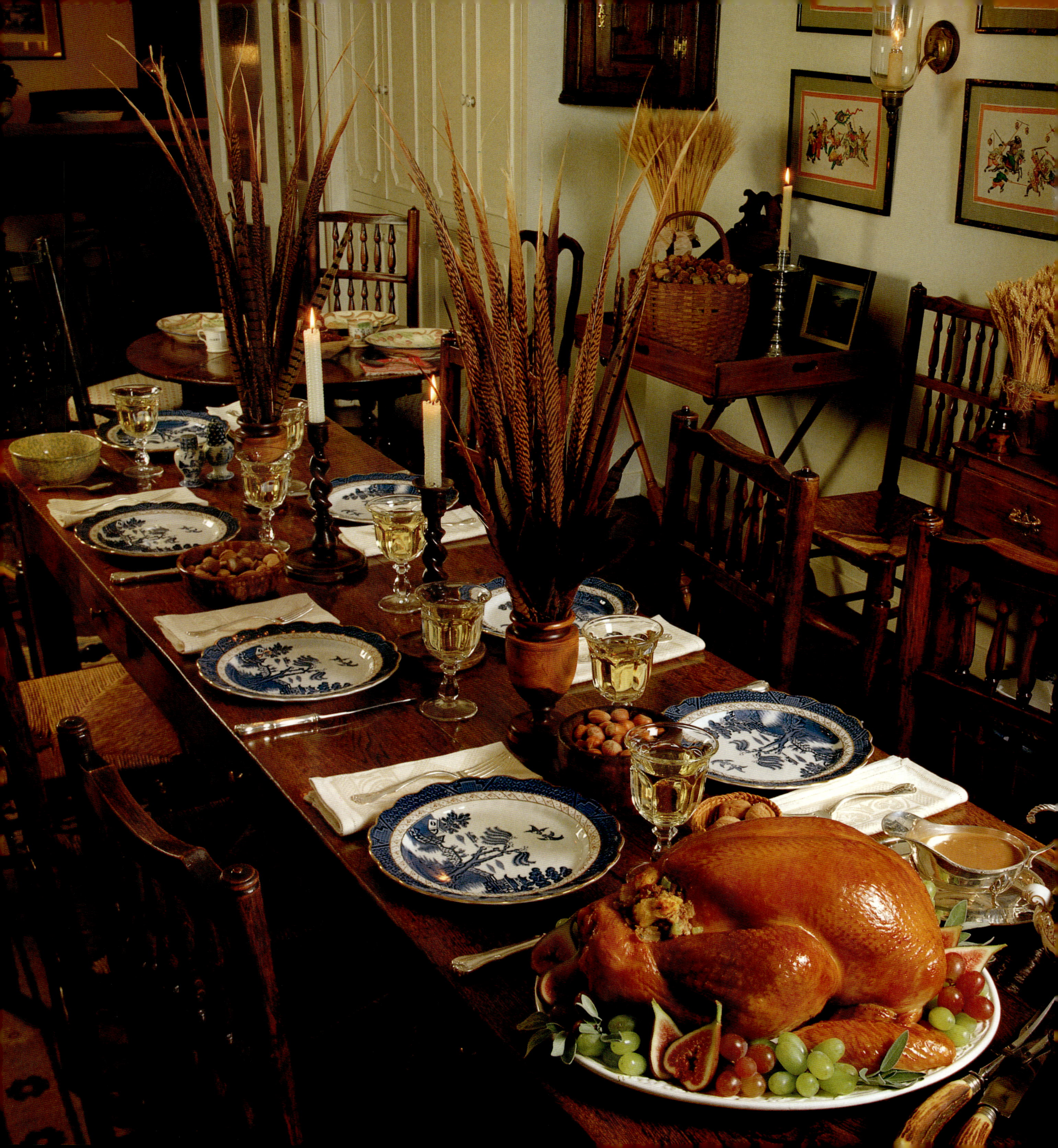

Traditionelles Thanksgiving-Essen

Das amerikanische Erntedankfest – der Thanksgiving Day – ist einer der wichtigsten Festtage in den USA und wird nach altem Brauch am letzten Donnerstag im November gefeiert. Die Erinnerung an die Stimmungen und Ereignisse dieses Feiertags, dessen Ablauf wie das dazugehörige Menü einem festen, fast geheiligten Ritual unterliegen, bilden noch für Jahre Gesprächsstoff unter Verwandten und Bekannten.

Unser Thanksgiving-Essen findet in einem klassischen Eßzimmer mit einem extralangen Tisch statt, der nicht nur allen Gästen, sondern auch dem gebratenen Truthahn einen angemessenen Platz bietet. Die Beilagen und andere Gänge sind auf einer Anrichte plaziert. Wie in vielen Familien üblich, gibt es für die Kinder einen separaten Tisch. Zur Tischdekoration wurden Porzellan, Silberbesteck, Gläser und Tischtücher aus altem Familienbesitz ausgesucht, um die familiäre und traditionsverbundene Stimmung des Erntedanks zu unterstreichen. Dazu soll auch die Dekoration aus Kränzen, Körben, Nüssen, getrockneten Maiskolben, Weizenhalmen und Vogelfedern beitragen.

Traditionelles Thanksgiving-Essen

Unser Feiertagsmenü, das zu jedem festlichen Anlaß in der kühleren Jahreszeit paßt, ist eine kreative kulinarische Neuinterpretation des althergebrachten Thanksgiving-Menüs mit seiner festgelegten Speisefolge. Während wir für die Suppe beim traditionellen Kürbis bleiben – Sie können jede leicht süß schmeckende Art verwenden –, haben wir als Kuchenbelag eine sattgelbe Mandarinencreme gewählt. Die Maisbrotfüllung für den Truthahn wird mit mildgewürzten italienischen Schweinswürstchen angereichert, das Preiselbeer-Chutney durchzieht ein feines Aroma exotischer Gewürze.

Ein solches umfangreiches Menü vorzubereiten, zu kochen und zu servieren, nimmt einige Zeit in Anspruch. Hier sollten Sie besonders rechzeitig – am besten schon einige Wochen vorher – mit der Lektüre der Vorbereitungs- und Rezeptliste beginnen, so daß Sie ohne Eile einkaufen und vorkochen können. Halten Sie sich nicht sklavisch an die Speisenfolge – vieleicht paßt ein Rezept aus Ihrer Küche besser ins Menü.

Decken Sie den Tisch betont schlicht: Suppenteller, flache Teller, Besteck, Gläser und Servietten genügen.

Menü

WEINEMPFEHLUNGEN

Zum Truthahn paßt am besten ein Beaujolais Nouveau. Für Gäste, die Weißwein bevorzugen, sollten Sie einen Riesling vom Rhein oder von der Mosel bereitstellen. Zum Dessert schmeckt eine Sémillon-Spätlese aus Australien oder Amerika oder ein guter Sauternes.

Traditionelles Thanksgiving-Essen

Kürbissuppe mit Äpfeln

Gebratener Truthahn mit Maisbrotfüllung

Preiselbeer-Chutney

Pfifferlinge, Maronen und Perlzwiebeln mit Thymian

Kartoffel-Sellerie-Püree

Rosenkohl mit Knoblauch und Parmesan

Mandarinencreme-Kuchen

Ein Schrank aus schönem Holz birgt kostbares antikes Kaffee- und Teesilber.

VORBEREITUNGSLISTE

◆ Bis zu einer Woche im voraus das Chutney herstellen.

◆ Bis zu 2 Tagen im voraus die Mandarinencreme für den Kuchen zubereiten und im Kühlschrank aufbewahren.

◆ Am Vortag die Suppe kochen; die Füllung für den Truthahn herstellen, ihn jedoch noch nicht damit füllen.

◆ Am Morgen der Feier den Boden für den Mandarinen-Kuchen backen.

◆ Drei Stunden vor dem Essen die Kuchen mit einem Belag aus Mandarinencreme und einer Sahnehaube versehen.

◆ Bis zu einigen Stunden im voraus das Kartoffel-Sellerie-Püree vorbereiten.

◆ Eine Viertelstunde vorher das Pfifferlingsgemüse zubereiten und den Rosenkohl kochen.

Körbe und Schüsseln mit Nüssen, getrockneten Maiskolben und Weizengarben sind traditionelle Symbole des Thanksgiving-Day.

Traditionelles Thanksgiving-Essen

Kürbissuppe mit Äpfeln

Die meisten bei uns erhältlichen süßlich schmeckenden Kürbisse, besonders der Gartenkürbis, eignen sich zur Zubereitung dieser Suppe, die durch ihre Gewürze einen Vorgeschmack auf Weihnachten vermittelt.

4 EL Butter oder Olivenöl
2 große Zwiebeln (etwa 600 g),
    in kleine Würfel geschnitten
2 große grüne Äpfel (etwa 500 g),
    geschält, entkernt und in kleine
    Würfel geschnitten
1 TL geriebene Muskatnuß
½ TL gemahlener Piment
½ TL gemahlener Zimt
Etwa 2,5 kg geschälter Kürbis,
    in Würfel geschnitten
3 l Hühnerbrühe
Salz und frisch gemahlener Pfeffer
Grüner Apfel, in dünne Scheiben
    geschnitten (zum Garnieren)

In einem großen Topf Butter oder Olivenöl erhitzen. Zwiebeln und Äpfel hineingeben und weich werden lassen. Die Gewürze unterrühren, eine Minute köcheln lassen, dann den Kürbis und die Hühnerbrühe zugeben. Die Suppe aufkochen lassen, die Hitze reduzieren und ohne Deckel etwa 20–30 Minuten köcheln lassen. Der Kürbis sollte fast zerfallen. Das Gemüse mit etwas Brühe pürieren. In eine Schüssel geben und so viel Brühe zugießen, bis die Suppe eine sämige Konsistenz hat. Die restliche Brühe beiseite stellen, um die Suppe, falls sie noch etwas nachdickt, zu verdünnen. Mit Salz, Pfeffer und den Gewürzen nochmals abschmecken. Diese Suppe kann man einen Tag im voraus zubereiten. Man sollte sie dann ohne Deckel etwas abkühlen lassen und zugedeckt im Kühlschrank aufbewahren.

Kurz vor dem Servieren die Kürbissuppe in einem großen Topf erhitzen, in kleine Suppenschüsseln füllen und mit dünnen Apfelscheiben garnieren.

FÜR 12 PERSONEN

Zur Suppe sollten Sie Körbchen mit kleinen hausgemachten Broten, die mit Weizenähren, Herzen und Blättern aus Teig dekoriert sind, bereitstellen.

Kürbissuppe mit Äpfeln

TRADITIONELLES THANKSGIVING-ESSEN

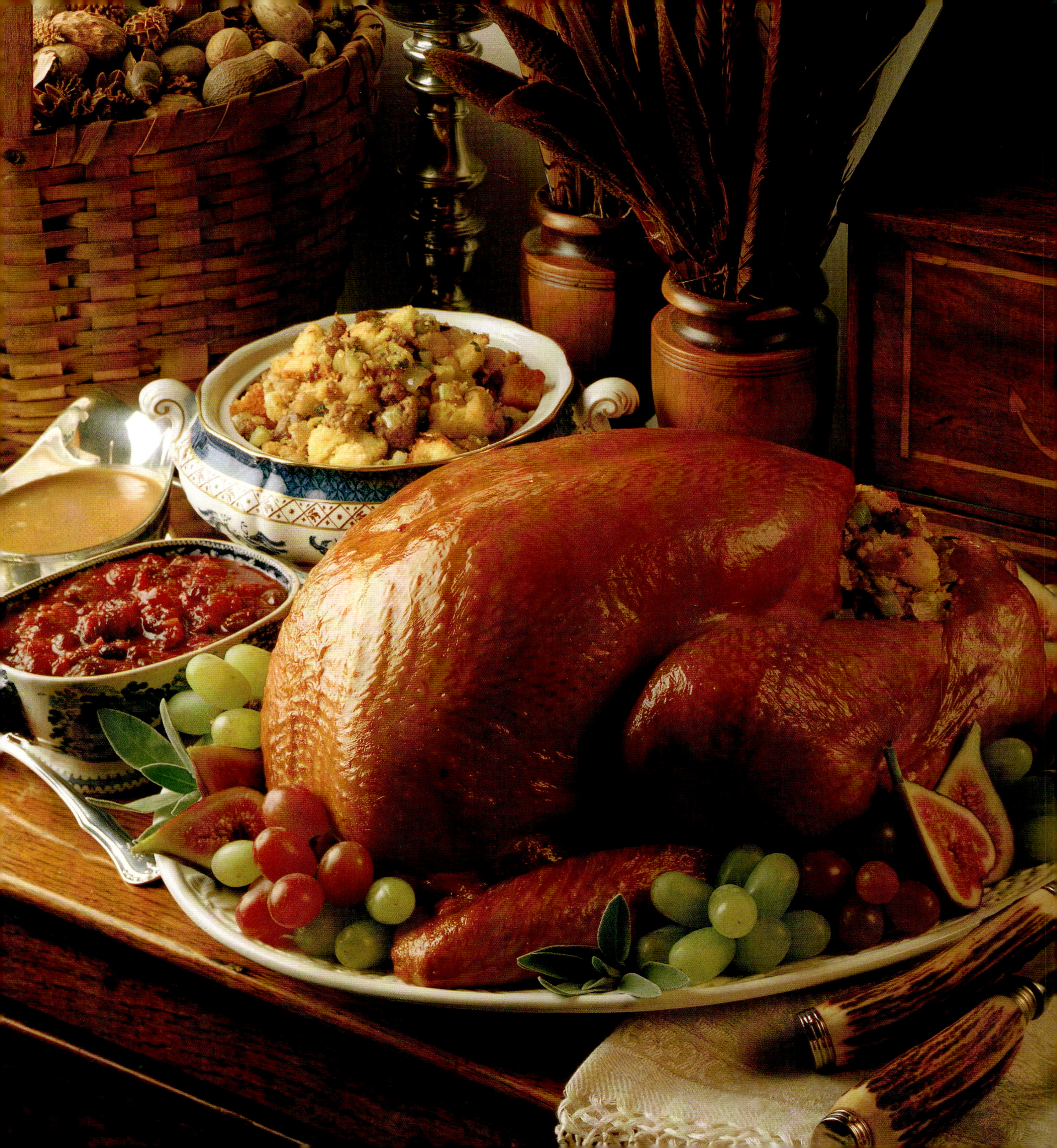

TRADITIONELLES THANKSGIVING-ESSEN

GEBRATENER TRUTHAHN MIT MAISBROTFÜLLUNG

Während der Truthahn im Ofen brät, wird für die Sauce die Geflügelbrühe gekocht.

FÜR DIE FÜLLUNG:
2 EL Olivenöl
500 g mild gewürzte italienische Würste aus Schweinefleisch, enthäutet und zerkleinert
90 g Butter
2 Zwiebeln (etwa 250 g), in kleine Würfel geschnitten
120 g Sellerie, in kleine Würfel geschnitten
2 Knoblauchzehen, feingehackt
2 EL feingehackter frischer Majoran oder Salbei
2 TL gemahlene Fenchelsamen
½ TL geriebene Muskatnuß
½ TL gemahlener Zimt
250 ml Hühnerbrühe
250 g Maisbrot (Rezept siehe Seite 177)
Salz und frisch gemahlener Pfeffer

FÜR DEN TRUTHAHN:
1 frischer Truthahn (etwa 6–7 kg), Hals und Innereien für die Brühe beiseite stellen
1 Zitrone, halbiert
1 Knoblauchzehe
Salz, frisch gemahlener Pfeffer und edelsüßes Paprikapulver

FÜR DIE GEFLÜGELBRÜHE UND DIE SAUCE:
Truthahnhals und -innereien
2 l Wasser oder Hühnerbrühe
2 Zwiebeln, in Scheiben geschnitten
2 Mohrrüben, geschält und in Scheiben geschnitten
1–2 Stangen Sellerie
1 frischer Thymianzweig
1 Knoblauchzehe
2 EL Mehl
Salz, frisch gemahlener Pfeffer und gemahlener Piment

Für die Truthahnfüllung das Öl in einem Topf erhitzen, das Wurstbrät hineingeben und darin bräunen. Mit einem Schaumlöffel herausnehmen und beiseite stellen. Die Butter zugeben und die Zwiebeln in etwa 10 Minuten glasig werden lassen. Sellerie, Knoblauch, Majoran oder Salbei, Fenchelsamen, Muskatnuß, Zimt und Brühe zugeben und 3 Minuten köcheln lassen. Den Topfinhalt in eine große Schüssel geben, Wurstbrät und Maisbrot zufügen, mit Salz und Pfeffer würzen und alles gründlich vermengen. Bis zu diesem Arbeitsgang kann man die Füllung vorbereiten und zugedeckt über Nacht im Kühlschrank aufbewahren.

Den Backofen auf 180 °C vorheizen. Den Vogel abtupfen und von innen mit Zitrone, Knoblauch und Salz, von außen mit Salz, Pfeffer und Paprikapulver einreiben.

Hals- und Bauchhöhle des Truthahns locker mit der Füllung versehen und fest mit Spießchen oder Küchengarn verschließen. Restliche Füllung in eine ausgebutterte Kasserolle geben, mit etwas Brühe beträufeln, zugedeckt beiseite stellen, und eine Stunde vor Ende der Bratzeit in den Ofen schieben.

Den Truthahn, Brustseite nach unten, auf einen Rost über einer Bratenpfanne plazieren und mit Alufolie bedecken. Man rechnet mit einer Garzeit von 20 Minuten pro 500 Gramm (Gesamtbratzeit etwa 4–4½ Stunden). 45 Minuten vor Ende der Garzeit die Alufolie entfernen und den Truthahn wenden, damit die Brust schön braun und knusprig wird.

In der Zwischenzeit die Geflügelbrühe kochen. Dafür Hals, Magen und Herz mit Wasser oder Hühnerbrühe, Zwiebeln, Mohrrüben, Sellerie, Thymian und Knoblauch in einen großen Topf geben. Aufkochen lassen, die Hitze reduzieren und die Brühe etwa 1½ Stunden köcheln lassen, dabei den aufsteigenden Schaum abschöpfen. Eventuell noch etwas Flüssigkeit zugießen. Hals und Thymian wegwerfen, die Innereien feinhacken. Die Gemüse mit einem Schaumlöffel aus der Brühe nehmen, pürieren und mit den Innereien und der Geflügelbrühe für die Sauce beiseite stellen.

Mit einem Fleischthermometer in die dickste Stelle des Truthahns stechen. Zeigt es eine Temperatur von etwa 80 °C an, den Vogel aus dem Ofen nehmen und vor dem Tranchieren etwa 15 Minuten ruhen lassen. Die Füllung herausnehmen.

Für die Sauce 3 Eßlöffel Bratenfett in einen Topf geben und heiß werden lassen. 2 Eßlöffel Mehl hineinrühren, anschwitzen lassen und 250 ml Geflügelbrühe zugießen. Unter Rühren aufkochen lassen, das Gemüsepüree zugeben und eventuell mit etwas Brühe verdünnen. Innereien zugeben und mit Salz, Pfeffer und Piment abschmecken. Den Truthahn tranchieren (siehe Seite 178) und mit Füllung und Sauce auftragen.

FÜR 12 PERSONEN

PREISELBEER-CHUTNEY

Diese süßliche, würzige Variante der traditionellen Preiselbeersauce kann man einige Wochen im voraus zubereiten.

500 ml Wasser
750 g Zucker
2 ungeschälte Orangen, in Würfel geschnitten, entkernt und im Mixer oder in der Küchenmaschine zerkleinert
2 Stück frischer Ingwer (je etwa 5 cm groß), geschält und in dünne Scheiben geschnitten
500 g Preiselbeeren
1 TL gemahlener Zimt
½ TL gemahlene Nelken
200 g Rosinen

Wasser und Zucker in einen tiefen Topf geben und unter Rühren aufkochen lassen. Orangen und Ingwer zugeben, die Hitze reduzieren und ohne Deckel etwa 20 Minuten köcheln lassen. Preiselbeeren, Zimt und Nelken hineingeben und ohne Deckel etwa 15 Minuten einkochen lassen. Die Rosinen unterrühren und etwa 7 Minuten mitkochen lassen. Das Preiselbeer-Chutney in eine Schüssel gießen und abkühlen lassen. Servieren oder zugedeckt im Kühlschrank bis zu einer Woche aufbewahren.

ERGIBT ETWA 1,5 KILOGRAMM

Gebratener Truthahn mit Maisbrotfüllung; Preiselbeer-Chutney

Pfifferlinge, Maronen und Perlzwiebeln mit Thymian

Frische Maronen zu schälen, erfordert viel Zeit und Mühe und kann unangenehm schmerzhaft sein, da man sie heiß schälen muß, um die dünne Innenhaut entfernen zu können. Vielleicht kennen Sie jemanden mit Erfahrung, der Ihnen dabei behilflich ist. Im Notfall kann man statt der frischen auch geschälte Maronen aus der Dose verwenden.

500 g Maronen
500 g Perlzwiebeln
1 kg Pfifferlinge oder andere Waldpilze
125 g Butter
2 EL gehackter frischer Thymian
125 ml Hühnerbrühe
 (oder nach Belieben)
Salz und frisch gemahlener Pfeffer

Die Maronen kreuzweise einschneiden und in einer Lage in einen oder mehrere große Töpfe geben. Mit Wasser bedecken und aufkochen lassen. Die Hitze reduzieren und die Maronen ohne Deckel etwa 10 Minuten kochen lassen. Die noch heißen Maronen schälen, dabei auch die innere braune Haut entfernen. Die Maronen sollten dabei möglichst nicht zerfallen. Ist das Fruchtfleisch im Kern weißer als außen, sind sie noch nicht gar. Nochmals mit frischem Wasser bedecken und weitere 8–10 Minuten köcheln lassen. (Die Maronen sind gar, wenn sie innen dieselbe Farbe haben wie außen. Zur Probe eine Marone aus dem Wasser nehmen und halbieren.) Die geschälten Maronen beiseite stellen.

Die Perlzwiebeln schälen, in einen mittelgroßen Topf geben, mit Wasser bedecken und zum Kochen bringen. Die Temperatur herunterschalten und ohne Deckel etwa 8–10 Minuten köcheln lassen. Die Zwiebeln sollten gar, aber noch fest sein. Aus dem Topf nehmen, gut abtropfen und leicht abkühlen lassen. Die Zwiebeln beiseite stellen.

Die Pilze vorsichtig mit einem Mulltuch oder einer speziellen Bürste säubern und in dicke Scheiben schneiden. Kleinere Pilze unzerteilt lassen. Die Hälfte der Butter in einem großen Topf zerlassen, die Hälfte der Pilze hineingeben und bei starker Hitze etwa 5–7 Minuten braten. Aus dem Topf nehmen und mit der restlichen Butter und der anderen Hälfte der Pilze ebenso verfahren.

Den Backofen auf 180 °C vorheizen. Maronen, Zwiebeln und Pilze in eine große Kasserolle geben, den Tymian unterrühren und mit ausreichend Hühnerbrühe befeuchten. Mit Salz und Pfeffer würzen und für etwa 15 Minuten in den vorgeheizten Ofen schieben. Das Gemüse sehr heiß auftragen.

FÜR 12 PERSONEN

Kartoffel-Sellerie-Püree

Sellerie verleiht dem Püree einen angenehmen Geschmack und eine gewisse Leichtigkeit. Man sollte die Kartoffeln möglichst durch eine Kartoffelpresse oder Gemüsemühle geben; im Mixer kann das Püree leicht eine gummiartige Konsistenz bekommen.

8 große mehlige Kartoffeln
3 große Knollen Sellerie
¾–1 l Hühnerbrühe
90 g Butter
250 ml Sahne
Salz, frisch gemahlener Pfeffer
 und geriebene Muskatnuß

Den Backofen auf 200 °C vorheizen. Die Kartoffeln von allen Seiten mit einer Gabel einstechen und im vorgeheizten Ofen etwa 1 Stunde garen, bis sie sehr weich sind. Aus dem Ofen nehmen, halbieren, das Fruchtfleisch herauslösen und durch die Kartoffelpresse oder durch eine Gemüsemühle geben.

Während die Kartoffeln im Ofen garen, den Sellerie putzen und schälen. In kleine Würfel schneiden, mit Hühnerbrühe bedecken und ohne Deckel in etwa 25 Minuten sehr weich kochen. Abtropfen lassen und im Mixer pürieren oder durch die Gemüsemühle geben.

Kartoffel- und Selleriepüree in einem großen Topf bei mittlerer Temperatur miteinander vermengen. Butter und Sahne unterrühren. Das Püree sollte eine glatte, cremige Konsistenz haben. Eventuell noch etwas Butter, Sahne oder Brühe zugeben. Mit Salz, Pfeffer und etwas Muskatnuß abschmecken.

FÜR 12 PERSONEN

Rosenkohl mit Knoblauch und Parmesan

Trotz der großzügig bemessenen Menge an Knoblauch behauptet der Rosenkohl in diesem schnell zubereiteten Gericht seinen eigenständigen Geschmack.

1,5 kg Rosenkohl
60 g Butter
60 ml Olivenöl
12 große Knoblauchzehen,
 feingehackt
375–500 ml Hühnerbrühe
Salz und frisch gemahlener Pfeffer
200 g frisch geriebener Parmesan

Den Rosenkohl putzen und längs halbieren. Butter und Öl in einem oder zwei großen Töpfen erhitzen, die groß genug sind, den Rosenkohl in einer Lage aufzunehmen. Knoblauch hineingeben und bei niedriger Temperatur in etwa 2 Minuten weich werden lassen. Rosenkohl und Hühnerbrühe zugeben und zugedeckt etwa 5–8 Minuten kochen lassen, dabei gelegentlich umrühren. Das Gemüse sollte noch Biß haben. Mit Salz und Pfeffer würzen und mit Parmesan bestreuen. Sofort servieren.

FÜR 12 PERSONEN

Rosenkohl mit Knoblauch und Parmesan; Kartoffel-Sellerie-Püree; Pfifferlinge, Maronen und Perlzwiebeln mit Thymian

Traditionelles Thanksgiving-Essen

Traditionelles Thanksgiving-Essen

Mandarinencreme-Kuchen

Das Aroma süß-säuerlicher Mandarinen gibt diesem festlichen Dessert eine elegante Note. Die in Streifen geschnittenen Mandarinenschalen, die Sie zum Garnieren benötigen, lassen sich mit dem Zestenschneider vor dem Entsaften leichter ausschneiden.

FÜR DIE KUCHEN:

12 Eigelb
250 ml frisch gepreßter
   Mandarinensaft
125 ml frisch gepreßter Zitronensaft
350 g Zucker
125 g Butter, in kleine Stücke zerteilt
Geriebene Schale von 6 Mandarinen
2 EL Mandarinenlikör
Mürbeteig für 2 Böden
   (Rezept auf Seite 177)

FÜR DIE SAHNEHAUBE:

500 ml Sahne
50 g Puderzucker, gesiebt
Geriebene Schale von 4 Mandarinen
Mandarinenlikör

Für den Belag Eigelb, Mandarinen- und Zitronensaft in eine Schüssel geben und im Wasserbad (bei köchelndem Wasser) zu einer dicken Masse aufschlagen. Butter, Mandarinenschale und -likör unterrühren und zugedeckt mindestens 3 Stunden, höchstens bis zu 2 Tage in den Kühlschrank stellen.

Die Hälfte des Teigs ausrollen und eine Kuchenform von etwa 25 cm Durchmesser damit belegen. Mit dem restlichen Teig ebenso verfahren. Die Formen für etwa 30 Minuten in den Kühlschrank stellen. Herausnehmen und die Kuchenböden backen, wie auf Seite 177 beschrieben. Aus dem Ofen nehmen und vollkommen auskühlen lassen.

Die Mandarinencreme auf die beiden Böden verteilen und gleichmäßig darüber verstreichen.

Die Sahne in einer Rührschüssel steif aufschlagen und Puderzucker, Mandarinenschale und -likör unterrühren. Beide Kuchen gleichmäßig mit einer Sahnehaube verzieren.

ERGIBT ZWEI KUCHEN
VON ETWA 25 CM DURCHMESSER

Eine schlichte Holzschale mit Mandarinen ist eine hübsche Dekoration zum Dessert.

Mandarinencreme-Kuchen

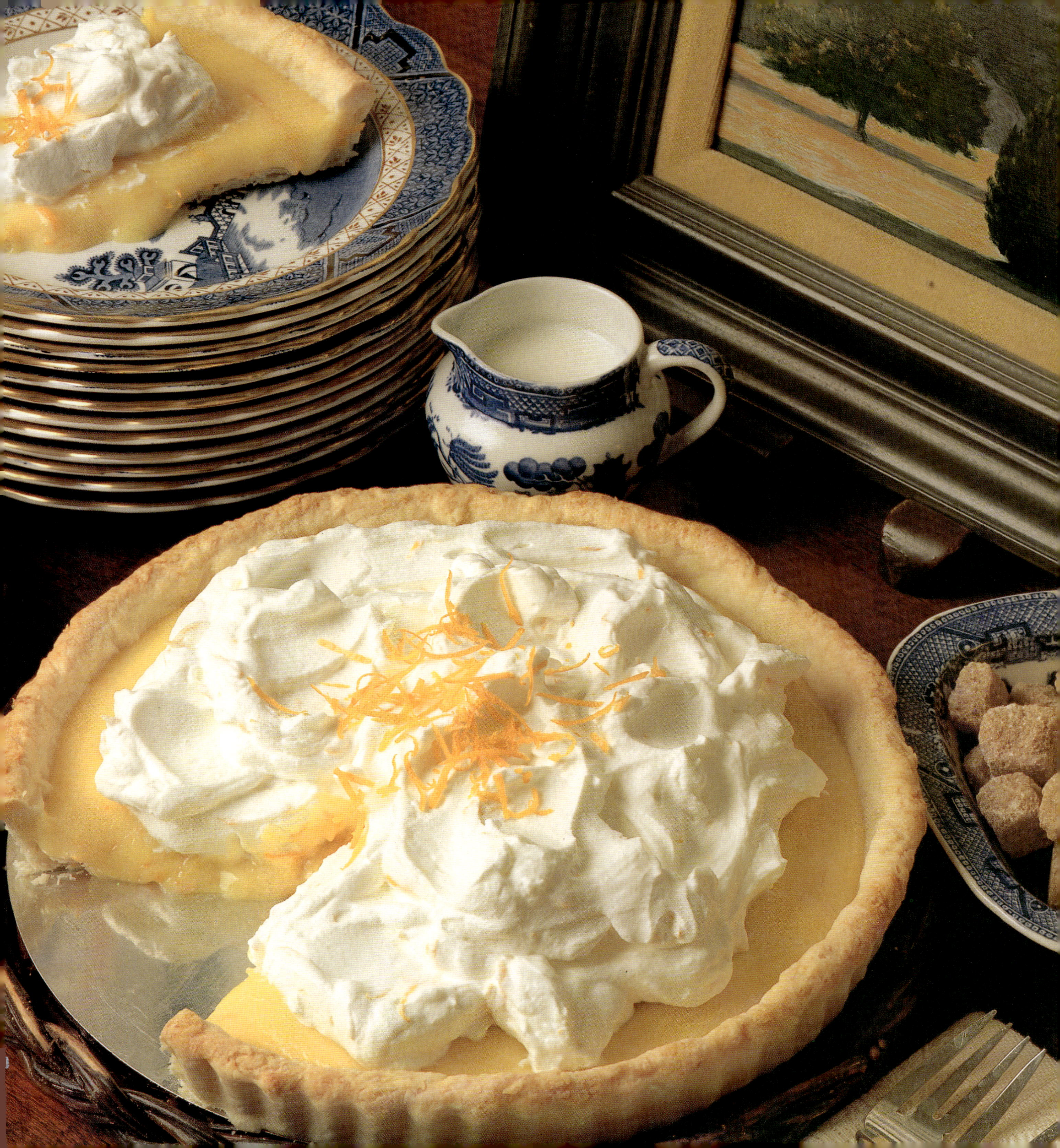

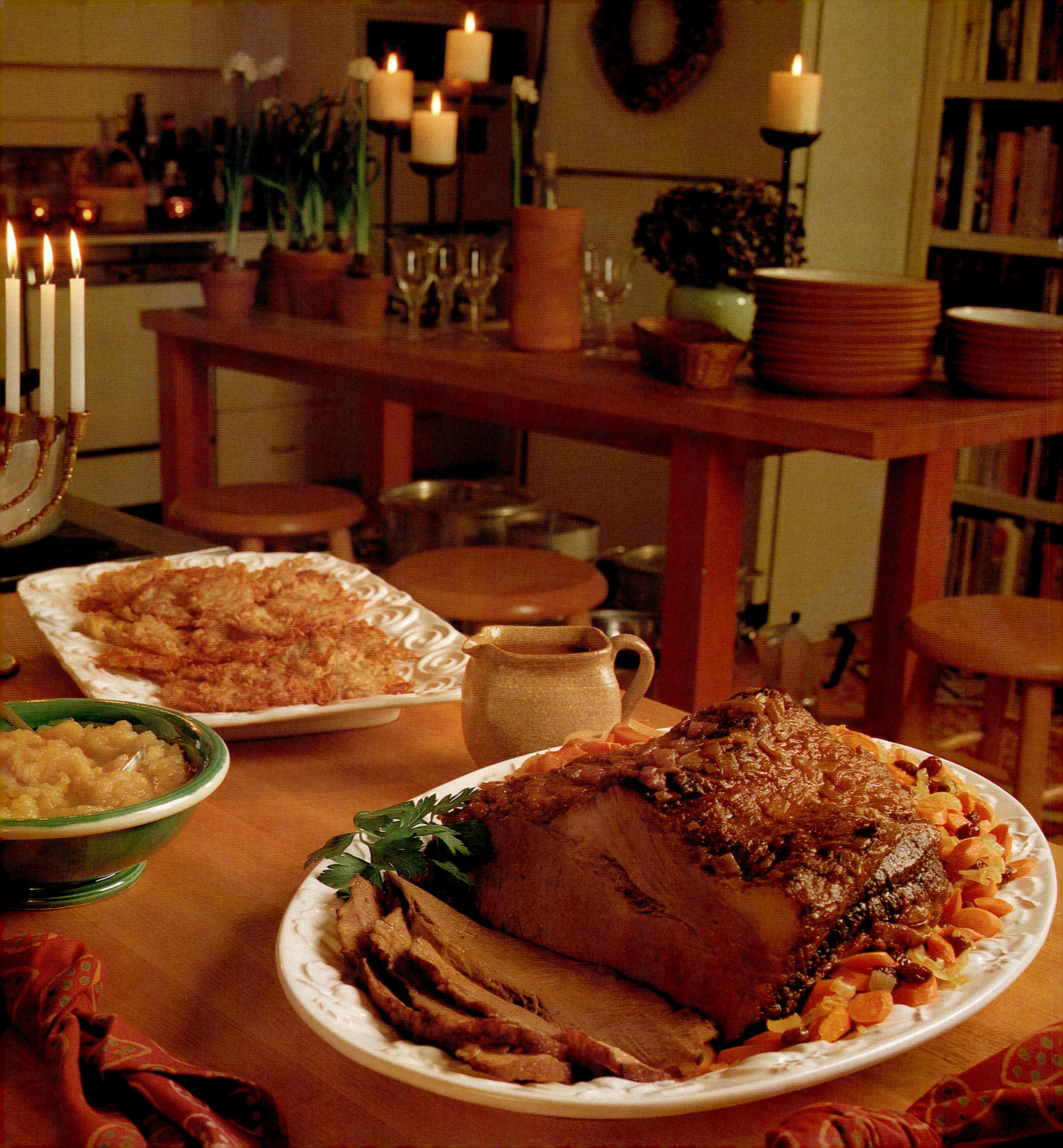

Buffet im November

Die Jahreszeit, in der die Tage länger und kühler werden, ist ideal, um Freunde aus Schule und Studienzeit, Arbeitskollegen, Geschäftsfreunde, Vereinskameraden, kurzum, Menschen, mit denen man Interessen teilt, zu einem informellen Buffet bei Kerzenlicht einzuladen.

Der November ist auch eine Zeit religiöser Feste vieler Konfessionen: Man begeht Allerheiligen, Allerseelen, den Buß- und Bettag und Chanukka, das Lichterfest, an dem Kerzen zur Erinnerung an die Wiedereinweihung des Tempels in Jerusalem vor über 2100 Jahren angezündet werden. In den USA ist es bei jüdischen Familien gern gepflegter Brauch, für ihre Freunde zu diesem Anlaß eine Party zu veranstalten.

Das Buffet findet in der kerzenbeleuchteten Küche statt, weil es hier, vorausgesetzt, sie ist groß genug, meist am gemütlichsten ist. So kommt keine Steifheit bei den Gästen auf. Die Speisen werden auf den Abstellflächen, die sich in der Küche, den angrenzenden Räumen oder im Korridor anbieten, locker arrangiert; Nüsse und Früchte dienen als dekorativer Schmuck.

Buffet im November

Der Chanukka-Leuchter trägt – im Gegensatz zum sonst üblichen siebenarmigen Leuchter – neun Kerzen: Acht davon symbolisieren die acht Nächte des Lichterfests, die neunte dient zum Anzünden.

Menü

Das herzhafte, winterlich gestimmte Buffet präsentiert eine Reihe traditioneller Gerichte osteuropäischen Ursprungs, die sowohl wärmend wie sättigend sind, also gerade das Richtige für die kalte Jahreszeit. Da die jüdischen Speisegesetze die gleichzeitige Verwendung von Fleisch und Milchprodukten in der Küche verbieten, fehlen letztere im Menü. Wer jedoch nicht koscher essen muß, kann seinen Borschtsch und seine Kartoffelpuffer, wie in Osteuropa üblich, mit einem Schuß Sauerrahm und seinen Nußkuchen mit etwas Schlagsahne verfeinern.

Sobald die Kerzen angezündet sind, kann die Suppe aufgetragen werden, die die Gäste am Tisch oder im Stehen löffeln. Lassen Sie Ihre Freunde die Party mitorganisieren und sich von ihnen beim Kartoffelpufferbraten helfen. Den Hauptgang und das Dessert holt sich jeder selbst vom Buffet.

Körbe, Krüge, bunte Dosen und getrocknete Blumen schmücken eine Ecke in der Küche.

Borschtsch von roter Bete, Kohl und Pilzen

Kartoffelpuffer

Apfelkompott

Geschmorte Rinderbrust

Mohrrübengemüse

Pekannußkuchen

Mandarinen-Sorbet

VORBEREITUNGSLISTE

◆ Zwei bis 3 Tage vorher das Fleisch mit den Gewürzen einreiben.
◆ Bis zu 2 Tage im voraus das Apfelkompott kochen und im Kühlschrank aufbewahren. Es wird kurz vor dem Servieren aufgewärmt.
◆ Am Vortag den Borschtsch kochen. Das Sorbet zubereiten und ins Tiefkühlfach stellen.
◆ Am Morgen des Festes den Kuchen backen.
◆ Kurz vor dem Essen mit der Zubereitung der Kartoffelpuffer beginnen.

Topf-Narzissen, ein schlichter, mit Birnen gefüllter Korb und warmes Kerzenlicht tragen zur richtigen Stimmung bei.

WEINEMPFEHLUNGEN

Das Hauptgericht verträgt einen sehr kräftigen französischen Rotwein wie Pomerol, St. Emilion, Hermitage oder Cornas, aber auch einen Barbera aus Italien oder einen Sangre de Toro aus Spanien. Zu den anderen Speisen können Sie einen leichten bis mittelschweren Roten servieren, zum Beispiel einen Corbières, Chianti Classico oder Beaujolais. Zum Dessert schmeckt ein Tawny Port oder ein Oloroso Sherry.

BORSCHTSCH VON ROTER BETE, KOHL UND PILZEN

Borschtsch ist eine Suppenspezialität aus Osteuropa, die am besten schmeckt, wenn man sie einen Tag im voraus zubereitet und aufwärmt. Der Rest ergibt zusammen mit übriggebliebenem Rindfleisch eine Mahlzeit für den nächsten Tag.

8–10 große rote Beten
3 EL Olivenöl
2 große rote Zwiebeln, gehackt
6 große Mohrrüben, geschält und in Scheiben geschnitten
2 Köpfe Weißkohl, in Streifen geschnitten
400 g frische Pilze, in Scheiben geschnitten
1 Zitrone, von allen Seiten mit einer Gabel eingestochen
2,5 l Rinder- oder Gemüsebrühe
Salz und frisch gemahlener Pfeffer
Zucker
Frisch gepreßter Zitronensaft (nach Belieben)
20 g gehackter frischer Dill

Von den roten Beten die Blätter entfernen, die Stengel etwa 5 cm lang stehen lassen. Die roten Beten gründlich abspülen, in einen Topf geben und mit kaltem Wasser bedecken. Zum Kochen bringen, die Hitze reduzieren und das Gemüse ohne Deckel in etwa 30–50 Minuten gar kochen. Die Garzeit hängt von der Größe der Knollen ab. Abtropfen lassen, mit lauwarmem Wasser bedecken und abkühlen lassen. Rote Beten schälen, in kleine Würfel schneiden und beiseite stellen.

In einem Suppentopf das Olivenöl heiß werden lassen. Zwiebeln und Mohrrüben hineingeben und etwa 10 Minuten darin anschmoren. Kohl, rote Beten, Pilze, Zitrone und Brühe zugeben, aufkochen lassen, die Hitze reduzieren und ohne Deckel etwa 30 Minuten kochen lassen. Die Zitrone entfernen. Mit Salz und Pfeffer würzen und eventuell noch einmal mit Zucker und etwas Zitronensaft abschmecken. Vor dem Servieren mit gehacktem Dill garnieren.

FÜR 12 PERSONEN

Borschtsch von roter Bete, Kohl und Pilzen

KARTOFFELPUFFER

Sollen die Kartoffelpuffer richtigen »Biß« haben, werden Zwiebeln und Kartoffeln grob gerieben; mag man sie lieber weich und glatt, werden die Gemüse in Würfel geschnitten und püriert.

2 kleine Zwiebeln
6–7 große Kartoffeln, geschält
2 große Eier, verquirlt
2 TL Salz
1 TL frisch gemahlener Pfeffer
125–150 g Mehl
Pflanzenfett oder Öl zum Braten

Zwiebeln und Kartoffeln reiben und in eine große Schüssel geben. Die Flüssigkeit mit Küchenpapier aufnehmen. Eier, Salz und Pfeffer unterrühren und den Kartoffelteig mit ausreichend Mehl binden.

So viel zerlassenes Pflanzenfett oder Öl in eine große Pfanne geben, daß es den Boden etwa 5 cm hoch bedeckt. Den Teig eßlöffelweise hineingeben und die Kartoffelpuffer von jeder Seite in etwa 3 Minuten goldbraun und knusprig braten. Aus der Pfanne nehmen, auf Küchenpapier abtropfen lassen und im 180 °C heißen Ofen warm stellen. Mit dem restlichen Teig ebenso verfahren. Wenn alle Kartoffelpuffer gebacken sind, sofort auftragen, da sie nur einige Minuten knusprig bleiben.

Für einen glatten Teig Zwiebeln und Kartoffeln in Würfel schneiden. Die Hälfte der Zwiebeln zusammen mit 1 Ei in die Küchenmaschine oder in einen Mixer geben und pürieren. Die Hälfte der Kartoffeln zugeben und zu einem glatten, aber nicht dünnflüssigen Püree verarbeiten. Das Püree in eine Schüssel geben. Mit den restlichen Kartoffeln, Zwiebeln und dem Ei ebenso verfahren. Den Kartoffelteig mit Salz und Pfeffer würzen. Die Flüssigkeit mit Küchentüchern aufnehmen. Das Mehl unterrühren und die Kartoffelpuffer wie beschrieben backen.

ERGIBT 24 KARTOFFELPUFFER

Kartoffelpuffer; Apfelkompott

APFELKOMPOTT

Dieses säuerliche Apfelkompott ist eine traditionelle Beilage zu Kartoffelpuffern. Wer es süßer mag, verwendet etwas mehr Zucker.

8–10 Äpfel, geschält, entkernt und
   in 2½ cm große Stücke geschnitten
Saft von 2–3 Orangen
   (etwa 250 ml)
125 g Zucker
   (oder nach Belieben)
2 TL geriebene Zitronenschale
½ TL gemahlener Zimt

Äpfel und Orangensaft in einen schweren Topf geben und bei mittlerer Temperatur etwa 10 Minuten köcheln lassen, bis die Äpfel weich zu werden beginnen. Dabei des öfteren umrühren. Zucker, Zitronenschale und Zimt unterrühren und das Kompott in etwa 20–25 Minuten gar werden lassen. Die Äpfel sollten nicht zerfallen. Nochmals abschmecken und warm servieren. Oder abkühlen lassen und bis zu 2 Tage im Kühlschrank aufbewahren. Das Apfelkompott dann vor dem Servieren aufwärmen.

ERGIBT 1–1,2 LITER

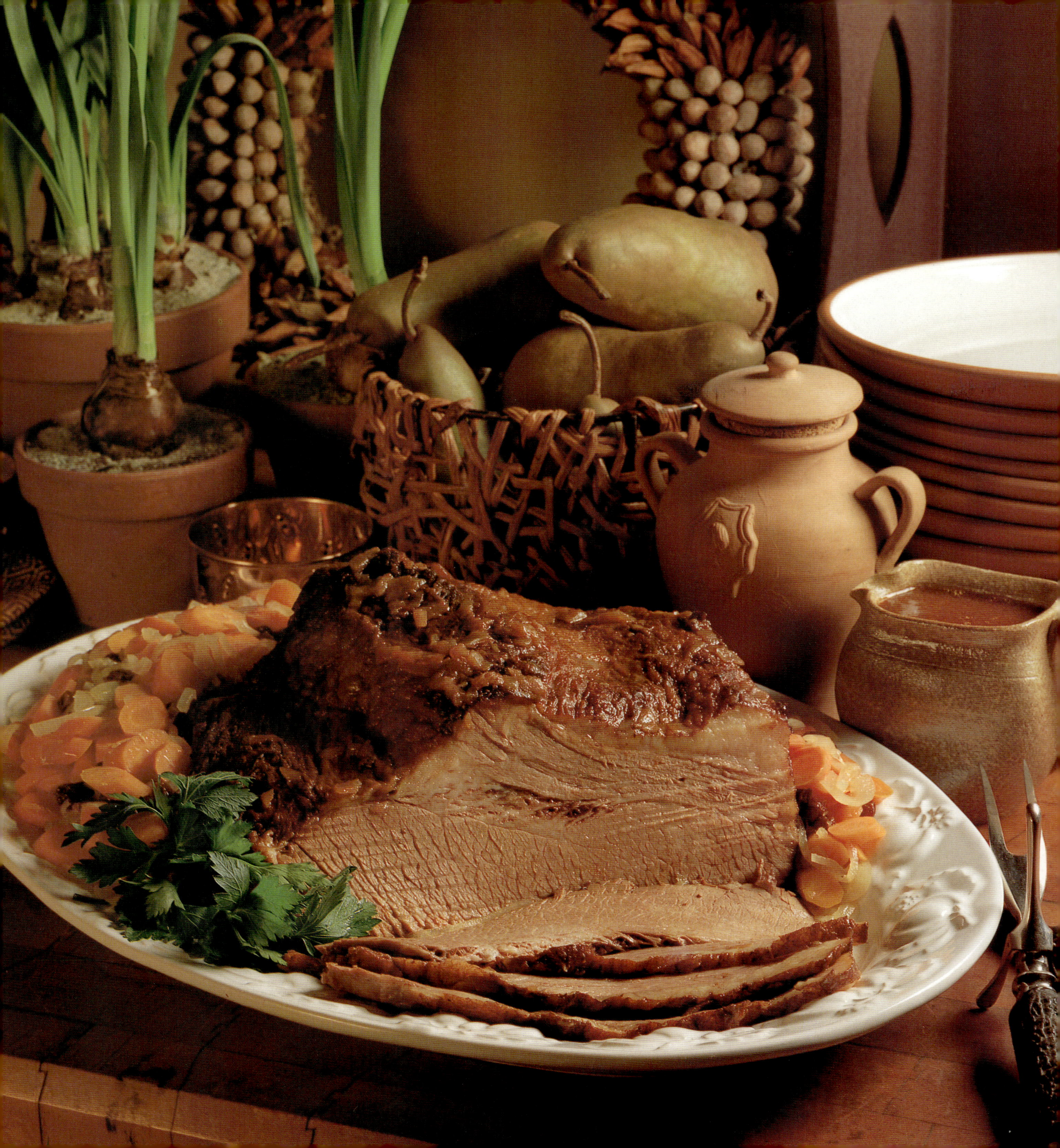

GESCHMORTE RINDERBRUST

Orientalische Gewürze geben der geschmorten Rinderbrust ein exotisches Aroma.

1 Rinderbrust (etwa 5 kg)
125 g Zucker
1 TL geriebene Muskatnuß
1 TL gemahlene Nelken
1 TL germahlener Piment
2 EL gemahlener Pfeffer
1 TL gemahlener Ingwer
6 EL Olivenöl oder
    ausgelassenes Hühnerfett
Salz
1,5 kg Zwiebeln,
    in Würfel geschnitten
500 ml Rinderbrühe
    (oder nach Belieben)
500 ml Tomatenpüree (siehe Glossar)

Das Fleisch in einen großen Glas- oder Plastikbehälter legen. Zucker, Muskatnuß, Nelken, Piment, Pfeffer und Ingwer vermengen und das Fleisch damit einreiben. Zugedeckt 2 Tage im Kühlschrank marinieren, dabei einmal wenden. Das Fleisch aus dem Kühlschrank nehmen und mit Küchenpapier trockentupfen.

In einem großen, schweren Bratentopf 3 EL Öl oder Hühnerfett erhitzen. Das Fleisch mit Salz bestreuen, in den Topf geben und von beiden Seiten anbraten. Herausnehmen und beiseite stellen.

Die restlichen 3 EL Öl oder Hühnerfett in den Topf geben, heiß werden lassen und die Zwiebeln darin etwa 10 Minuten braten, bis sie weich und glasig sind. Das Fleisch wieder in den Topf zu den Zwiebeln geben, die Hitze reduzieren und zugedeckt 2 Stunden schmoren lassen. Falls Fleisch und Zwiebeln nicht genügend Saft abgeben, mit etwas Rinderbrühe auffüllen. Man benötigt etwa 750 ml Flüssigkeit. Das Tomatenpüree unterrühren und das Fleisch noch etwa 1 Stunde garen. Es sollte ganz weich sein und fast zerfallen.

Geschmorte Rinderbrust; Mohrrübengemüse

Das Fleisch aus dem Topf nehmen und auf einem Brett, mit Alufolie bedeckt, 10 Minuten ruhen lassen. Den Bratensaft bei mittlerer Temperatur eventuell noch etwas einkochen lassen. Er sollte eine sämige Konsistenz und einen kräftigen Geschmack haben. Nochmals abschmecken. Das Fleisch entgegen der Faser aufschneiden und mit der Sauce auftragen.

FÜR 12 PERSONEN

MOHRRÜBENGEMÜSE

Man kann das Mohrrübengemüse mit Süßkartoffeln oder getrockneten Früchten auf interessante Weise anreichern.

180 g Rosinen
3 EL Pflanzenöl oder ausgelassenes
    Hühnerfett
2 Zwiebeln, in dünne Scheiben
    geschnitten
24 Mohrrüben, geschält und in etwa
    5 mm dicke Scheiben geschnitten
125 g Honig
Geriebene Schale von 2 Zitronen
Hühnerbrühe oder Wein
Salz und frisch gemahlener Pfeffer

Die Rosinen mit heißem Wasser bedecken und etwa 10 Minuten einweichen. Herausnehmen und abtropfen lassen, das Einweichwasser für die Zubereitung des Gemüses beiseite stellen.

Öl oder Hühnerfett in einem großen Topf erhitzen. Die Zwiebeln darin weich braten. Mohrrüben, Honig und Zitronenschale zugeben und mit dem Einweichwasser der Rosinen und Brühe oder Wein bedecken. Aufkochen lassen, die Hitze reduzieren und das Gemüse zugedeckt in etwa 10–15 Minuten gar kochen. Dabei eventuell etwas Flüssigkeit zugießen. 5 Minuten vor Ende der Garzeit die Rosinen unterrühren und das Gemüse mit Salz und Pfeffer abschmecken.

FÜR 12 PERSONEN

Schokoladentaler, gelt genannt, sind ein beliebtes Chanukka-Geschenk für Kinder. Hier dienen sie als Tischdekoration.

Hausgemachte Marmelade als Geschenk für die Gäste: Wenn Sie künstlerisches Talent haben, zeichnen Sie die Etiketten selbst, wenn nicht, können Sie auch Abziehbildchen mit den Abbildungen der Früchte aufkleben.

PEKANNUSSKUCHEN

Der Kuchen wird mit Mandarinenschale und -saft aromatisiert und mit Mandarinen-Sorbet serviert. Man kann ihn nach Belieben auch mit Schlagsahne verzieren.

375 g Pekannüsse, gehackt
375 g Zucker
10 Eier, getrennt
125 ml frisch gepreßter Mandarinensaft
Geriebene Schale von 3 Mandarinen
60 g Mehl, gesiebt
½ TL Salz
1 TL gemahlener Zimt
Orangeat, in kleine Würfel geschnitten (nach Belieben)

Den Backofen auf 180 °C vorheizen. Eine Savarin- oder Kranzform mit Öl ausstreichen, mit Mehl bestäuben und beiseite stellen.

Die Nüsse mit 125 g Zucker so fein wie möglich im Mixer oder in der Küchenmaschine zerkleinern, es darf aber keine Paste entstehen.

In eine Rührschüssel Eigelb und weitere 125 g Zucker geben und einige Minuten mit dem Schneebesen im Wasserbad aufschlagen. Aus dem Wasserbad nehmen und mit einem Handrührgerät bei hoher Drehzahl in etwa 8 Minuten zu einer dicken hellgelben Creme aufschlagen. Mandarinensaft und -schale unterrühren.

In einer Schüssel gemahlene Pekannüsse mit Mehl, Salz und Zimt vermengen und nach und nach unter die Eigelbmasse heben.

In einer großen Rührschüssel das Eiweiß zu Schnee aufschlagen, dabei nach und nach den restlichen Zucker einrieseln lassen. Den Eischnee unter den Teig heben, nach Belieben das Orangeat unterrühren und den Teig in die vorbereitete Form geben. In den vorgeheizten Ofen schieben und etwa 45 Minuten backen. Zur Garprobe mit einem kleinen Metallspießchen oder einem Zahnstocher in die Mitte des Kuchens stechen: Bleibt kein Teig daran kleben, ist der Kuchen gar, und man kann ihn aus dem Ofen nehmen. In der Form abkühlen lassen. Zum Servieren den Kuchen auf eine Platte stürzen und in Scheiben schneiden.

ERGIBT EINEN KUCHEN VON 25 CM DURCHMESSER

MANDARINEN-SORBET

Die Mandarinen sollten vor dem Entsaften geschält werden.

1 l frisch gepreßter Mandarinensaft
375 g Zucker
1 EL frisch gepreßter Zitronensaft
2 EL geriebene Mandarinenschale

In einen kleinen Topf 500 ml Mandarinensaft und den Zucker geben. Köcheln lassen, bis sich der Zucker aufgelöst hat. Dabei gelegentlich umrühren. Vom Herd nehmen und abkühlen lassen. Den restlichen Mandarinen- und den Zitronensaft sowie die Mandarinenschale unterrühren, in die Eismaschine geben und das Sorbet nach Gebrauchsanweisung des Geräteherstellers fertigstellen.

Pekannußkuchen; Mandarinen-Sorbet

BUFFET IM NOVEMBER

131

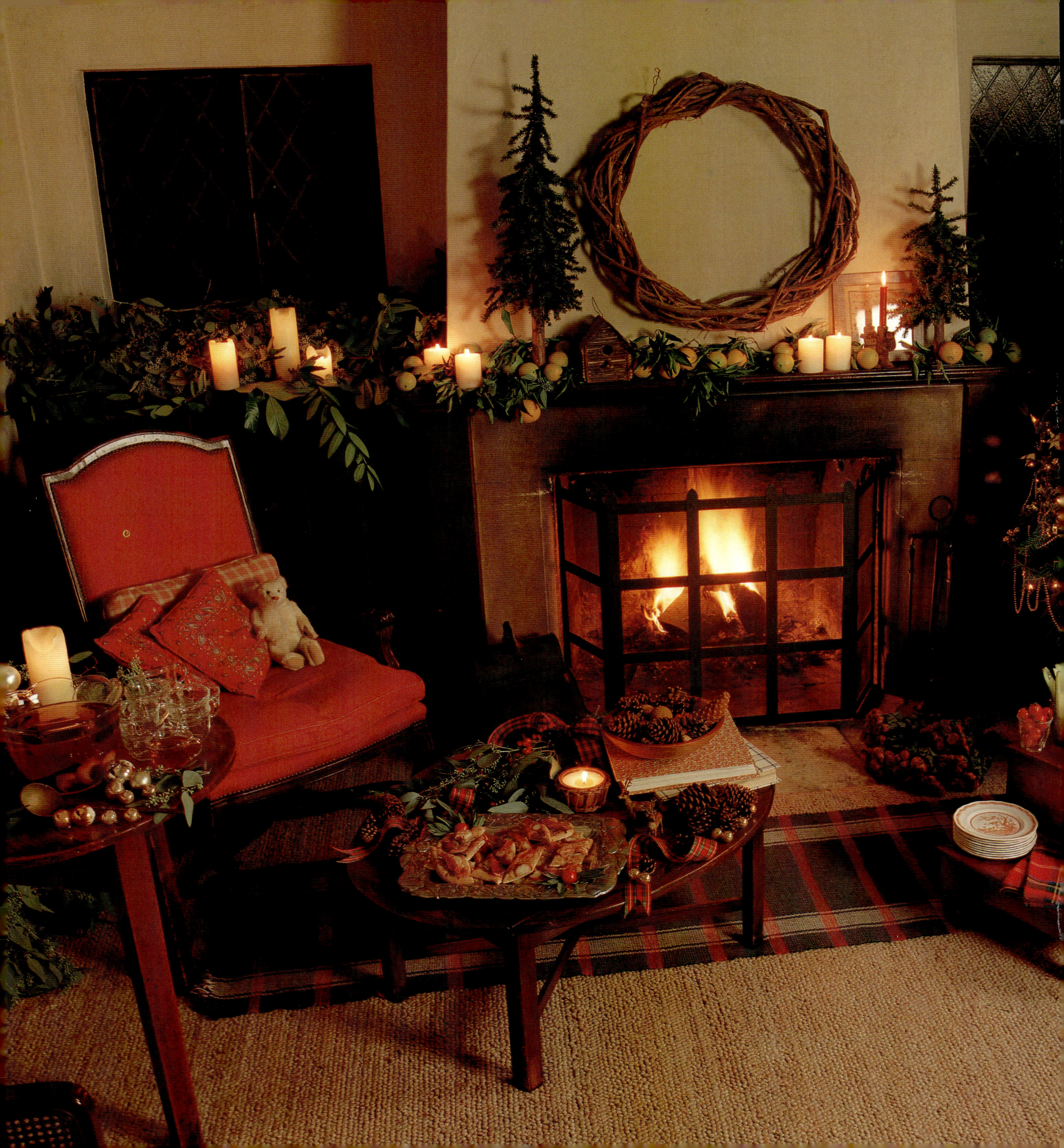

Einladung zum Advent

In der stillen vorweihnachtlichen Zeit des Dezembers widmet man sich gerne seinen engsten Freunden und der Familie. Eine intime kleine Feier mit nicht allzu vielen Gästen paßt zur Beschaulichkeit des Advents und zur Vorfreude auf das Weihnachtsfest. Damit auch in der Küche keine Hektik aufkommt, bietet sich ein Buffet mit kleinen kalten und warmen Speisen an, die sich größtenteils im voraus zubereiten lassen.

Wir laden zum Advent ins Wohnzimmer ein, wo sich die Gäste zwanglos und bequem um den Kamin herum versammeln können. Der Zimmerschmuck aus Tannenzapfen, Stechpalmen- und Mistelzweigen, Kränzen aller Größen und vielen, vielen brennenden Kerzen erzeugt eine gemütliche, fröhliche vorweihnachtliche Stimmung, ebenso das lodernde Kaminfeuer, das bei frostiger Witterung schon einige Stunden lang brennen sollte.

Das Menü des Adventbuffets, das auf 18 Personen zugeschnitten ist, soll in erster Linie die Gäste, die aus der Kälte kommen, aufwärmen und ist dementsprechend herzhaft ausgelegt. Dennoch gibt es leichte Kleinigkeiten für jene, die »nur ein wenig naschen« wollen, und Gehaltvolles für die, die einen guten Appetit mitgebracht haben. Benutzen Sie Kaffee- und Beistelltischchen und andere Abstellflächen im Wohn-, Eß- oder Arbeitszimmer, um ihre Speisen anzurichten. Pizzas, Crêpes und die Ente können dann später, wenn die Feier in Gang ist, direkt aus dem Ofen aufgetragen werden. Neben Wein können Sie auch, der Jahreszeit entsprechend, Kakao und Glühwein als Getränke reichen.

Menü

Ein Bowlengefäß mit Apfelweinpunsch, mit Zitronenschale, Zucker und aromatischen Gewürzen zubereitet, ist ein warmer Willkommensgruß an die Gäste.

WEINEMPFEHLUNGEN

Sie sollten sowohl Weiß- wie Rotweine anbieten. Wir empfehlen einen aromatischen, würzigen, erdigen und ausdrucksvollen Weißwein wie einen französischen Pouilly Fumé oder einen Gavi aus dem Piemont. Ein einfacher roter französischer Landwein wie Madiran oder Corbières, ein guter Valpolicella oder ein australischer Shiraz paßt ebenfalls zu unserem Advents-Menü. Zum Dessert schmeckt ein süßer Madeira oder ein lieblicher spanischer Sherry.

EINLADUNG ZUM ADVENT

Knuspergebäck

Käsecreme mit Kräutern

Bauern-Terrine

✦

Pizza mit Kartoffeln und Zwiebeln

Gefüllte Crêpes mit Pilzen

Ente mit Linsen

✦

Maronentorte mit Schokoladen-Mokka-Buttercreme

Ein Vogelhaus aus Holz, von Pinienzapfen, Orangen, Tannenzweigen und Preiselbeeren umgeben, steht im Mittelpunkt dieser winterlichen Miniatur-Szene. Das winzige Vogelnest ist mit Eiern gefüllt.

VORBEREITUNGSLISTE

◆ Bis zu 2 Wochen im voraus die Bauern-Terrine zubereiten.

◆ Das Gebäck bis zu 2 Tage im voraus backen und in einem luftdichten Behälter aufbewahren; die Käsecreme herstellen und in den Kühlschrank stellen.

◆ Einen Tag vor dem Fest die Enten braten und zerteilen; die Linsen zubereiten und beides getrennt im Kühlschrank aufbewahren.

◆ Am Morgen des Festes die Crêpes backen und in den Kühlschrank stellen. Die Maronentorte backen und ebenfalls im Kühlschrank aufbewahren.

◆ Einige Stunden im voraus den Pizza-Teig herstellen und den Belag vorbereiten. Die Pizza wird kurz vor dem Servieren gebacken.

DAS MENÜ IST FÜR 18 PERSONEN BERECHNET. BEI EINER GERINGEREN ANZAHL VON GÄSTEN WERDEN WENIGER GERICHTE SERVIERT.

Servietten mit einem Karomuster in den traditionellen Weihnachtsfarben werden so gefaltet, daß sie als Behältnis für Bestecke dienen (siehe Seite 183).

Knackig frische Gemüse erfreuen sich immer großer Beliebtheit, besonders dann, wenn man sie im Rahmen eines üppigen Festtagsmahls serviert. Hier sind Gurken und Mohrrüben, in Streifen geschnitten, Chicoréeblätter, Frühlingszwiebeln und Cocktail-Tomaten in alten Gläsern oder in dekorativen Marmeladengläsern neben dem Gebäck und der Käsecreme angerichtet.

KNUSPERGEBÄCK

Sie sollten sich einen kleinen Vorrat an Gebäck für die Adventszeit schaffen, indem Sie die doppelte Portion backen. Das Gebäck läßt sich in einem luftdichten Behälter bis zu 2 Tage aufbewahren oder über längere Zeit einfrieren und im 180 °C heißen Ofen in etwa 5 Minuten knusprig aufbacken.

250 g Butter, zimmerwarm
250 g Zucker
6 Eier
2 EL Aquavit (siehe Glossar)
650 g Mehl
2 TL Salz
1 EL Backpulver
60 g Kreuzkümmel, geröstet und zerstoßen (siehe Glossar)
3 EL Kümmel, geröstet und zerstoßen (siehe Glossar)
250 g Walnüsse, geröstet und gemahlen (siehe Glossar)

Den Backofen auf 180 °C vorheizen. In einer großen Schüssel Butter und Zucker schaumig schlagen. Eier und Aquavit unterrühren. Mehl, Salz, Backpulver, Kreuzkümmel, Kümmel und Walnüsse zugeben und zu einem glatten Teig verarbeiten.

Aus dem Teig vier ovale Laibe formen und diese auf zwei ungefettete Backbleche legen. In den Ofen schieben und in etwa 30 Minuten goldbraun backen. Die Laibe aus dem Ofen nehmen und auf einem Kuchengitter etwa 10 Minuten abkühlen lassen.

Den Backofen auf 120 °C herunterschalten. Die Laibe diagonal in etwa 1 cm dicke Scheiben schneiden und auf dem Backblech auslegen. In den Ofen schieben und 8–10 Minuten, eventuell etwas länger, trocknen lassen. Das Gebäck vollkommen auskühlen lassen.

ERGIBT 48 STÜCK

KÄSECREME MIT KRÄUTERN

Der cremige Käseaufstrich, der von der italienischen, französischen und rumänischen Küche beeinflußt ist, schmeckt – mit Wasserkresse und Gurke garniert – auch gut auf Pumpernickel. Er läßt sich bis zu 2 Tage im voraus zubereiten.

3 EL Olivenöl oder Butter
1 EL feingehackter Knoblauch
500 g milder Ziegenfrischkäse oder Feta, zerbröckelt
250–500 g Ricotta
10 g gehackte Petersilie
10 g Schnittlauchröllchen
2 EL feingehackter frischer Thymian
2 TL frisch gemahlener Pfeffer

In einer kleinen Pfanne Öl oder Butter bei mittlerer Temperatur erhitzen, den Knoblauch hineingeben und in etwa 3 Minuten weich werden, aber nicht Farbe annehmen lassen. In einen Mixer oder in die Küchenmaschine geben, Ziegen- oder Feta-Käse, 250 g Ricotta, Petersilie, Schnittlauchröllchen, Thymian und Pfeffer zugeben und miteinander vermischen. Abschmecken und, falls die Creme zu stark nach Ziegenkäse schmeckt, noch etwas Ricotta unterrühren. In einen kleinen Steinguttopf oder in eine Schüssel füllen und zugedeckt bis zum Servieren im Kühlschrank aufbewahren.

ERGIBT ETWA 1,25 KILOGRAMM

Knuspergebäck; Käsecreme mit Kräutern

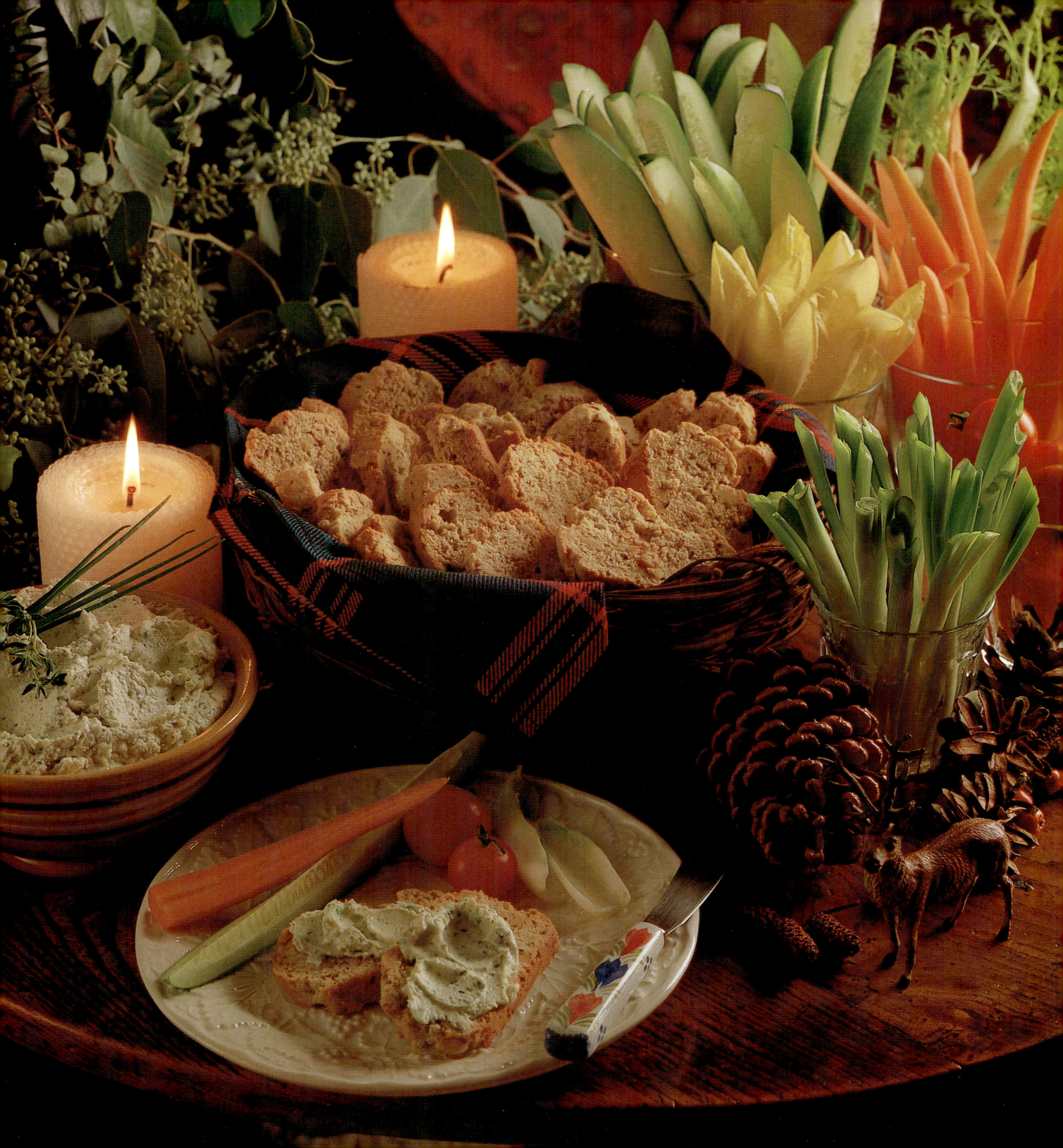

BAUERN-TERRINE

Terrinen werden gewöhnlich im Wasserbad gegart, damit sich die Hitze gleichmäßig verteilt. Nach dem Garen läßt man die Terrine abkühlen und preßt sie anschließend, damit sie eine kompakte Struktur bekommt und sich problemlos in Scheiben schneiden läßt.

500 g Kalbfleisch,
    durch den Fleischwolf gedreht
1 kg Schweineschulter,
    durch den Fleischwolf gedreht
250 g frischer fetter Speck
    oder Flomen, durch die grobe
    Scheibe des Fleischwolfs gedreht
1 kg Hühnerlebern
60 ml Sahne
90 g Mehl
3 Eier
125 ml Cognac oder Armagnac
8 große Knoblauchzehen
1 TL geriebene Muskatnuß
½ TL gemahlener Piment
½ TL gemahlener Ingwer
½ TL gemahlener Zimt
4 TL Salz
2 TL frisch gemahlener Pfeffer
9–12 Lorbeerblätter

Bauern-Terrine

6 dünne Scheiben frischer fetter Speck
    (jeweils 2 Scheiben sollten groß
    genug sein, um eine Terrine zu
    bedecken)
3 Baguettes, in Scheiben geschnitten
Cornichons

Den Backofen auf 200 °C vorheizen. Drei Formen von etwa 23 x 13 x 7,5 cm Größe mit Öl bestreichen und beiseite stellen. Durch den Fleischwolf gedrehtes Kalb- und Schweinefleisch sowie Speck oder Flomen in einer Schüssel miteinander vermengen. Hühnerleber, Sahne, Mehl, Eier, Cognac oder Armagnac, Knoblauch, Muskatnuß, Piment, Ingwer, Zimt, Salz und Pfeffer in der Küchenmaschine oder nach und nach im Mixer pürieren. In die Schüssel zum gehackten Fleisch geben und alles gründlich vermischen.

Den Fleischteig in die vorbereiteten Formen geben, mit einigen Lorbeerblättern belegen und mit jeweils 2 Scheiben Speck bedecken. Überstehenden Speck wegschneiden und die Formen mit einer doppelten Lage Alufolie abdecken. Die Terrinen im heißen Wasserbad (sie sollten halbhoch im Wasser stehen) etwa 2 Stunden garen.

Die Alufolie entfernen, aber nicht wegwerfen, und die Terrinen weitere 20 Minuten im Ofen garen, bis die Oberfläche leicht gebräunt ist. Aus dem Ofen nehmen, abkühlen lassen und mit der Alufolie bedecken. Auf die Terrinen etwas kleinere Formen setzen, diese mit schweren Konservendosen oder sonstigen Gewichten beschweren. Die Terrinen in den Kühlschrank stellen. Man kann sie etwa 2 Wochen im Kühlschrank aufbewahren. Zum Servieren die Bauern-Terrinen aus den Formen nehmen, in Scheiben schneiden und mit Baguettes und Cornichons auftragen.

Ergibt 3 Terrinen

PIZZA MIT KARTOFFELN UND ZWIEBELN

Man kann den italienischen Schinken durch einen anderen in dünne Scheiben geschnittenen Schinken ersetzen und belegt die Pizza erst nach dem Backen damit.

Für den Teig:

1 EL Trockenhefe
300 ml warmes Wasser (etwa 40 °C)
550 g Mehl
50 g Roggen- oder Buchweizenmehl
    (kann durch 60 g normales Mehl
    ersetzt werden)
2 EL Olivenöl
1 TL Salz
3 EL feingehackter Rosmarin

Für den Belag:

8 kleine neue rotschalige Kartoffeln
6 EL Olivenöl
4 große Zwiebeln, in dünne Scheiben
    geschnitten
Salz und frisch gemahlener Pfeffer
125 g italienischer luftgetrockneter
    Schinken, in lange, dünne Streifen
    geschnitten (nach Belieben)
Maismehl zum Bestäuben des
    Backbleches
1 EL feingehackter Knoblauch
125–200 g Mozzarella,
    in kleine Würfel geschnitten
2 EL gehackter Salbei oder Rosmarin
60 g frisch geriebener Parmesan

Pizza mit Kartoffeln und Zwiebeln

Für den Teig die Hefe in einer Rührschüssel in 125 ml warmem Wasser auflösen, mit 75 g Mehl bestäuben und glattrühren. Zugedeckt etwa 30 Minuten gehen lassen.

Das restliche Mehl, Buchweizenmehl, restliches Wasser, Olivenöl, Salz und Rosmarin zugeben und gut miteinander verrühren. Den Teig mit dem Handrührgerät bei niedriger Drehzahl kneten, bis er sich vom Schüsselrand löst. Man kann ihn natürlich auch mit den Händen auf einer bemehlten Arbeitsfläche bearbeiten. Den Teig dann etwa 10 Minuten durchkneten, bis er nicht mehr klebrig ist. In eine eingeölte Schüssel geben, mit einem Tuch bedecken und an einem warmen Platz etwa 1 Stunde gehen lassen, bis der Teig sein doppeltes Volumen erreicht hat.

In der Zwischenzeit den Backofen auf 200 °C vorheizen und den Belag vorbereiten. Dafür die Kartoffeln in eine kleine feuerfeste Form geben, mit 1 Eßlöffel Olivenöl bestreichen und mit Salz und Pfeffer würzen. Die Kartoffeln etwa 25–30 Minuten im Ofen garen; sie sollten noch Biß haben. Abkühlen lassen, danach in etwa 6 mm dicke Scheiben schneiden.

3 Eßlöffel Olivenöl erhitzen und die Zwiebeln darin glasig und weich oder nach Wunsch auch goldbraun werden lassen. Mit Salz und Pfeffer würzen, den Schinken unterrühren und beiseite stellen.

Den Teig auf einer leicht bemehlten Arbeitsfläche zu einer Kugel formen und zugedeckt nochmals etwa 30 Minuten im Kühlschrank ruhen lassen. In der Zwischenzeit den Backofen auf 240 °C vorheizen. Den Teig aus dem Kühlschrank nehmen und zu einem großen Rechteck ausrollen. Ein Backblech mit Maismehl bestäuben und mit dem Teig belegen. Den Knoblauch mit den restlichen 2 Eßlöffeln Öl vermischen und den Teig damit bestreichen. Die Mozzarella-Würfel darüber verteilen und mit Zwiebeln und Kartoffeln belegen. Mit gehacktem Salbei oder Rosmarin und geriebenem Parmesan bestreuen und in den Ofen schieben. Etwa 10–12 Minuten backen. Der Teig sollte aufgegangen und die Ränder goldbraun sein. Die Teigränder nach Belieben mit zusätzlichem Olivenöl bestreichen, damit sie schön glänzen.

FÜR 18 PERSONEN

GEFÜLLTE CRÊPES MIT PILZEN

In diesem von der russischen Küche beeinflußten Gericht werden dünne Pfannkuchen mit einer Pilzfarce gefüllt und zu kleinen Päckchen gefaltet.

FÜR DEN TEIG:

250 ml kaltes Wasser
250 ml kalte Milch
4 Eier
½ TL Salz
250 g Mehl
60 g zerlassene Butter

FÜR DIE FÜLLUNG:

8 EL (125 g) Butter
300 g Zwiebeln, feingehackt
750 g frische Pilze, grobgehackt
2 TL feingehackter Knoblauch
4 TL gehackter frischer Thymian oder
    5 EL gehackter Dill
3–4 EL Mehl
90 ml Madeira oder Sherry
125 ml Hühnerbrühe (nach Belieben)
Salz und frisch gemahlener Pfeffer
Butter zum Backen

ZUM BRATEN UND SERVIEREN DER CRÊPES:

180 g Butter
Saure Sahne (nach Belieben)

Für die Crêpes Wasser, Milch, Eier und Salz in einen Mixer oder in die Küchenmaschine geben. Mehl und zerlassene Butter zugeben und zu einem glatten Teig verarbeiten. Den Teig zugedeckt etwa 2 Stunden im Kühlschrank ruhen lassen.

Eine kleine Crêpe-Pfanne oder eine kleine beschichtete Pfanne leicht mit Butter bestreichen und bei mittlerer Temperatur auf den Herd stellen. 2 Eßlöffel Teig hineingeben, die Pfanne schwenken, damit der Teig sich gleichmäßig über den Boden verteilt, und 1–2 Minuten backen. Mit einem Spatel vom Boden lösen, die Crêpe wenden und auf der anderen Seite etwa 1/2 Minute braten. Aus der Pfanne auf eine Platte gleiten lassen. Mit dem restlichen Teig ebenso verfahren. Die gebackenen Pfannkuchen auf der Platte aufeinanderschichten.

Für die Füllung 3 Eßlöffel Butter in einer Pfanne bei mittlerer Temperatur erhitzen, die Zwiebeln hineingeben und in etwa 10 Minuten glasig und weich werden lassen. Aus der Pfanne nehmen und beiseite stellen. Die restlichen 5 Eßlöffel Butter in die Pfanne geben und die Pilze darin in kleineren Portionen bei sehr starker Hitze etwa 5 Minuten braten. Sie sollen beim Braten nicht zuviel Flüssigkeit abgeben. Alle Pilze wieder in die Pfanne geben, Knoblauch zufügen und 1 Minute schmoren lassen. Zwiebeln, Thymian oder Dill und Mehl zugeben und weitere 3 Minuten unter ständigem Rühren anschwitzen lassen. Madeira oder Sherry zugießen und das Ganze 3–4 Minuten köcheln lassen. Falls die Mischung zu trocken ist, etwas Hühnerbrühe zugießen. Mit Salz und Pfeffer abschmecken.

Zum Fertigstellen der Crêpes 2 gehäufte Eßlöffel Füllung in die Mitte jedes Pfannkuchens setzen. Die Seiten einschlagen und die Pfannkuchen zu kleinen Päckchen zusammenfalten. Mit den restlichen Crêpes ebenso verfahren. In einer Pfanne etwa 2 Eßlöffel Butter heiß werden lassen, sechs gefüllte Crêpes hineingeben und von beiden Seiten goldbraun braten. Aus der Pfanne nehmen, mit Alufolie bedecken und warm stellen. Mit den restlichen Crêpes ebenso verfahren. Nach Bedarf jeweils etwas Butter zugeben. Nach Belieben mit saurer Sahne auftragen.

ERGIBT 36 STÜCK

ENTE MIT LINSEN

Brät man die Enten für dieses aus der traditionellen französischen und italienischen Küche stammende Wintergericht auf dem Rost, statt sie im eigenen Saft zu schmoren, verlieren sie mehr Fett und sind leichter verdaulich. Unsere Backöfen sind meist so bemessen, daß man jeweils nur zwei Enten auf einmal darin braten kann.

FÜR DIE ENTEN:

6 Enten (von je 2,5 kg), Hälse und
    Flügel entfernt und beiseite gestellt,
    überschüssiges Fett entfernt
12 Knoblauchzehen, feingehackt
Geriebene Schale von 6 großen
    Zitronen
2 EL Salz
2 EL frisch gemahlener Pfeffer
12 Zweige frischer Thymian
    oder Majoran
3 Zitronen, in Viertel geschnitten

FÜR DIE LINSEN:

1,25 kg Linsen, vorzugsweise
    grüne französische Puy-Linsen
3,5 l Wasser
125 g Butter
6 große Zwiebeln (etwa 750 g),
    geschält und in kleine Würfel
    geschnitten
6 große Mohrrüben (etwa 750 g),
    geschält und in kleine Würfel
    geschnitten
3 Stangen Sellerie, in etwa ½ cm große
    Würfel geschnitten
2 EL feingehackter Knoblauch
1 TL gemahlener Zimt
2 TL gemahlener Kreuzkümmel
4 grüne säuerliche Äpfel, geschält,
    entkernt und in kleine Würfel
    geschnitten
500 ml Hühnerbrühe
20 g Petersilie, gehackt
3 EL gehackter frischer Thymian
    oder Majoran
2 EL geriebene Zitronenschale
Salz und frisch gemahlener Pfeffer

EINLADUNG ZUM ADVENT

Für die Enten den Backofen auf 240 °C vorheizen. Jeweils 2 Enten auf einen Rost über eine große Bratenpfanne setzen. Die Enten von allen Seiten gleichmäßig mit einer Gabel einstechen. Knoblauch, Zitronenschale, Salz und Pfeffer miteinander verrühren und die Enten von innen und außen damit einreiben. Die Vögel mit den Kräutern und Zitronenvierteln füllen und etwa 1 Stunde im Ofen braten, bis ihr Fleisch zart und ihre Haut knusprig und braun ist. Zur Garprobe mit einem kleinen Metallspieß hineinstechen. Tritt der Fleischsaft klar heraus, sind die Enten gar und können aus dem Ofen genommen werden. Die Vögel etwas abkühlen lassen, mit einer Geflügelschere vierteln, dabei das Rückgrat entfernen. Beiseite stellen.

In der Zwischenzeit Linsen und Wasser in einen großen Topf geben und zum Kochen bringen. Die Hitze reduzieren und die Linsen zugedeckt gar kochen; sie sollten nicht zerfallen. Braune Linsen benötigen eine Garzeit von etwa 20 Minuten, grüne etwa 25–40 Minuten. Dabei alle 5–10 Minuten prüfen, ob das Gemüse den richtigen Garpunkt erreicht hat. Vom Herd nehmen und beiseite stellen.

Die Butter in einem großen Topf erhitzen. Zwiebeln, Mohrrüben und Sellerie hineingeben und bei mittlerer Temperatur unter gelegentlichem Rühren etwa 15 Minuten schmoren lassen. Knoblauch, Zimt, Kreuzkümmel und Äpfel unterrühren. Nach etwa 1–2 Minuten die Linsen samt ihrer Kochflüssigkeit sowie Brühe, Kräuter und Zitronenschale zugeben und das Ganze zugedeckt etwa 5 Minuten köcheln lassen. Mit Salz, Pfeffer und den Gewürzen abschmecken. Bis zu diesem Arbeitsgang können Enten und Linsen bis zu einem Tag im voraus zubereitet und getrennt im Kühlschrank aufbewahrt werden.

Kurz vor dem Servieren die zerteilten Enten und die Linsen in eine große feuerfeste Form geben, mit Alufolie bedecken und in etwa 25 Minuten in dem auf 200 °C vorgeheizten Ofen sehr heiß werden lassen.

FÜR 18 PERSONEN

Gefüllte Crêpes mit Pilzen; Ente mit Linsen

Maronentorte mit Schokoladen-Mokka-Buttercreme

Maronen werden mit einer Schokoladen-Mokka-Buttercreme zu einem gehaltvollen Dessert verarbeitet. Glasierte Maronen bekommt man bei uns in gutsortierten Delikatessengeschäften oder in italienischen Lebensmittelläden.

FÜR DIE TORTE:

6 große Eier, getrennt

375 g Zucker

1 EL Vanille-Essenz

500 g Maronenpüree, durch ein Sieb passiert

125 g gemahlene Mandeln

FÜR DIE
SCHOKOLADEN-MOKKA-BUTTERCREME:

250 g halbbittere Schokolade

60 ml starker Kaffee

4 Eigelb

250 g Zucker

90 ml Wasser

375 g Butter, in kleine Stücke geschnitten

3 EL Rum

ZUM GARNIEREN:

Ganze glasierte Maronen

Den Backofen auf 180 °C vorheizen. Zwei Springformen von etwa 20 cm Durchmesser mit Butter bestreichen und mit Mehl bestäuben.

Das Eigelb und 250 g Zucker in eine Rührschüssel geben und einige Minuten im heißen Wasserbad aufschlagen. Aus dem Wasserbad nehmen und mit einem elektrischen Handrührgerät bei hoher Drehzahl in etwa 8 Minuten zu einer sehr dicken hellgelben Masse aufschlagen. Vanille-Essenz, Maronenpüree und Mandeln unterrühren.

Das Eiweiß zu steifem Schnee aufschlagen, dabei die restlichen 125 g Zucker einrieseln lassen. Ein Drittel des Eischnees unter den Teig heben, danach den Rest. Den Teig gleichmäßig auf die beiden vorbereiteten Springformen verteilen und im vorgeheizten Ofen etwa 40–50 Minuten backen, bis die Oberfläche goldgelb ist und der Kuchen sich vom Rand löst. Aus dem Ofen nehmen und in der Form auf einem Kuchengitter abkühlen lassen. Den Kuchen mit einem Messer aus der Form lösen und den Rand abnehmen.

Für die Buttercreme die Schokolade mit dem Kaffee im heißen Wasserbad schmelzen lassen. Herausnehmen und warm stellen. Das Eigelb in eine Rührschüssel geben und im heißen Wasserbad einige Minuten aufschlagen. Aus dem Wasserbad nehmen und mit einem Handrührgerät bei hoher Drehzahl zu einer dicken hellgelben Masse aufschlagen.

In der Zwischenzeit Zucker und Wasser in einem kleinen Topf bei starker Hitze aufkochen lassen. Den Zucker unter Rühren auflösen und schnell karamelisieren lassen. Zeigt das Zucker-Thermometer eine Temperatur von etwa 110 °C an, den Karamel vom Herd nehmen und mit dem Handrührgerät bei niedriger Drehzahl unter die Eigelbmasse rühren. Die geschmolzene Schokolade, nach und nach die Butter und zum Schluß den Rum unterrühren. Die Buttercreme in den Kühlschrank stellen, damit sie etwas fester wird und man sie gut verstreichen kann.

Zum Fertigstellen einen Teigboden auf eine Platte legen, mit einer Lage Buttercreme bestreichen und mit dem zweiten Boden bedecken. Kuchenoberfläche und -seiten mit Buttercreme bestreichen und die Torte zum Festwerden in den Kühlschrank stellen. Die Torte aus dem Kühlschrank nehmen, Zimmertemperatur annehmen lassen, mit glasierten Maronen garnieren und servieren.

FÜR 18 PERSONEN

Wenn Kinder unter Ihren Gästen sind, können Sie für sie Becher mit Schokolade und Lebkuchenmännchen zum Nachtisch bereitstellen.

Maronentorte mit Schokoladen-Mokka-Buttercreme

EINLADUNG ZUM ADVENT

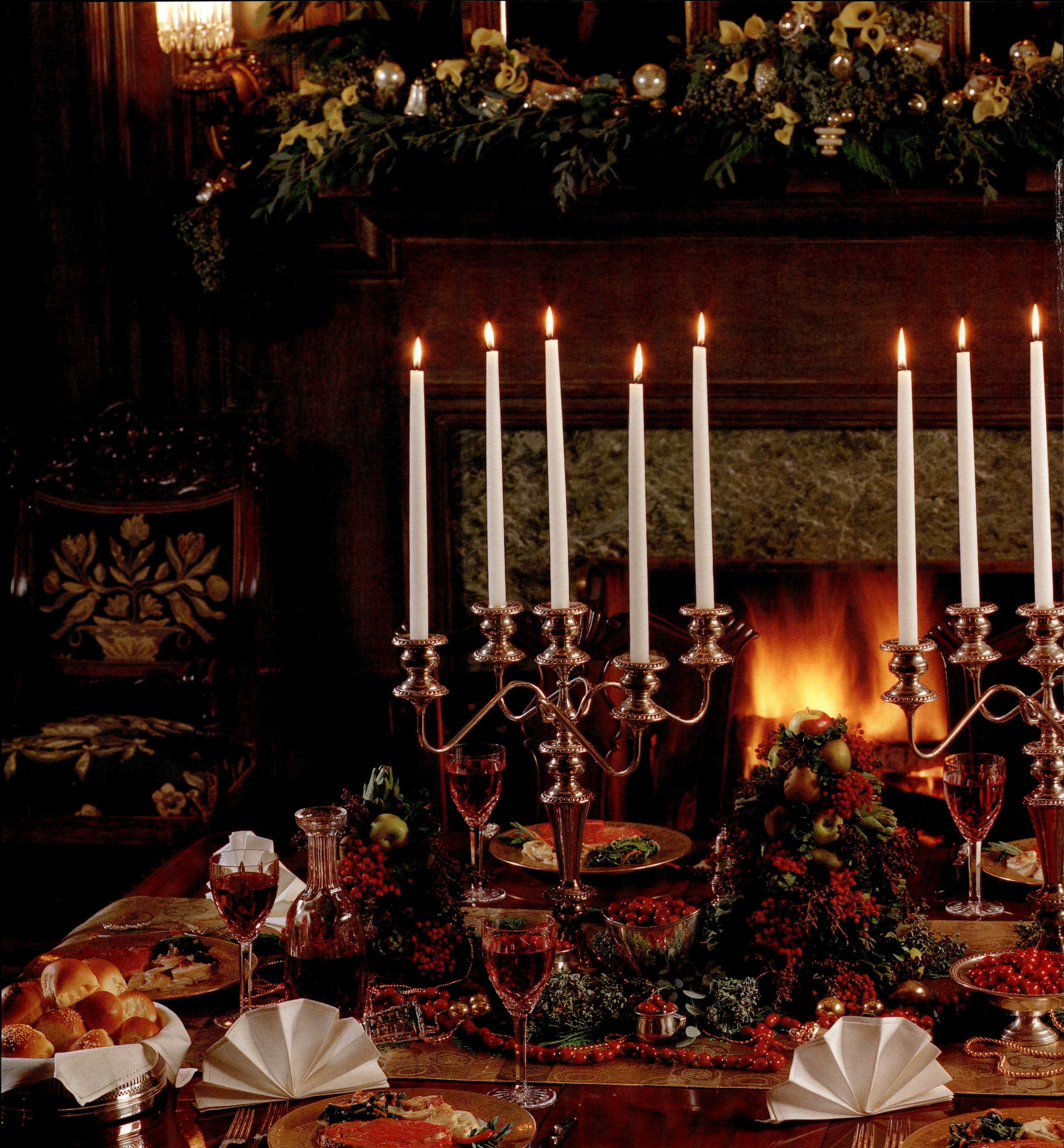

WEIHNACHTS-ESSEN

Keiner anderen Mahlzeit während des ganzen Jahres widmet man soviel Aufmerksamkeit wie dem Weihnachtsessen. Egal ob es am Heiligabend oder ersten Weihnachtstag stattfindet, es ist ein Ereignis, das lange im Gedächtnis haften bleibt und an dem man sich an frühere Weihnachten erinnert. Viele Familien zelebrieren das Weihnachtsessen nach einem über Generationen hin überlieferten Ritual; auch das folgende Weihnachtsmenü orientiert sich an ehrwürdigen alten Traditionen aus verschiedenen Ländern.

Unser Weihnachtsessen findet in einem festlich geschmückten Eßzimmer vor dem Kaminfeuer statt. Um die wunderschöne Holzmaserung des Tisches nicht zu verdecken, ist nur seine Mitte mit einem Tischläufer belegt. Man könnte ihn auch mit einer Schärpe schmücken. Tisch und Kaminsims sind mit Gebinden aus Calla und verschiedenen immergrünen Zweigen sowie Silberschälchen, die mit Preiselbeeren und farbigen Perlschnüren gefüllt sind, dekoriert. Als Tischaufsatz dient eine kleine Pyramide, die wie ein Weihnachtsbaum geschmückt ist und die man leicht selbst herstellen kann (siehe Seite 185). Auch die Beistelltischchen können mit kleineren Weihnachtspyramiden dekoriert werden.

Weihnachtsessen

Goldverzierte Platzteller aus Porzellan, frische Preiselbeeren und verschiedenfarbige Perlenschnüre sorgen für den festlichen weihnachtlichen Glanz.

Das Weihnachtsmenü ist von europäischen Rezepten inspiriert, die von Generation zu Generation weitergegeben wurden.
Es spiegelt die Vielfalt unterschiedlicher Kochstile wider – Vorspeise und Dessert stammen aus der französischen, der Salat und die Beilagen aus der italienischen und das Roastbeef natürlich aus der englischen Küche. Soll die Beschaulichkeit der Weihnachtsfeiertage keinen Schaden nehmen, sollten Sie Ihr Weihnachtsmenü rechtzeitig planen und organisieren. Vertiefen Sie sich schon einige Wochen vorher in die Vorbereitungsliste und die Rezepte. Bestellen Sie vor allem das Roastbeef, das gut abgehangen sein muß, schon beizeiten bei einem guten Metzger.

Menü

Kleiner Aufwand, große Wirkung: Ein Gebinde aus Tannenzweigen, verschiedenem Grün und Calla ist mit goldenen Weihnachtskugeln geschmückt.

Zwiebelkuchen

*Salat von Radicchio,
Fenchel und Walnüssen*

❦

Roastbeef mit Senf- und Pfefferkruste

*Grünes Blattgemüse
mit Pancetta und Minze*

Kartoffel-Gratin mit Salbei

❦

*Apfel-Charlotte mit
Sahnehäubchen und Aprikosensauce*

VORBEREITUNGSLISTE

◆ Am Vortag den Boden für den Zwiebelkuchen backen.

◆ Am Morgen des Weihnachtsessens die Apfel-Charlotte zubereiten, die vor dem Servieren kurz erwärmt und aus der Form gestürzt wird.

◆ Bis zu drei Stunden vor dem Essen das Rindfleisch mit der Gewürzkruste überziehen; die Salatzutaten und das Dressing vorbereiten.

◆ Bis zu 2 Stunden vorher das Gratin vorbereiten.

◆ Kurz vor dem Servieren das Blattgemüse kochen und den Salat anrichten.

WEINEMPFEHLUNGEN

Beginnen Sie das Menü mit einem Weißwein, zum Beispiel einem Elsässer Pinot Gris oder Gewürztraminer, oder, falls Sie einen Rotwein bevorzugen, mit einem Beaujolais oder einem Pinot Noir. Zum Rindfleisch paßt ein eleganter, vollmundiger Bordeaux oder ein alter Châteauneuf-du-Pape. Nach dem Dessert sollten Sie ein Gläschen alten Calvados oder Cognac anbieten.

Als Tischdekoration dient ein kleiner Weihnachtsbaum aus winzigen Birnen, Äpfeln, Artischocken, verschiedenen winterlichen Beeren und grünen Zweigen (Anleitung auf Seite 185).

In einer Kristall-Karaffe mit Facettenschliff kommen das tiefe Rot und die Klarheit des Weins, der das Weihnachtsessen begleitet, besonders schön zur Geltung.

ZWIEBELKUCHEN

Diese klassische französische quiche wird zum Servieren in Stücke geschnitten und mit dem Radicchio-Fenchel-Salat als Vorspeise aufgetragen.

1 Mürbeteigboden
   (Rezept auf Seite 177)
750 g große Zwiebeln
60 g Butter
2 EL Öl
Salz, frisch gemahlener Pfeffer
   und geriebene Muskatnuß
4 Eier
375 ml Sahne

Den Teig ausrollen und eine Pie-Form von etwa 23 cm Durchmesser damit auskleiden. Überstehenden Teig wegschneiden. Die Form etwa 30 Minuten oder über Nacht in den Kühlschrank stellen.
   Die Zwiebeln schälen, vierteln und in dünne Scheiben schneiden. In einem großen Topf Butter und Öl bei mittlerer Temperatur erhitzen und die Zwiebeln darin unter gelegentlichem Rühren etwa 30 Minuten goldbraun braten. Mit Salz, Pfeffer und Muskatnuß würzen.
   Den Backofen auf 190 °C vorheizen. Die Zwiebeln gleichmäßig auf dem Teigboden verteilen. In einer Schüssel Eier und Sahne verquirlen und mit Salz und Pfeffer würzen. Die Masse über die Zwiebeln gießen und den Zwiebelkuchen im mittleren Einschub des Ofens etwa 30–40 Minuten backen. Die Eimasse sollte gestockt und die Oberfläche des Kuchens goldgelb sein. Den Zwiebelkuchen 10 Minuten ruhen lassen, aufschneiden und mit dem Salat (Rezept siehe nachfolgend) servieren.

ERGIBT EINEN KUCHEN
VON ETWA 23 CM DURCHMESSER

SALAT VON RADICCHIO, FENCHEL UND WALNÜSSEN

Durch seine leicht bitteren wie auch lieblichen Aromen ist dieser von der italienischen Küche beeinflußte Salat ein reizvoller Kontrast zum Zwiebelkuchen.

3 Köpfe Radicchio-Salat
3 kleine Knollen Fenchel
6 EL Walnußöl, erhitzt
2 EL Olivenöl
3–4 EL Balsamico-Essig
Salz und frisch gemahlener Pfeffer
125 g geröstete Walnüsse
   (siehe Glossar)

Vom Radicchio den Stielansatz wegschneiden und die Blätter lösen. Gründlich waschen und gut abtropfen lassen. Den Fenchel putzen, Stiele entfernen und die Knollen vierteln. Den harten inneren Kern und unschöne äußere Blätter entfernen und den Fenchel in dünne Scheiben schneiden.
   In einer Schüssel Walnuß- und Olivenöl und Essig miteinander verrühren und mit Salz und Pfeffer abschmecken. Die Walnüsse etwa 15 Minuten in 60 ml Vinaigrette marinieren. Radicchio, Fenchel und Walnüsse mit der restlichen Vinaigrette vermischen, den Salat auf 6 Teller verteilen und mit dem Zwiebelkuchen auftragen.

FÜR 6 PERSONEN

*Zwiebelkuchen;
Salat von Radicchio, Fenchel und Walnüssen*

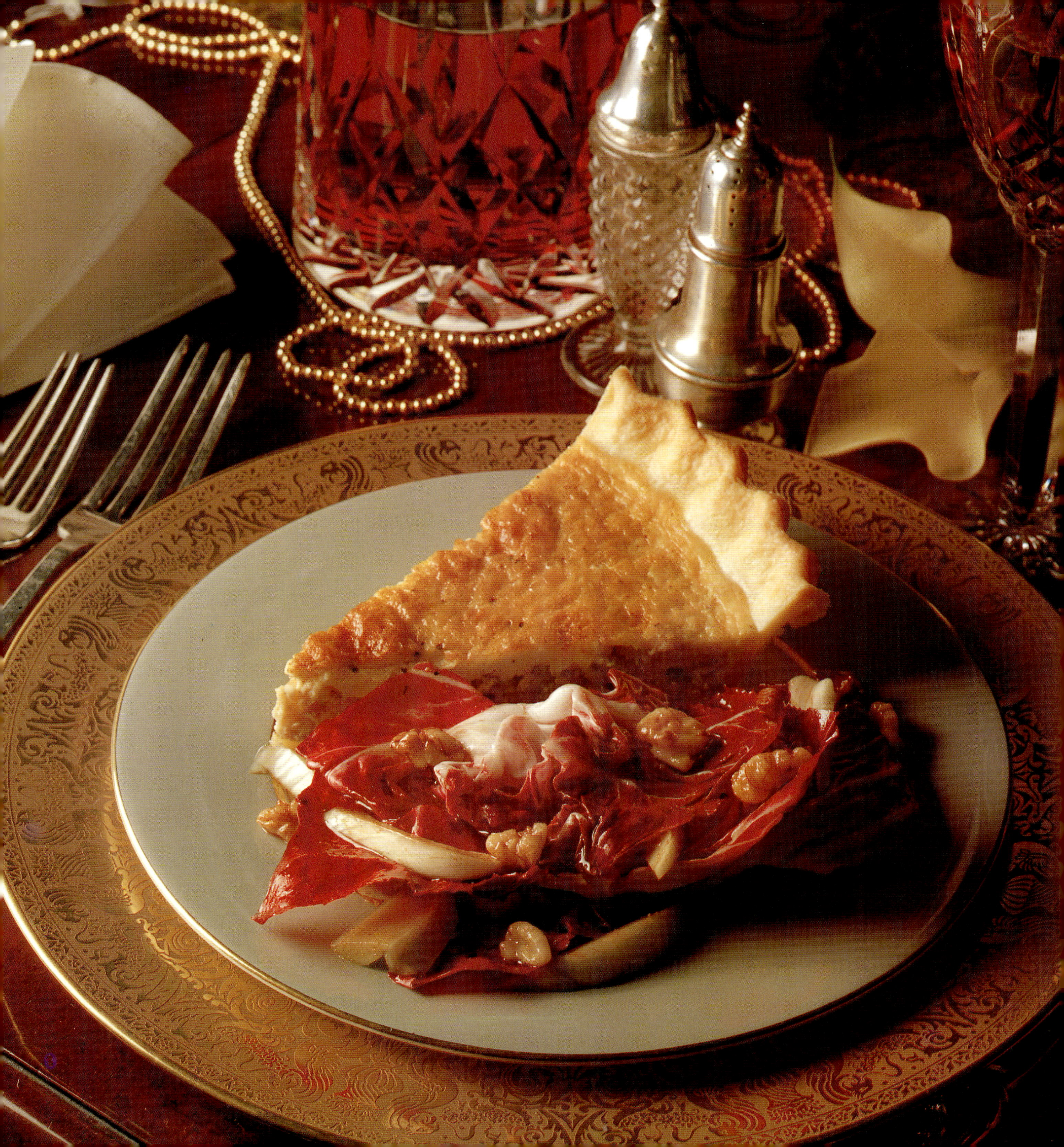

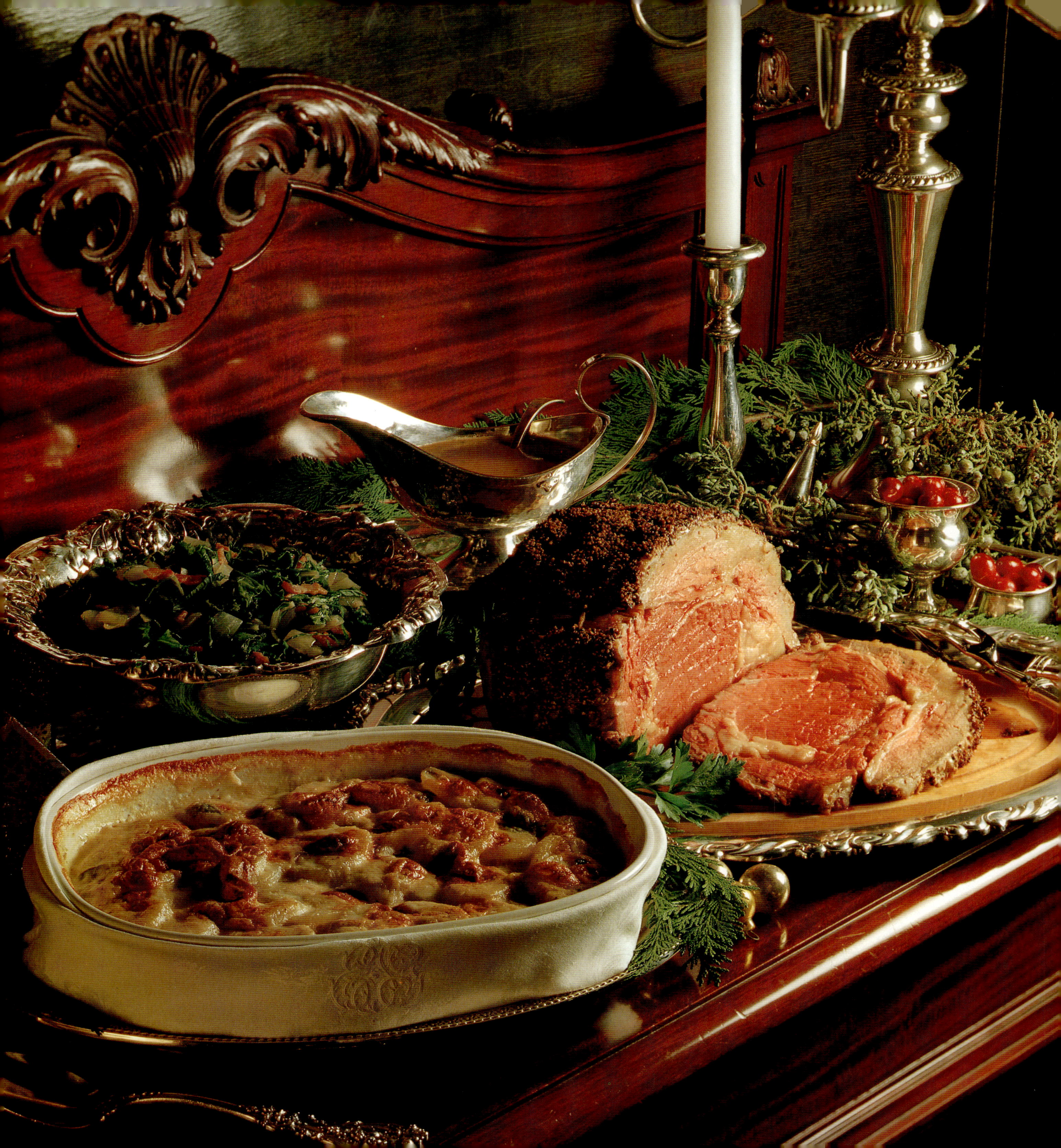

Weihnachtsessen

Roastbeef mit Senf- und Pfefferkruste

Um ein perfekt gegartes Roastbeef zu erhalten, sollten Sie ein Fleischthermometer zu Hilfe nehmen. Mit dem übriggebliebenen Fleisch lassen sich leckere Sandwiches herstellen.

Für das Fleisch:

2–2,5 kg Roastbeef
4 Knoblauchzehen,
    in Scheiben geschnitten
250 g Dijon-Senf
60 ml Sojasauce
4 EL grobgemahlener
    oder zerstoßener Pfeffer

Für die Sauce:

60 g Dijon-Senf
1 EL Sojasauce
250 ml Rinderbrühe
1 EL zerstoßener Pfeffer

Das Roastbeef in gleichmäßigen Abständen etwas einschneiden und mit dem Knoblauch spicken. Das Fleisch in einen Bratentopf geben. Senf und Sojasauce miteinander verrühren und das Roastbeef damit bestreichen. Mit Pfeffer bestreuen und das Fleisch bei Zimmertemperatur bis zu 3 Stunden marinieren.

Den Backofen auf 180 °C vorheizen. Das Fleisch im Ofen etwa 1½ Stunden braten, wenn man es noch blutig mag. Zur Garprobe mit einem Fleischthermometer in die Mitte des Roastbeef stechen; zeigt es eine Temperatur von etwa 50 °C an, kann man das Fleisch aus dem Ofen nehmen und mit Alufolie bedeckt auf einem Brett etwa 15 Minuten ruhen lassen.

Für die Sauce in einem kleinen Topf Senf, Sojasauce, Rinderbrühe und Pfeffer mit einem Schneebesen aufschlagen und heiß werden lassen. Besser ist es, den Bratensatz mit der Rinderbrühe zu lösen und dann Senf, Sojasauce und Pfeffer unterzurühren.

Für 6 Personen

Grünes Blattgemüse mit Pancetta und Minze

Das Aroma von Minze und pancetta *paßt gut zum leicht bitteren Geschmack des Blattgemüses. Sie sollten das Gemüse im allerletzten Moment zubereiten; so bleiben Farbe und Frische erhalten.*

60 ml Olivenöl
8 Scheiben Bauchspeck oder *pancetta*
    (italienischer Bauchspeck), etwa
    ½ cm dick, in Würfel oder in
    dünne Streifen geschnitten
1 große Zwiebel (etwa 250 g), gehackt
3 Knoblauchzehen, feingehackt
750 g grünes Blattgemüse wie
    Löwenzahn, Spinat, Mangold,
    Senfkohl oder eine Mischung aus
    allem, gründlich gewaschen, Stengel
    entfernt und das Gemüse in dünne
    Streifen geschnitten
60 ml Rotweinessig
Salz und frisch gemahlener Pfeffer
6 EL gehackte frische Minze

Das Olivenöl in einem großen Topf erhitzen, Bauchspeck oder *pancetta* hineingeben und in etwa 3 Minuten glasig, aber nicht braun werden lassen. Zwiebel zugeben und etwa 8 Minuten braten, bis sie weich ist. Knoblauch zugeben und 1–2 Minuten mitbraten. Gemüse und Essig in den Topf geben und zugedeckt etwa 5 Minuten schmoren lassen. Dabei gelegentlich umrühren. Mit Salz und Pfeffer abschmecken, die Minze unterrühren und sofort auftragen.

Für 6 Personen

Kartoffel-Gratin mit Salbei

Dieses Kartoffel-Gratin bekommt durch frische Salbeiblätter und eine Prise Muskatnuß ein besonderes Aroma. Man kann außerdem auch ein wenig zerdrückten Knoblauch zugeben.

750 ml Sahne
4 Knoblauchzehen, in Scheiben
    geschnitten
8–10 frische Salbeiblätter, gehackt
Einige Salbeiblätter zum Garnieren
1½ TL Salz
1 TL frisch gemahlener Pfeffer
¼ TL geriebene Muskatnuß
6 große festkochende Kartoffeln

Den Backofen auf 190 °C vorheizen. Eine 3 Liter fassende feuerfeste Form mit Butter ausstreichen.

In einem Topf die Sahne mit Knoblauch und Salbei aufkochen lassen. Die Hitze reduzieren und das Ganze etwa 15 Minuten köcheln lassen. Mit Salz, Pfeffer und Muskatnuß abschmecken.

Die Kartoffeln schälen und in etwa ½ cm dicke Scheiben schneiden. Dachziegelförmig in der feuerfesten Form auslegen und die Sahne mit dem Knoblauch und Salbei darübergießen. Die Sahne sollte die Kartoffeln ganz bedecken; eventuell noch etwas Sahne zugießen. Man kann das Gratin soweit vorbereiten und mit Alufolie bedeckt bis zu 2 Stunden stehen lassen. Das Kartoffel-Gratin etwa 30 Minuten im Ofen backen, die Alufolie entfernen und weitere 20 Minuten garen lassen. Die Kartoffeln sollten weich sein, aber nicht zerfallen. Das Gratin aus dem Ofen nehmen, mit Salbeiblättern garnieren und servieren.

Für 6 Personen

Roastbeef mit Senf- und Pfefferkruste; Kartoffel-Gratin mit Salbei; Grünes Blattgemüse mit Pancetta und Minze

Bänder, Schmuck und Verpackung der Weihnachtsgeschenke sind einheitlich in Goldtönen gehalten, ebenso der Spiegelrahmen, in dem ein Kartengruß steckt.

Apfel-Charlotte mit Sahnehäubchen und Aprikosensauce

In einer großen Form zubereitet sieht die Apfel-Charlotte besonders festlich aus. Das Apfelpüree muß für diese Zubereitungsart sehr dick sein. Man muß es so lange köcheln lassen, bis es die richtige Konsistenz hat.

FÜR DIE CHARLOTTE:

12 Äpfel (vorzugsweise Boskop), geschält, entkernt und in Würfel geschnitten
12 EL zerlassene Butter
180 g Zucker
½ TL gemahlener Zimt
1 EL geriebene Zitronenschale
1 TL Vanille-Essenz
12–15 Scheiben Weißbrot, etwa ½ cm dick, ohne Rinde

FÜR DAS SAHNEHÄUBCHEN:

250 ml Sahne
50 g Puderzucker, gesiebt
3 EL Weinbrand (nach Belieben)

FÜR DIE APRIKOSENSAUCE:

250 g Aprikosenmarmelade
60 ml Wasser
60 ml Weinbrand (nach Belieben)

ZUM GARNIEREN:

Aprikosenhälften (nach Belieben)
Orangenschale (nach Belieben)

Den Backofen auf 220 °C vorheizen. In einem großen Topf die Äpfel in 2 Eßlöffel Butter etwa 5 Minuten schmoren lassen. Zucker, Zimt und Zitronenschale zugeben und gründlich vermischen. Die Äpfel in etwa 15 Minuten zu einem dicken Püree einkochen. Vanille-Essenz unterrühren und, falls die Äpfel sehr säuerlich sind, noch etwas Zucker zugeben. Ergibt etwa 1,2–1,5 Liter Apfelpüree.

Das Brot so zuschneiden, daß man Boden und Wände einer Charlotte- oder Soufflé-Form von etwa 1,5 Liter Inhalt damit auskleiden kann. Das Brot in die restliche zerlassene Butter tauchen und Boden und Wände der Form damit dicht, aber nicht überlappend belegen. Das Apfelpüree in die Form geben und mit dem restlichen Brot bedecken.

Auf dem untersten Einschub des Ofens etwa 10 Minuten backen; die Hitze auf 180 °C reduzieren und weitere 30 Minuten backen, bis die Oberfläche goldgelb ist. Die Charlotte etwa 30 Minuten abkühlen lassen, bevor man sie aus der Form stürzt. (Man kann die Charlotte auch soweit zubereiten und bis zu einigen Stunden in der Form lassen. Bevor man sie aus der Form stürzt, läßt man sie dann im Ofen bei niedriger Temperatur nochmals warm werden.)

Für das Sahnehäubchen in einer Schüssel Sahne und Zucker steif aufschlagen und nach Belieben mit etwas Weinbrand parfümieren.

Für die Sauce Aprikosenmarmelade und Wasser in einem kleinen Topf bei niedriger Temperatur heiß werden lassen und nach Belieben etwas Weinbrand unterrühren.

Die Apfel-Charlotte mit einem Sahnehäubchen versehen. Mit der restlichen Sahne und mit der Aprikosensauce auftragen. Man kann die Charlotte nach Belieben mit halbierten Aprikosen sowie Orangenschale garnieren.

FÜR 6 PERSONEN

Apfel-Charlotte mit Sahnehäubchen und Aprikosensauce

WEIHNACHTSESSEN

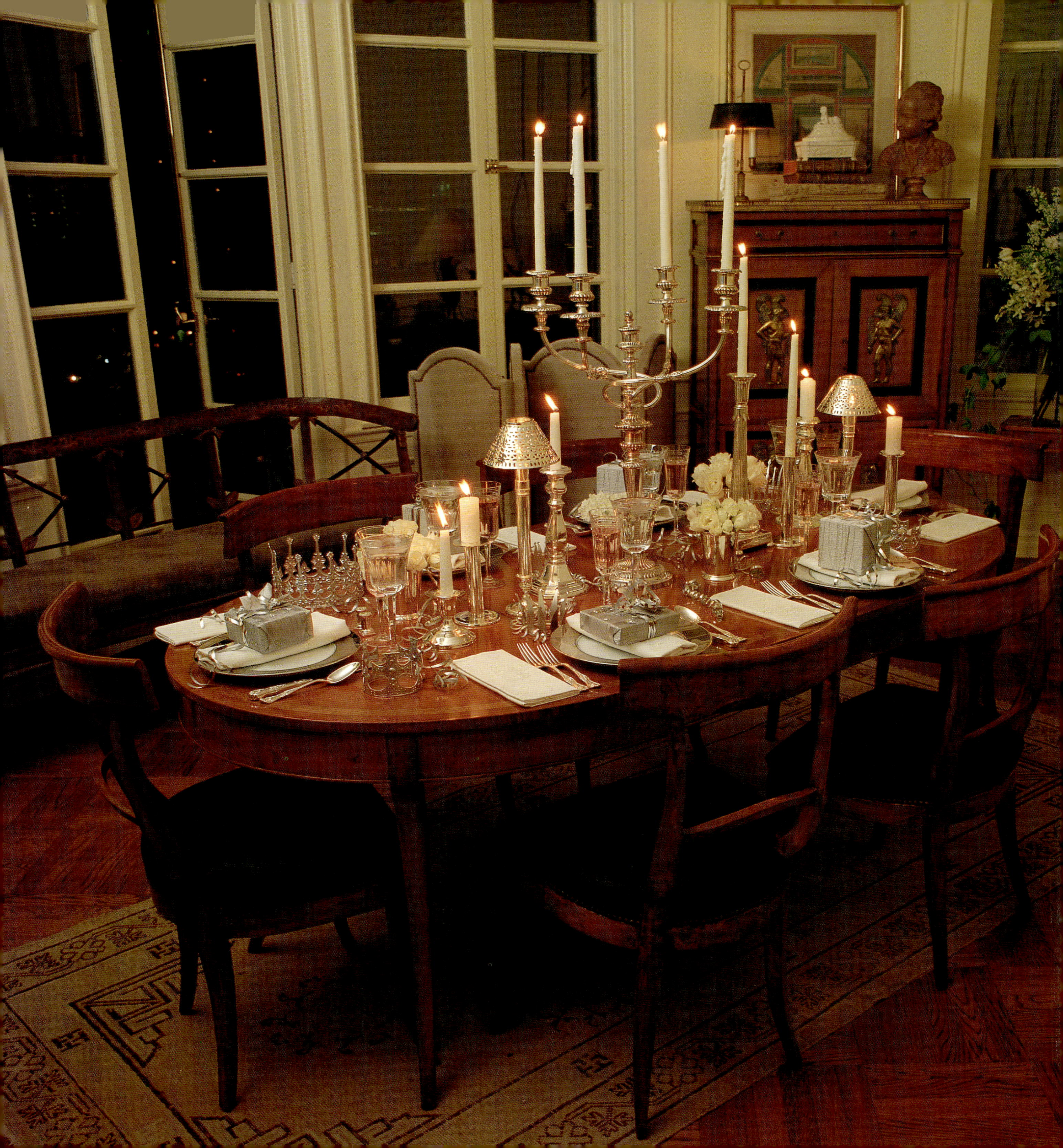

Festliches Silvesteressen

Das neue Jahr beginnt gewöhnlich mit erwartungsvollem Optimismus, guten Vorsätzen und ungebremstem Tatendrang – gute Gründe, das alte am Silversterabend mit Glanz und Gloria in Ehren zu verabschieden. Das läßt sich am schönsten im Kreise der engsten Freunde bewerkstelligen, für die man am letzten Abend des Jahres ein Fest ausrichtet, das erst in den Morgenstunden des neuen Jahres endet.

Um unserem Silvesterabend das richtige Flair zu geben, haben wir ein stilvolles Essen für sechs Personen zusammengestellt, das zu später Stunde stattfindet. Ausgeschmückt wird das Ambiente durch ein elegantes Blumenarrangement, das sich aus weißen Tulpen, Rosen, Narzissen, Orchideen, grünen Hortensien und Lorbeer- und Efeuzweigen zusammensetzt. Es läßt sich jedoch durch jede beliebige andere Art von Blumen, Zweigen oder Topfpflanzen ersetzen. Für jeden Gast liegt an seinem Platz ein in Silberpapier verpacktes Geschenk bereit.

155

FESTLICHES SILVESTERESSEN

Um das Besondere dieses einmaligen Abends hervorzuheben, scheut der Menüplan keinen Aufwand und keine Kosten. Es gibt Entenleber, Hummer, Garnelen, Jakobsmuscheln und eine gehaltvolle Gebrannte Creme *(crème brûlée)*. Der Höhepunkt der Mahlzeit ist eine Bouillabaisse, die klassische provenzalische Fischsuppe, für die wir unsere Gäste mit besonders großen Latz-Servietten ausstatten. Da einige der Zutaten für dieses außergewöhnliche Abendessen nicht leicht und nicht immer sofort erhältlich sind, sollten Sie die Vorbereitungsliste und die Rezepttips genau durchlesen und eventuell – vor allem beim Fischhändler – vorbestellen. Die Bouillabaisse kann man schon vorbereiten und ohne großen Aufwand kurz vor dem Auftragen fertigkochen. Selbstverständlich ist die Zahl der Gänge nach Belieben variabel; jedes Gericht kann durch ein anderes, das jedoch dem Anlaß gerecht wird, ersetzt werden. Am wichtigsten aber ist die präzise Planung, die Ihnen genug Zeit geben soll, den Abend mit Ihren Gästen zu genießen.

Menü

Ein hochglanzpolierter Tisch unterstreicht die Eleganz des kostbaren Silbers, des erlesenen Porzellans, der schönen Kristallgläser und des weißen Blumenschmucks.

Weinempfehlungen

Beginnen Sie das Silvester-Menü mit einem trockenen Champagner oder einem anderen guten Schaumwein. Sie können danach beim Champagner oder Sekt bleiben oder aber, wenn Sie Wein bevorzugen, einen französischen Muscadet oder einen Chablis folgen lassen. Zum Dessert und zum Prosit auf das neue Jahr paßt ein trockener oder halbtrockener Schaumwein oder – selbstverständlich – ein Champagner.

FESTLICHES SILVESTERESSEN

Entenleber mit Apfel-Ingwer-Butter

Ausgebackene Reisbällchen

❦

Winterliche Bouillabaisse

Grüner Salat

❦

Gebrannte Blutorangen-Creme

Florentiner mit Ingwer

Auf einem Beistelltisch steht ein silbernes Kaffeeservice bereit. Ledergebundene Bücher bilden einen stimmungsvollen Hintergrund.

Silberne Becher dienen als Vasen für Rosen und Narzissen.

VORBEREITUNGSLISTE

◆ Am Vortag die Apfel-Ingwer-Butter zubereiten; die Reisbällchen herstellen; die Florentiner backen und in einem luftdichten Behälter aufbewahren.

◆ Am Silvestermorgen den Sud für die Bouillabaisse kochen; *aïoli* und *rouille* zubereiten und im Kühlschrank aufbewahren; die Fische für die Bouillabaisse vorbereiten. Die Creme fürs Dessert herstellen.

◆ Eine Stunde im voraus Kartoffeln, Fenchel und Brot für die Bouillabaisse vorbereiten.

◆ Etwa 15 Minuten vor Eintreffen der Gäste die Entenleber braten und die Reisbällchen ausbacken. Den Sud für die Bouillabaisse köcheln lassen. Kurz vor dem Servieren die Bouillabaisse und die gebrannte Creme fertigstellen.

ENTENLEBER MIT APFEL-INGWER-BUTTER

Gebratene Entenleber, deren zarter Geschmack sich mit den Aromen von Apfel und Ingwer verbindet, ist eine Vorspeise zu einem festlichen Essen, die unvergeßlich bleibt.

Etwa 6 EL Butter
1 kleiner Apfel, geschält, entkernt und in kleine Würfel geschnitten
1 Stück frischer Ingwer, etwa 5 cm groß, geschält und gerieben
2 EL Calvados
Salz und frisch gemahlener Pfeffer
12 große Enten- oder Hühnerlebern

In einem kleinen Topf 2 Eßlöffel Butter zerlassen. Apfel und Ingwer hineingeben und in etwa 10–12 Minuten sehr weich schmoren. Calvados zugießen und weitere 1–2 Minuten köcheln lassen. Das Ganze in einen Mixer oder in die Küchenmaschine geben und pürieren. Die restliche Butter unterrühren und zu einem dicken, sämigen Püree verarbeiten. Eventuell noch etwas mehr Butter zugeben. Mit Salz und Pfeffer abschmecken. Die Apfelbutter kann man bis zu einem Tag im voraus zubereiten und zugedeckt im Kühlschrank aufbewahren. Man sollte sie jedoch rechtzeitig aus dem Kühlschrank nehmen und Zimmertemperatur annehmen lassen, bevor man sie serviert.

    Die Leber vorsichtig von Fett und Sehnen befreien, auf Spieße stecken und mit Salz und Pfeffer würzen. Den Grill vorheizen. Die Leber etwa 2 Minuten von jeder Seite grillen. Sie sollte außen gebräunt, innen noch rosa sein. Von den Spießen nehmen und jeweils 2 Lebern auf einem Teller mit etwas Apfel-Ingwer-Butter anrichten.

FÜR 6 PERSONEN

AUSGEBACKENE REISBÄLLCHEN

In Italien nennt man diese Reiskroketten supplì al telèfono, *zu deutsch: »Telefondrähte«. Ein zutreffender Name, denn der Käse, mit dem sie gefüllt werden, zieht beim Hineinbeißen Fäden.*

500 ml leicht gesalzenes Wasser
220 g Arborio-Reis
2 Eier, verquirlt
5 EL frisch geriebener Parmesan
Salz, frisch gemahlener Pfeffer und geriebene Muskatnuß
250 g Mozzarella, in 12–16 kleine Würfel geschnitten
1 EL gehackter frischer Majoran oder Salbei
100 g Semmelbrösel
Erdnußöl zum Ausbacken

In einem Topf das Wasser aufkochen lassen und den Reis einrühren. Die Hitze reduzieren und zugedeckt etwa 20 Minuten köcheln lassen. Der Reis sollte das Wasser aufgenommen haben, gar und nicht mehr klebrig sein. Eier und Parmesan unterrühren und mit Salz, Pfeffer und Muskatnuß abschmecken. Auf einem eingeölten Backblech ausbreiten und kühl stellen.

    Ein Backblech mit Backpapier auslegen und bereitstellen. Mozzarella-Würfel in Majoran oder Salbei wenden. Einen gehäuften Eßlöffel Reis nehmen, in die Mitte eine Mulde drücken und einen Mozzarella-Würfel hineingeben. Zu einer Kugel von etwa 4 cm Durchmesser formen. Mit den restlichen Zutaten ebenso verfahren. Die Reisbällchen in Semmelbröseln wenden, auf dem Backpapier auslegen und bis zum Ausbacken kühl stellen. Die Bällchen lassen sich bis zu diesem Arbeitsgang bis zu einem Tag im voraus zubereiten.

    Kurz vor dem Servieren einen großen Topf, einen chinesischen Wok oder eine Friteuse etwa 8 cm hoch mit Erdnußöl füllen und auf 180 °C erhitzen. Einige Reisbällchen ins Öl gleiten lassen und goldbraun ausbacken. Dabei einige Male mit einem Schaumlöffel aus dem Öl nehmen und wieder hineingleiten lassen, damit der Mozzarella schmelzen kann, bevor die Kroketten zu stark gebräunt sind. Auf Küchenpapier abtropfen lassen und im Ofen bei niedriger Temperatur nicht länger als 10 Minuten warm halten. Die restlichen Reisbällchen ausbacken und sofort auftragen.

ERGIBT ETWA 12–16 STÜCK

Der Silvesterabend ist ein Fest der Lebensfreude, zu dem man seine Gäste mit einem Glas Champagner begrüßt. Eine Flasche Champagner und Kristallgläser stehen in der Nähe des Eingangs bereit.

Ausgebackene Reisbällchen; Entenleber mit Apfel-Ingwer-Butter

FESTLICHES SILVESTERESSEN

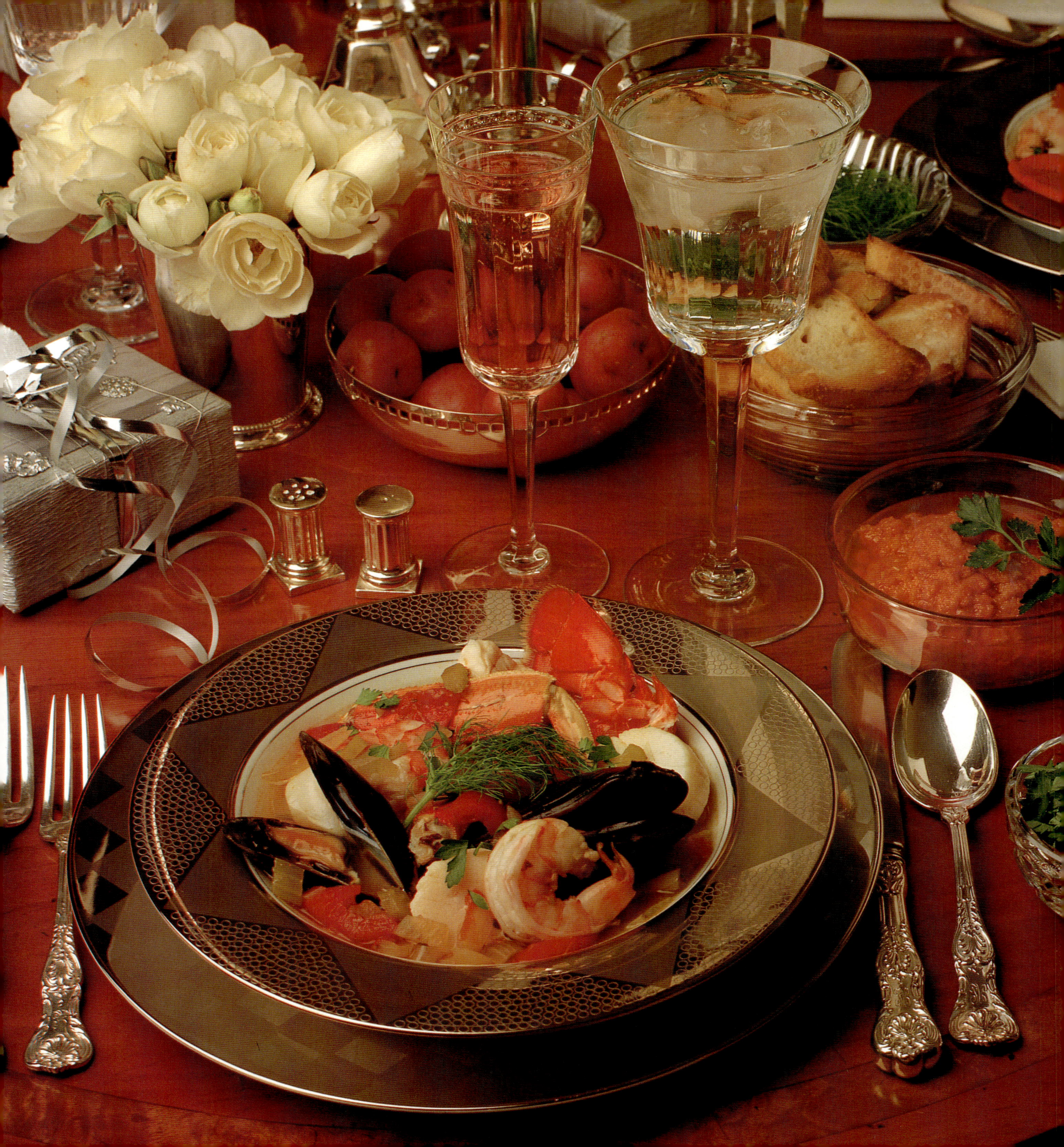

Winterliche Bouillabaisse

Möchte man auf Schaltiere verzichten, muß man entsprechend mehr Fisch (insgesamt etwa 1,5 kg) in die Bouillabaisse geben. Die richtige Organisation ist bei der Zubereitung ausschlaggebend für gutes Gelingen. Sud, rouille und aïoli können bereits am Silvestermorgen zubereitet sowie Hummer und Taschenkrebs gekocht werden (man kann die Schaltiere auch fertig gekocht beim Fischhändler kaufen). Fische, Garnelen und Muscheln werden ebenfalls morgens vorbereitet, die Bärte der Muscheln allerdings erst unmittelbar vor dem Kochen entfernt. Auch die Beilagen lassen sich bereits am Morgen vorbereiten, gekocht werden sie vor dem Essen. Kurz vor dem Servieren wird der Sud aufgekocht, die Fische darin gegart, Schaltiere und Muscheln erhitzt.

FÜR DEN SUD:

60 ml Olivenöl
2 Stangen Lauch, längs halbiert, gründlich abgespült und in dünne Scheiben geschnitten
2 große Zwiebeln (etwa 250 g), in Würfel geschnitten
2–3 Stangen Sellerie, in Würfel geschnitten
6 Knoblauchzehen, feingehackt
3–4 Streifen Orangenschale, etwa 1 cm breit und 7,5 cm lang
¼ TL Safranfäden, in 60 ml Weißwein aufgelöst
12 frische Zweige Thymian
2 Lorbeerblätter
1 EL gemahlene Fenchelsamen
½–1 TL Paprikaflocken (siehe Glossar)
550 g Tomaten aus der Dose, abgetropft und gehackt
3 l Fischbrühe (Rezept auf Seite 175) oder je 1,5 l Hühnerbrühe und Muschelsaft aus dem Glas
Salz und frisch gemahlener Pfeffer

FÜR DIE ROUILLE:

3 Scheiben Weißbrot ohne Rinde, zerkleinert
4 Knoblauchzehen, zerdrückt
1 TL Cayennepfeffer
2 EL Tomatenmark
6 EL Olivenöl
Fischbrühe oder Muschelsaft aus dem Glas

FÜR DIE BOUILLABAISSE:

1 kg weißfleischige Fische ohne Haut und Gräten, wie Seeteufel, Scholle, Wolfsbarsch oder Roter Schnapper, in etwa 5 x 7,5 cm große Stücke geschnitten
1 lebender Atlantik-Hummer (etwa 750 g), 10 Minuten gekocht, das Fleisch ausgelöst und in Stücke zerteilt (siehe Glossar)
1 großer Taschenkrebs, 10 Minuten gekocht, das Fleisch ausgelöst und in Stücke zerteilt
18 große Garnelen, geschält und den schwarzen Darm entfernt
18 Jakobsmuscheln
Etwa 250 ml trockener Weißwein
1 kg Miesmuscheln, gründlich gesäubert und den Bart entfernt
20 g Petersilie, gehackt
10 g Fenchelgrün, gehackt

ALS BEILAGE:

3 Fenchelknollen, geputzt, geviertelt, den harten inneren Kern entfernt und blanchiert
18 sehr kleine Kartoffeln, gekocht
12 Scheiben Baguette, geröstet und mit Knoblauch eingerieben
250 g aïoli (Rezept auf Seite 174; nach Belieben)

Für den Sud das Olivenöl in einem großen schweren Topf erhitzen. Lauch, Zwiebeln und Sellerie hineingeben und in etwa 10–15 Minuten weich werden lassen. Knoblauch, Orangenschale, Safran und Weißwein, Thymian, Lorbeerblätter, Fenchelsamen, Paprikaflocken, Tomaten und Brühe zugeben und zum Kochen bringen. Die Hitze reduzieren und den Sud etwa 15 Minuten köcheln lassen. Mit Salz und Pfeffer abschmecken und bis zum Gebrauch kühl stellen.

Für die *rouille* Brot, Knoblauch, Cayennepfeffer und Tomatenmark in den Mixer oder in die Küchenmaschine geben. Bei laufendem Motor nach und nach das Öl zugießen und zu einem glatten Püree verarbeiten. In eine Schüssel geben und soviel Fischbrühe oder Muschelsaft unterrühren, bis eine sämige Sauce entsteht. Zugedeckt im Kühlschrank aufbewahren.

Für die Bouillabaisse den Sud aufkochen lassen, die Hitze reduzieren und den Fisch in der leicht köchelnden Brühe etwa 2 Minuten ziehen lassen. Hummer, Taschenkrebs und Garnelen zugeben und weitere 2 Minuten köcheln lassen. Die Jakobsmuscheln in den Topf geben und 2 Minuten garen lassen. In der Zwischenzeit in einem großen Topf den Weißwein aufkochen lassen. Die Miesmuscheln hineingeben, die Hitze reduzieren und zugedeckt etwa 6–8 Minuten garen lassen, bis die Schalen sich öffnen. Ungeöffnete Muscheln wegwerfen, die restlichen Muscheln samt der Garflüssigkeit in die Bouillabaisse geben. Die Bouillabaisse auf Suppenteller verteilen und mit Petersilie und Fenchelgrün bestreuen. Mit *rouille*, Fenchel, Kartoffeln, Baguette und nach Belieben mit *aïoli* auftragen.

FÜR 6 PERSONEN

Nach der Bouillabaisse schmeckt ein frischer gemischter Salat aus Frisée, Kopfsalat und Radicchio.

FESTLICHES SILVESTERESSEN

GEBRANNTE BLUTORANGEN-CREME

Die Blutorangen lassen sich bei dieser gehaltvollen Creme auch durch normale Orangen ersetzen.

250 ml frisch gepreßter Blutorangensaft oder normaler Orangensaft
125 ml Grand Marnier oder ein anderer Orangenlikör
500 ml Sahne
Geriebene Schale von 2 Blutorangen oder normalen Orangen
200 g Zucker
6 Eigelb, verquirlt

In einem kleinen Topf Orangensaft und -likör bei starker Hitze auf 125 ml einkochen lassen. Beiseite stellen. In einem anderen kleinen Topf Sahne, Orangenschale und 6 EL Zucker unter Rühren bei mittlerer Temperatur zum Kochen bringen. Vom Herd nehmen und zugedeckt etwa 30 Minuten ziehen lassen.

Den Backofen auf 150 °C vorheizen. Das Eigelb in eine Schüssel geben und die Sahne unterrühren. Mit Orangensaft und -likör parfümieren und die Masse in eine flache feuerfeste Form von etwa 1,2 Liter Inhalt oder in sechs kleine, flache Portionsförmchen gießen. Ins heiße Wasserbad stellen (die Form sollte halbhoch im Wasser stehen) und die Creme in etwa 45–60 Minuten im Ofen stocken lassen. Aus dem Wasserbad nehmen, abkühlen lassen und zugedeckt im Kühlschrank sehr kalt werden lassen.

Zum Servieren den Grill vorheizen. Die Creme mit dem restlichen Zucker bestreuen und unter dem sehr heißen Grill in etwa 3–4 Minuten karamelisieren lassen. Den Karamel fest werden lassen und die Creme auftragen.

FÜR 6 PERSONEN

Gebrannte Blutorangen-Creme; Florentiner mit Ingwer

FLORENTINER MIT INGWER

Der kandierte Ingwer verleiht den knusprigen Florentinern ein ungewöhnliches exotisches Aroma.

4 EL (60 g) Butter
200 g Mandelblättchen
125 g Zucker
90 ml Sahne
90 g Honig
30 g Orangeat, in kleine Würfel geschnitten
50 g kandierter Ingwer
½ TL Vanille-Essenz
¼ TL gemahlener Zimt
50 g Mehl
125 g zartbittere Schokolade

Den Backofen auf 170 °C vorheizen. In einem kleinen Topf 2 Eßlöffel Butter zerlassen. Zwei Backbleche mit Backpapier auslegen und mit der zerlassenen Butter bestreichen. 125 Gramm Mandeln hacken, den Rest im Mixer oder in der Küchenmaschine feinhacken, aber nicht zu einer Paste werden lassen.

In einem kleinen, tiefen Topf Zucker, Sahne, Honig und die restlichen 2 Eßlöffel Butter zum Kochen bringen, ein- bis zweimal umrühren und köcheln lassen, bis das Zucker-Thermometer eine Temperatur von etwa 115 °C anzeigt. Orangeat, kandierten Ingwer, Vanille-Essenz, Zimt, Mandeln und Mehl unterrühren und abkühlen lassen. Den Teig im Abstand von etwa 8 cm teelöffelweise auf das vorbereitete Backblech setzen und mit einer Gabel oder einem Löffel zu kleinen Fladen auseinanderdrücken.

Im vorgeheizten Ofen etwa 12 Minuten goldbraun backen. Einige Minuten auf dem Blech abkühlen lassen, dann auf ein Kuchengitter geben. In der Zwischenzeit die Schokolade im heißen Wasserbad schmelzen lassen. Die Florentiner auf einer Seite mit Schokolade überziehen und einen zweiten Florentiner daraufsetzen.

ERGIBT 12 STÜCK

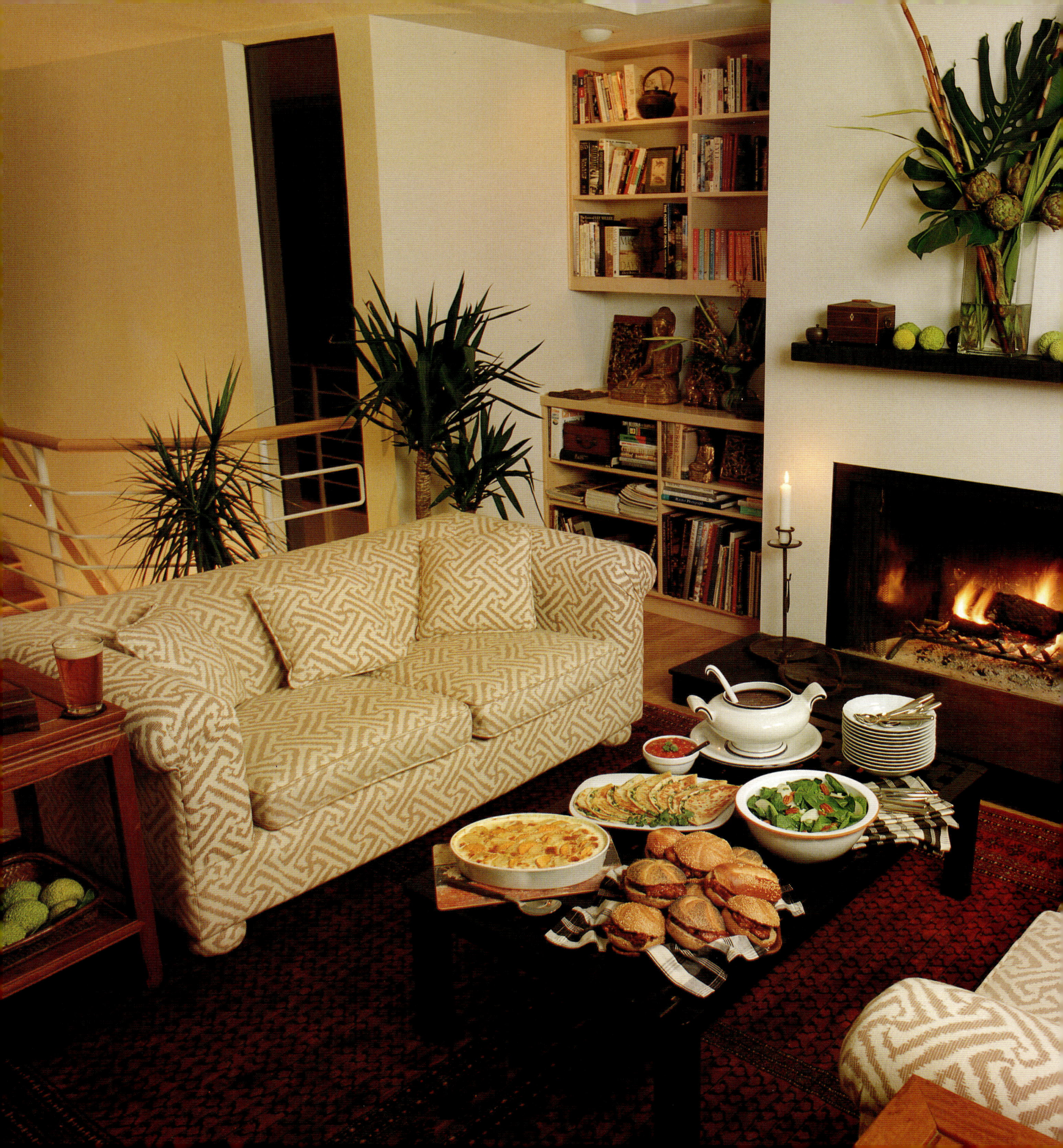

Neujahrs-Buffet

Der erste Tag des Jahres sollte nach der kurzen Silvesternacht geruhsam beginnen. Deswegen ist das Neujahrs-Buffet eine Art verspäteter Mittagsimbiß mit Gerichten, die ohne großen Aufwand zubereitet und gegessen werden können. Ungeachtet der Tageszeit, ob am frühen oder späten Nachmittag, sollte man die Speisen auf kleinen Tischchen beim Kamin oder vor dem Fernseher servieren. Jeder bedient sich selbst und nimmt dann auf einem der Sessel oder Sofas Platz.

Die zwanglose Stimmung dieser nachmittäglichen Zusammenkunft findet ihren Widerhall in einfachem Geschirr, Besteck und schlichten Servietten, die man neben die Speisen plaziert. Der Raumschmuck ist ebenfalls betont schlicht: Palmwedel und exotisches Blattwerk finden sich neben kunstgewerblichen Souvenirs und Sammlerstücken.

Ein Bild der Ruhe: ein heiteres Stilleben mit fernöstlichen Erinnerungsstücken.

Um die entspannte Atmosphäre des Tages und den ruhigen Beginn des neuen Jahres nicht zu stören, haben wir unser Menü ein weiteres Mal als Buffet geplant, bei dem die meiste Arbeit schon einige Zeit vorher erledigt werden kann und nur wenige Handgriffe im letzten Moment, kurz bevor die Gäste eintreffen, nötig sind. Die Gerichte können zu allen möglichen Anlässen serviert werden, so zum Beispiel auch zu einer Silvesterparty, einer zünftigen Après-Ski-Zusammenkunft oder einem sonntäglichen Mittagessen. Die Zusammenstellung von Suppe, Salat und Sandwiches paßt zu allen kalten Tagen.

Die *quesadillas* können gleichzeitig mit der Bohnensuppe gereicht werden. Danach folgen die Sandwiches, die zusammen mit dem Kartoffel-Gratin und dem Salat auf Tellern serviert werden, schließlich der Kuchen, den man aus der Hand ißt.

Menü

Ein eisgefüllter hölzerner Pflanzentrog dient als Kühlbox für Bier und Mineralwasser.

Quesadillas

*Suppe aus schwarzen Bohnen
mit Rum und Orange*

❧

Sandwiches mit gegrilltem Hühnerfleisch

Gratin aus zweierlei Kartoffeln

*Spinat-Salat mit Pekannüssen
und Balsamico-Vinaigrette*

❧

Schokoladenkuchen

VORBEREITUNGSLISTE

◆ Bis zu einem Monat im voraus die Barbecue-Sauce zubereiten und einfrieren.
◆ Am Vortag die Bohnensuppe kochen und den Schokoladenkuchen backen.
◆ Am Morgen des Buffets den Spinat gründlich waschen, die Stengel entfernen und die Salatsauce zubereiten; die *quesadillas* soweit vorbereiten, daß man sie nur noch braten muß.
◆ Bis zu einigen Stunden im voraus das Kartoffel-Gratin fertigstellen, das kurz vor dem Servieren im Ofen erhitzt wird.

WEINEMPFEHLUNGEN

Zu diesem pikanten Menü paßt ein roter Burgunder oder Bordeaux. Zum Toast auf das neue Jahr sollten Sie ein Glas Rosé-Champagner oder einen trockenen Sekt anbieten. Auch Bier schmeckt gut zu unserem deftigen Neujahrs-Buffet. Den Kaffee zum Dessert kann man mit einem Schuß Kahlúa parfümieren.

Klassische Spiele und Kaffee warten darauf, den Gästen den Nachmittag zu verschönern.

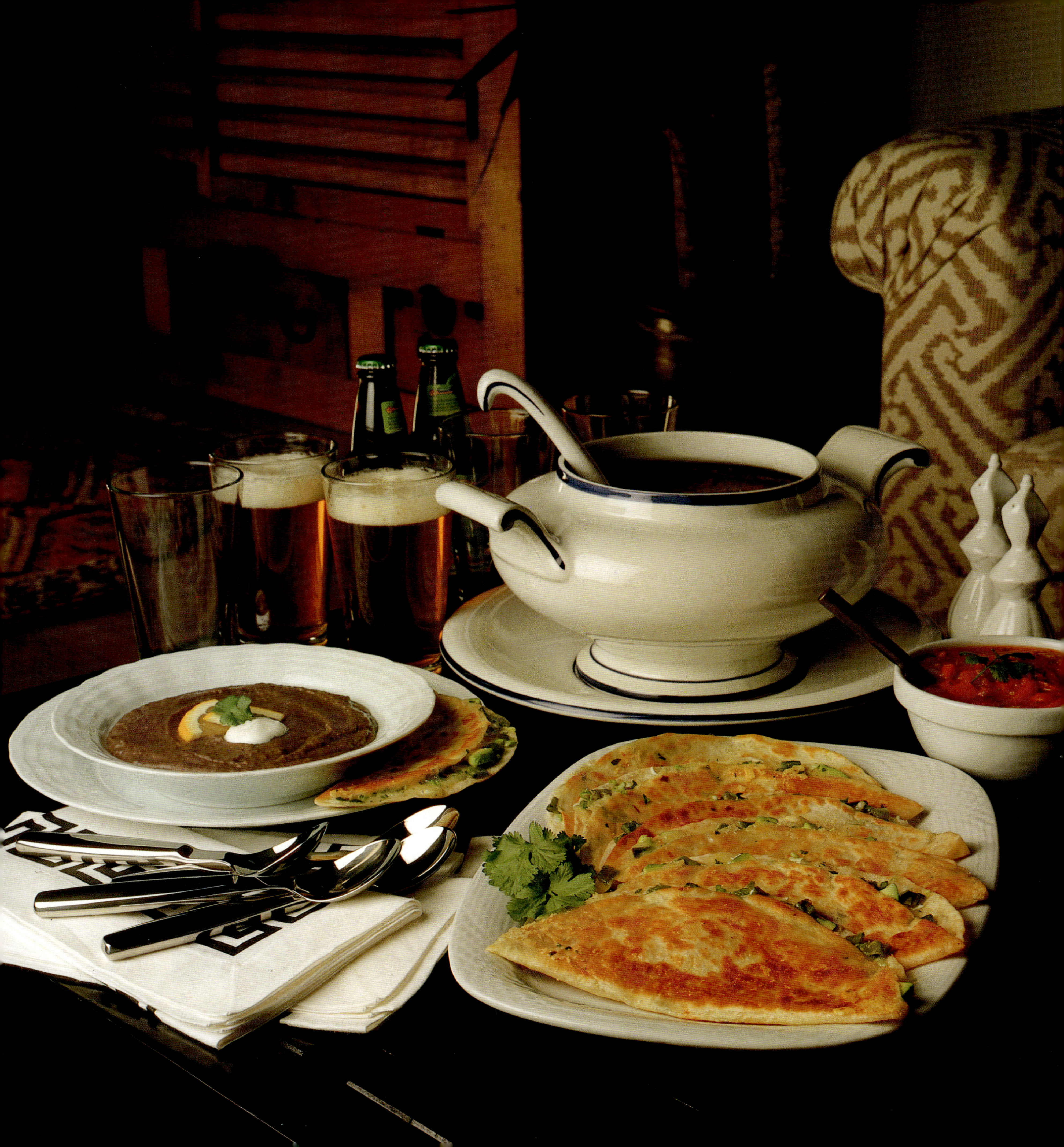

QUESADILLAS

Diese gefüllten tortillas *sind eine Spezialität aus Mexiko und das lateinamerikanische Original des Cheeseburger.*

6 große frische *poblano*- (große, milde) Chilischoten
6 reife Avocados
750 g frischer Pecorino, gerieben
24 Weizenmehl-*tortillas* (Rezept siehe Seite 177)
200 g Frühlingszwiebeln, feingehackt
20 g Koriandergrün, feingehackt
Salz und frisch gemahlener Pfeffer
Etwas Öl zum Bestreichen der Pfanne
Scharfe Pfeffersauce (nach Belieben)

Die Chilischoten rösten, enthäuten und entkernen (siehe Seite 189). In etwa ½ cm große Würfel schneiden.

Die Avocados halbieren, den Stein entfernen, das Fruchtfleisch mit einem großen Löffel auslösen und in dünne Scheiben schneiden.

Etwa 30 Gramm Pecorino jeweils über eine *tortilla*-Hälfte streuen. In Würfel geschnittene Chilischoten, Avocadoscheiben, Frühlingszwiebeln und Koriander gleichmäßig darüber verteilen und mit Salz und Pfeffer würzen. Die andere *tortilla*-Hälfte locker darüberschlagen. Mit den restlichen *tortillas* ebenso verfahren. Man kann sie so zugedeckt bis zu einigen Stunden im Kühlschrank aufbewahren.

Eine große Pfanne mit etwas Öl bestreichen und bei mittlerer bis hoher Temperatur heiß werden lassen. So viele *quesadillas* wie möglich nebeneinander plazieren, leicht mit einem Deckel beschweren und auf jeder Seite goldbraun braten, dabei einmal wenden. Mit den restlichen *quesadillas* ebenso verfahren. Die *quesadillas* nach Belieben halbieren und mit scharfer Pfeffersauce servieren.

FÜR 12 PERSONEN

Quesadillas; Suppe aus schwarzen Bohnen mit Rum und Orange

SUPPE AUS SCHWARZEN BOHNEN MIT RUM UND ORANGE

Eine ungewöhnliche Geschmackskombination für eine deftige, wärmende Bohnensuppe: Sie wird auf karibische Art mit Rum und Orangen zubereitet.

1,25 kg getrocknete schwarze Bohnen
3 l kaltes Wasser
1 Schinkenknochen
3 EL Olivenöl
3 große Zwiebeln (etwa 750 g), in kleine Würfel geschnitten
8 Knoblauchzehen, feingehackt
1½ TL gemahlener Zimt
½ TL gemahlene Nelken
1 TL gemahlener Kreuzkümmel
2 TL Senfpulver, verrührt mit 1 EL Sherry-Essig
2 EL geriebene Orangenschale
125 ml Rum
250 ml frisch gepreßter Orangensaft
Salz und frisch gemahlener Pfeffer
Saure Sahne (nach Belieben)
Dünne Orangenscheiben (nach Belieben)

Die Bohnen verlesen, mit kaltem Wasser bedecken und über Nacht einweichen. Abtropfen lassen und in einen großen Topf geben. Wasser und Schinkenknochen zugeben und zum Kochen bringen. Die Hitze reduzieren und die Bohnen köcheln lassen.

In einem anderen Topf das Olivenöl erhitzen. Zwiebeln hineingeben und in etwa 10 Minuten weich braten. Knoblauch, Zimt, Nelken, Kreuzkümmel, aufgelöstes Senfpulver und Orangenschale zugeben und 2 Minuten anschwitzen lassen. Zu den Bohnen geben und den Topf nicht vollständig mit einem Deckel bedecken. Die Bohnen so lange kochen lassen, bis sie sehr weich sind (etwa 1 Stunde).

Den Schinkenknochen entfernen und die Suppe mit einem Pürierstab oder portionsweise im Mixer oder in einer Küchenmaschine pürieren.

Bis zu diesem Arbeitsgang kann die Bohnensuppe vorbereitet werden. Man läßt sie dann abkühlen und bewahrt sie zugedeckt bis zu einem Tag im Kühlschrank auf.

Die Suppe wieder aufkochen lassen, Rum und Orangensaft unterrühren und großzügig mit Salz und Pfeffer abschmecken.

Auf Teller verteilen und nach Belieben mit saurer Sahne und einer dünnen Orangenscheibe garnieren.

FÜR 12 PERSONEN

Wenn Sie Blumenzwiebeln rechtzeitig in Steinvasen oder Blumentöpfe setzen, stehen sie am Neujahrstag in voller Blüte.

SANDWICHES MIT GEGRILLTEM HÜHNERFLEISCH

Die Sandwiches lassen sich nach Belieben belegen: Entweder jede Hälfte separat oder Sie belegen nur eine Hälfte und klappen die andere darüber. Wenn Sie die Barbecue-Sauce ohne Orangen- oder Zitronensaft zubereiten, können Sie sie einige Monate im Tiefkühlfach aufbewahren.

FÜR DIE BARBECUE-SAUCE:
2 EL Senfpulver
3 EL Chilipulver
1 TL gemahlener Ingwer
125 ml Apfelessig
375 ml Tomatenpüree (siehe Glossar)
2 EL Worcestershire-Sauce
100 g brauner Zucker
125 ml frisch gepreßter Orangensaft oder 60 ml frisch gepreßter Zitronensaft (nach Belieben)
1 EL frisch gemahlener Pfeffer
Cayennepfeffer und Salz

FÜR DIE SANDWICHES:
12 Hühnerbrusthälften, ohne Haut und Knochen
12 Sandwiches oder Mohn- oder Sesambrötchen

Für die Barbecue-Sauce in einer kleinen Schüssel Senf- und Chilipulver sowie Ingwer mit etwas Essig glattrühren. Dann den restlichen Essig unterrühren. In einen mittelgroßen Topf Tomatenpüree, Worcestershire-Sauce, braunen Zucker und nach Belieben Orangen- oder Zitronensaft geben, die Essig-Mischung unterrühren und aufkochen lassen. Die Hitze reduzieren und etwa 5 Minuten köcheln lassen. Falls die Sauce zu dick ist, mit etwas Wasser verdünnen. Mit Pfeffer, Cayennepfeffer und Salz abschmecken und zugedeckt bis zum Servieren in den Kühlschrank stellen.

Für die Sandwiches den Grill vorheizen und die Hühnerbrüste von jeder Seite etwa 3 Minuten braten, dabei gelegentlich mit der Barbecue-Sauce bestreichen. Das Hühnerfleisch sollte durchgegart sein. Die Barbecue-Sauce in einem kleinen Topf erhitzen. Die Hühnerbrüste in etwa 6 mm dicke Scheiben schneiden, in die Sauce tauchen und die Sandwiches damit belegen oder die Sauce getrennt dazu reichen.

ERGIBT 12 SANDWICHES

KARTOFFEL-GRATIN AUS ZWEIERLEI KARTOFFELN

Dieses milde, wohlschmeckende Kartoffel-Gratin ist eine angenehme Beilage zu den pikant gewürzten Hühnerfleisch-Sandwiches.

1,5 l Sahne
6 Knoblauchzehen, mit dem Messer zerdrückt
Salz, frisch gemahlener Pfeffer und geriebene Muskatnuß
6 große Kartoffeln
6 große Süßkartoffeln

Den Backofen auf 190 °C vorheizen. In einem Topf die Sahne mit dem Knoblauch zum Kochen bringen, die Hitze reduzieren und bei niedriger Temperatur etwa 10 Minuten köcheln lassen. Den Knoblauch entfernen und die Sahne kräftig mit Salz, Pfeffer und Muskatnuß abschmecken. Die Sahne darf gern kräftig gesalzen sein, weil die ungewürzten Kartoffeln Salz und Sahne aufnehmen.

Während die Sahne auf dem Herd köchelt, die Kartoffeln schälen und in etwa ½ cm dicke Scheiben schneiden. Eine feuerfeste Form damit dachziegelförmig auslegen und mit der Sahne bedecken. Eventuell noch etwas Sahne zugießen, falls die Kartoffeln nicht ganz bedeckt sind. Etwa 45 Minuten im Ofen backen, bis die Kartoffeln weich sind.

FÜR 12 PERSONEN

SPINAT-SALAT MIT PEKANNÜSSEN UND BALSAMICO-VINAIGRETTE

Da für die Vinaigrette zweierlei Olivenöl verwendet wird, ist dieser leichte Salat ausgewogen im Geschmack.

500 g Gärtnerspinat
1 Bund Frühlingszwiebeln, geputzt und in dünne Scheiben geschnitten
125 ml Olivenöl
60 ml bestes kaltgepreßtes Olivenöl
90 ml Balsamico-Essig
Salz und frisch gemahlener Pfeffer
250 g geröstete Pekannüsse (siehe Glossar)
3 reife Birnen mit Schale, entkernt und in dünne Scheiben geschnitten (nach Belieben)

Den Spinat gründlich waschen, abtropfen lassen und die Stiele entfernen. Mit Küchenpapier oder einem Tuch trockentupfen (es bleiben etwa 375 g Spinat). Nach Belieben den Spinat in einem Plastikbehälter mehrere Stunden im Kühlschrank aufbewahren.

Spinat und Frühlingszwiebeln in eine große Salatschüssel geben. In einer kleinen Schüssel Olivenöl und Essig miteinander verrühren und mit Salz und Pfeffer abschmecken. Die Pekannüsse mit 125 ml Vinaigrette überziehen und zusammen mit den Birnen in die Salatschüssel geben. Den Salat mit der restlichen Vinaigrette überziehen, gut vermengen und sofort auftragen.

FÜR 12 PERSONEN

Sandwiches mit gegrilltem Hühnerfleisch; Kartoffel-Gratin aus zweierlei Kartoffeln; Spinat-Salat mit Pekannüssen und Balsamico-Vinaigrette

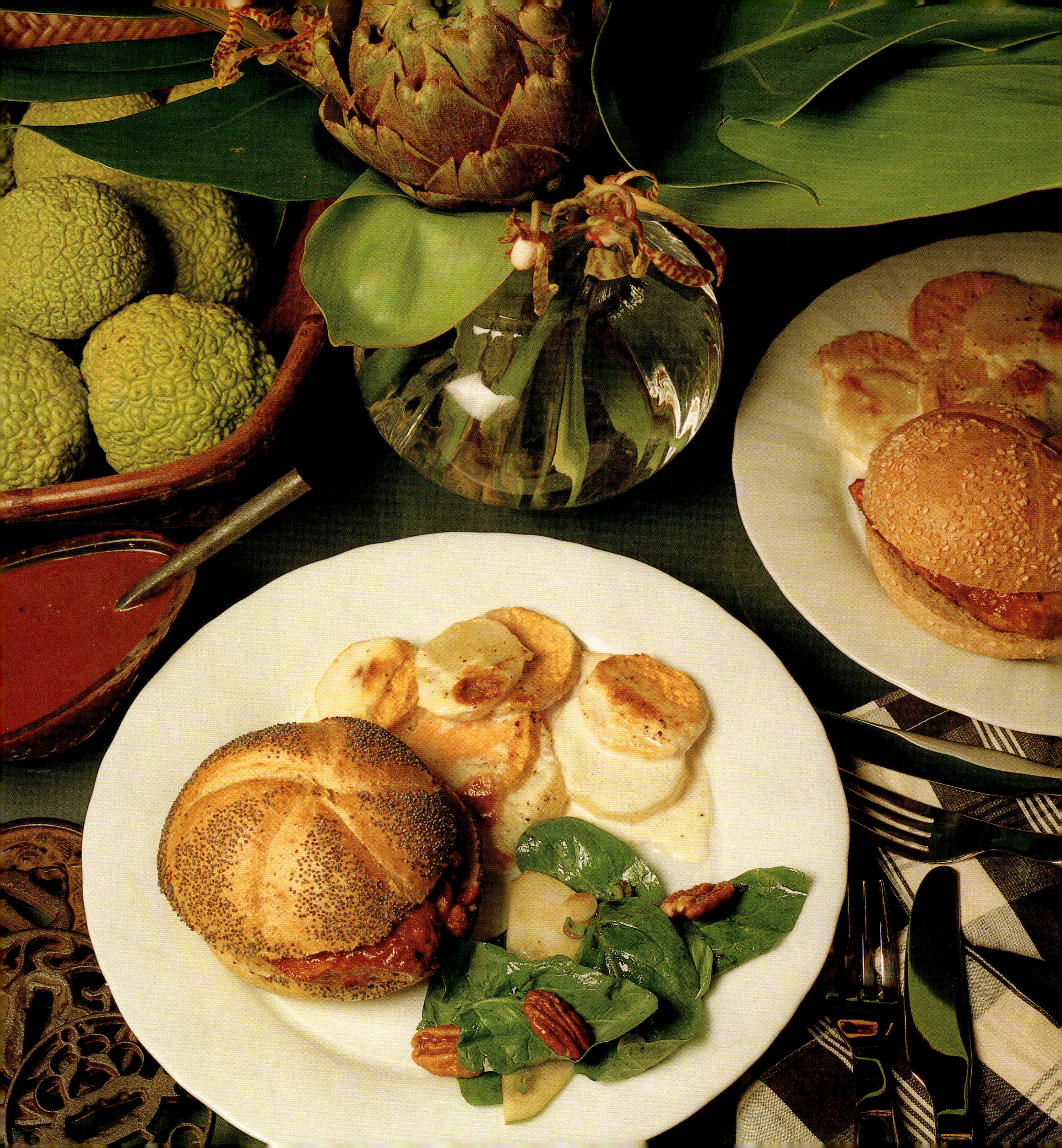

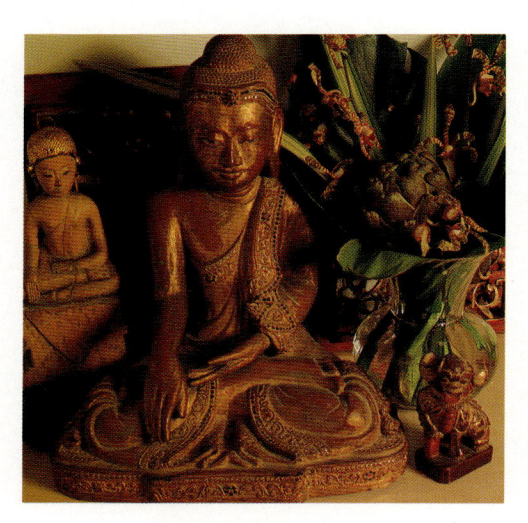

SCHOKOLADENKUCHEN

Den Schokoladenkuchen kann man nach Belieben mit Puderzucker bestäuben. Zum Servieren schneidet man ihn in Scheiben. Man kann ihn aus der Hand essen oder man serviert ihn auf Tellern mit etwas Schlagsahne oder Eis.

200 g Mehl, gesiebt
60 g ungesüßter Kakao, gesiebt
¼ TL Salz
60 g zartbittere Schokolade
250 g Butter, zimmerwarm
440 g brauner Zucker
3 Eier
1 TL Vanille-Essenz
250 g saure Sahne

Den Backofen auf 180 °C vorheizen. Eine Kastenform von etwa 23 cm Länge einbuttern. Mehl, Kakao und Salz in eine Schüssel sieben und beiseite stellen. Die Schokolade im heißen Wasserbad schmelzen lassen.

In einer großen Schüssel Butter und Zucker schaumig aufschlagen. Nacheinander die Eier unterrühren. Vanille-Essenz und geschmolzene Schokolade zugeben und gründlich vermengen. Ein Drittel der Mehl-Kakao-Mischung unterrühren, dann die Hälfte der sauren Sahne, danach das zweite Drittel Mehl, die restliche saure Sahne und zum Schluß das restliche Mehl unterrühren, bis schließlich ein glatter Teig entsteht. Den Teig in die vorbereitete Form füllen.

In den Ofen schieben und etwa 1 Stunde backen. Zur Garprobe mit einem kleinen Metallspieß oder einem Zahnstocher in den Kuchen stechen. Bleibt kein Teig daran kleben, ist der Kuchen gar und man kann ihn aus dem Ofen nehmen. Falls der Kuchen zu schnell braun wird, leicht mit Alufolie bedecken. Den Kuchen in der Form etwa 10 Minuten abkühlen lassen, auf ein Kuchengitter stürzen und vollkommen auskühlen lassen. In Scheiben schneiden und servieren.

ERGIBT EINEN KUCHEN VON ETWA 23 CM LÄNGE

Sammlerstücke sind mit dekorativem Grün als Blickfang auf einem Beistelltisch arrangiert.

Schokoladenkuchen

NEUJAHRS-BUFFET

GRUNDREZEPTE

Für eine Reihe von Rezepten dieses Buches benötigen Sie verschiedene Grundbrühen als Basis für die Zubereitung von Suppen, Eintöpfen usw., daneben Brote als Beilage und nicht zuletzt verschiedene Teige zur Herstellung von süßen oder pikanten Pasteten und Kuchen.

Sicher lassen sich Brot fertig und Teig aus der Tiefkühltruhe kaufen, doch wenn Sie Ihrer Einladung nach Hause einen besonderen, persönlichen Touch geben wollen, sollten Sie die lohnende Mühe auf sich nehmen und auch diese Dinge selbst zubereiten.

Die Zubereitungstechniken sind einfach, und vieles kann sich selbst überlassen bleiben: die Brühe, die auf dem Herd langsam vor sich hin köchelt, oder der Teig, der einige Stunden gehen muß.

Wenn Sie jedoch wenig Zeit haben, scheuen Sie sich nicht, das Benötigte im Laden fertig zu besorgen. Sie sollten allerdings auf beste Qualität achten, wenn Sie Fertigbrühen, gefrorenen Teig oder Brot und Gebäck kaufen.

Zögern Sie nicht zu improvisieren: Nur 150prozentige Feinschmecker werden merken, daß Sie für Ihr *aïoli* Mayonnaise aus der Tube mit frisch gepreßtem Knoblauch verrührt haben.

AÏOLI

Das Rezept für *aïoli* stammt aus der Provence. Dort bezeichnet *aïoli* auch ein traditionelles Gericht aus gekochten Gemüsen und Kartoffeln, das mit dieser Knoblauchmayonnaise serviert wird. *Aïoli* schmeckt ebenfalls ausgezeichnet zu unserer Winter-Bouillabaisse (Rezept auf Seite 161).

1 EL feingehackter Knoblauch
½ TL Salz
2 große Eigelb
3–4 EL frisch gepreßter Zitronensaft
500 ml Olivenöl

Knoblauch und Salz in einen Mörser geben und mit dem Stößel zu einer feinen Paste zerstoßen. Das Eigelb in die Küchenmaschine oder in den Mixer geben, 3 EL Zitronensaft zugießen und verrühren. Bei laufendem Motor in dünnem Strahl das Olivenöl zugießen. Mit dem Zugießen immer so lange warten, bis sich das Öl gut mit den restlichen Zutaten verbunden hat. Mit Salz und Zitronensaft abschmecken und den zerstoßenen Knoblauch unterrühren. In eine Schüssel geben und zugedeckt im Kühlschrank bis zu 8 Stunden aufbewahren.

ERGIBT ETWA 625 ML

RINDERBRÜHE

Diese Brühe von intensivem Geschmack und kräftiger Farbe ist eine gute Grundlage für Suppen, Eintöpfe und Saucen. Man kann sie einen ganzen Tag köcheln lassen, ohne ständig daneben stehen und den Kochvorgang überwachen zu müssen.

3 kg Beinscheiben vom Rind
2,5 l kaltes Wasser
Rindfleischparüren (nach Belieben)
2 Zwiebeln, grobgehackt
1 Stange Lauch, geputzt, sorgfältig gewaschen und grobgehackt
2 Mohrrüben, geschält und grobgehackt
1 Stange Sellerie, grobgehackt
Etwa 250 ml heißes Wasser
Pilzstiele (nach Belieben)
6 Knoblauchzehen
4 Petersilienstengel
10 Pfefferkörner
3 Thymianzweige
2 kleine Lorbeerblätter

Den Backofen auf 230 °C vorheizen. Die Beinscheiben in eine große Bratenpfanne legen und unter gelegentlichem Wenden etwa 1½ Stunden im Ofen bräunen.

Beinscheiben in einen Suppentopf geben, das kalte Wasser zugießen und nach Belieben die Rindfleischparüren hineingeben. Zum Kochen bringen, die Hitze reduzieren und die Brühe ohne Deckel köcheln lassen. Dabei aufsteigenden Schaum gelegentlich mit einem Schaumlöffel von der Oberfläche abschöpfen. Die Beinscheiben sollten stets mit ausreichend Wasser bedeckt sein; eventuell etwas Wasser nachgießen.

In der Zwischenzeit den Bratentopf auf den Herd stellen. Zwiebeln, Lauch, Mohrrüben und Sellerie hineingeben und bei hoher Temperatur unter häufigem Rühren in etwa 20 Minuten braun rösten. Die Gemüse in den Suppentopf geben. Den Bratentopf mit dem heißen Wasser ausschwenken, aufkochen lassen, den Bratensatz lösen und ebenfalls zu den Beinscheiben geben.

Pilzstiele und Knoblauch, Petersilienstengel, Pfefferkörner, Thymianzweige und Lorbeerblätter in ein kleines Mulltuch geben, mit Küchengarn fest verschnüren und in den Topf geben. Die Brühe ohne Deckel bei niedriger Temperatur mindestens 6–8 Stunden, vorzugsweise den ganzen Tag köcheln lassen.

Die Brühe vom Herd nehmen und durch ein mit einem Mulltuch ausgelegtes Sieb in eine große Schüssel gießen. Auf Zimmertemperatur abkühlen und zugedeckt im Kühlschrank kalt werden lassen. Die fest gewordene Fettschicht entfernen und die Brühe in einem oder mehreren kleinen festverschließbaren Behältern bis zu einigen Tagen im Kühlschrank oder bis zu 6 Monaten im Tiefkühlfach aufbewahren.

Ergibt etwa 2,5 Liter

Fischbrühe

Eine kräftige, schnell gekochte Fischbrühe, auch *fumet* genannt, ist die Basis für köstliche Fischsuppen und -eintöpfe. Bitten Sie Ihren Fischhändler um Fischabfälle. Sie können auch einen ganzen Fisch kaufen, verwenden die Filets für ein anderes Rezept und kochen aus den Abfällen eine Brühe.

3–4 kg Fischabfälle (Gräten, Köpfe, Schwänze) von weißfleischigen Edelfischen, vorzugsweise Wolfsbarsch, Seezunge oder Steinbutt
2 EL Olivenöl
2 l Wasser (oder nach Bedarf)
750 ml trockener Weißwein
3 Zwiebeln, gehackt
4 Stangen Sellerie, gehackt
3 Streifen Zitronenschale
5 Petersilienstengel
2 Thymianzweige
10 Pfefferkörner
4 Koriandersamen
3 Pimentkörner
1 Lorbeerblatt

Die Fischabfälle gründlich abspülen. Das Olivenöl in einem schweren, großen Topf bei mittlerer Temperatur erhitzen, die Fischabfälle hineingeben und in etwa 10 Minuten etwas Flüssigkeit abgeben lassen, dabei häufig umrühren.

Wasser, Wein, Zwiebeln und Sellerie zugeben. Zitronenschale, Petersilienstengel, Thymianzweige, Pfefferkörner, Koriandersamen, Piment und Lorbeerblatt in ein kleines Mulltuch legen, mit Küchengarn fest verschnüren und in den Topf geben. Aufkochen lassen, die Hitze reduzieren und ohne Deckel etwa 30 Minuten köcheln lassen. Dabei immer wieder den Schaum von der Oberfläche mit einem Schaumlöffel abschöpfen. Die Brühe durch ein mit einem Mulltuch ausgelegtes Sieb in eine große Schüssel gießen. Auf Zimmertemperatur abkühlen und zugedeckt im Kühlschrank kalt werden lassen. Innerhalb von 1–2 Tagen verbrauchen oder in einem oder mehreren kleinen festverschließbaren Behältern bis zu 6 Monaten im Tiefkühlfach aufbewahren.

Ergibt etwa 2,5 Liter

Hühnerbrühe

Hausgemachte Hühnerbrühe ist in der Küche unentbehrlich. Sie ist Grundlage für Suppen, Eintöpfe, Risottos und viele andere Zubereitungen. Man sollte die konzentrierte Brühe erst ganz zum Schluß mit Salz würzen.

1 Stange Lauch, geputzt, sorgfältig gewaschen und in 2 cm große Stücke geschnitten
3 kg Suppenhuhn-Teile
1 große Zwiebel, ungeschält, Wurzelansatz entfernt
1 große Mohrrübe, geschält und in etwa 2 cm große Stücke geschnitten
1 Stange Sellerie mit Blättern, in 2 cm große Stücke geschnitten
6 Petersilienstengel
3 Thymianzweige
1 Lorbeerblatt
½ TL Pfefferkörner
5 l Wasser
Salz

Den Lauch in einen großen Suppentopf geben. Hühnerteile, Zwiebel, Mohrrübe und Sellerie zufügen. Petersilienstengel, Thymianzweige, Lorbeerblatt und Pfefferkörner in ein kleines Mulltuch geben und fest mit Küchengarn verschließen. Zusammen mit dem Wasser in den Topf geben.

Bei niedriger bis mittlerer Temperatur zum Kochen bringen, dabei immer wieder den aufsteigenden Schaum von der Oberfläche abschöpfen. Den Topf nicht ganz verschließen und die Brühe etwa 2 Stunden leise köcheln lassen. Dabei gelegentlich den aufsteigenden Schaum entfernen.

Die Hühnerbrühe durch ein mit einem Mulltuch ausgelegtes Sieb in eine große Schüssel gießen. Mit Salz würzen und auf Zimmertemperatur abkühlen lassen. Zugedeckt im Kühlschrank kalt werden lassen. Die Brühe herausnehmen und die fest gewordene Fettschicht entfernen. In einem oder mehreren kleinen, festverschließbaren Behältern einige Tage im Kühlschrank oder bis zu 6 Monaten im Tiefkühlfach aufbewahren.

Ergibt etwa 4 Liter

GRUNDREZEPTE

BAGUETTES

Nicht nur in Frankreich erfreut sich das Stangenweißbrot besonderer Beliebtheit, auch bei uns reicht man es zu vielen Gerichten. Es läßt sich ganz einfach herstellen. Damit es schön knusprig wird, sollte man es während der Backzeit in den ersten 10 Minuten drei- bis viermal mit etwas Wasser besprühen.

1 EL Trockenhefe
625 ml warmes Wasser (etwa 40 °C)
950 g Mehl
1 EL Salz

Die Hefe in einer großen Rührschüssel in dem warmen Wasser auflösen. Nach und nach das Mehl und Salz mit einem elektrischen Handrührgerät oder mit dem Holzlöffel unterrühren. Mit dem Knethaken des Handrührgeräts oder mit den Händen auf einer leicht bemehlten Arbeitsfläche in 5–10 Minuten kräftig zu einem glatten und elastischen Teig verarbeiten. Eventuell noch etwas Mehl zugeben, falls der Teig noch klebrig ist. Den Teig zu einer Kugel formen, in eine eingeölte Schüssel geben und zugedeckt an einem warmen Platz etwa 1 Stunde gehen lassen, bis er sein doppeltes Volumen erreicht hat. Nochmals durchkneten und zugedeckt über Nacht in den Kühlschrank stellen.

Den Teig aus dem Kühlschrank nehmen und bei Zimmertemperatur 1 Stunde ruhen lassen. Zu drei Baguettes formen und auf ein Backblech geben. Mit einem sauberen Tuch bedecken und an einem warmen Platz nochmals etwa 1 Stunde gehen lassen, bis die Brotstangen ihr doppeltes Volumen erreicht haben.

Den Backofen auf 220 °C vorheizen. Die Oberfläche der Baguettes mit einem scharfen Messer oder mit einer Rasierklinge in gleichmäßigen Abständen einige Male diagonal einschneiden. Die Brote in den Ofen schieben und in etwa 20 Minuten goldbraun backen. Während der ersten 10 Minuten die Baguettes drei- bis viermal mit etwas Wasser benetzen. Die Baguettes aus dem Ofen nehmen und auf einem Kuchengitter abkühlen lassen.

ERGIBT 3 BROTE VON JE ETWA 500 GRAMM

LANDBROT

In Italien ist dieses aus Sauerteig hergestellte Brot unter dem Namen *pane integrale* bekannt. Stellt man die doppelte Menge Sauerteigansatz her, erleichtert dies die künftige Herstellung von Broten.

SAUERTEIGANSATZ:
250 ml warmes Wasser (etwa 40 °C)
1/8 TL Trockenhefe
300 g Mehl

FÜR DEN TEIG:
1 EL Trockenhefe
550 ml warmes Wasser (etwa 40 °C)
2 EL Olivenöl
100 g dunkles Roggenmehl
125 g grobes Weizenvollkornmehl
750 g Weizenmehl
1 EL Salz

Für den Sauerteigansatz Wasser, Hefe und Mehl in eine Rührschüssel geben und mit einem elektrischen Handrührgerät bei mittlerer Drehzahl oder mit einem Holzlöffel etwa 3 Minuten durcharbeiten. Wenn sich der Teigansatz vom Schüsselrand löst, in einen etwa 4 Liter fassenden Behälter geben und vor Gebrauch zugedeckt über Nacht bei Zimmertemperatur ruhen lassen. Noch besser ist es, den Teigansatz weitere ein bis zwei Tage in den Kühlschrank zu stellen, damit er sein volles Aroma entwickeln kann.

Für den Brotteig Hefe und Teigansatz zusammen mit dem warmen Wasser in eine Rührschüssel geben und mit dem elektrischen Handrührgerät oder einem Holzlöffel etwa 5 Minuten durcharbeiten.

Olivenöl, Roggen-, Vollweizen- und Weizenmehl und Salz mit dem Knethaken bei mittlerer Drehzahl einarbeiten. Etwa 5 Minuten zu einem festen Teig verkneten, bis er sich vom Schüsselrand löst. (Oder den Teig mit den Händen auf einer leicht bemehlten Arbeitsfläche so lange kneten, bis er glatt und elastisch ist. Eventuell noch etwas Mehl zugeben, falls er leicht klebrig ist.) Den Teig in eine eingeölte Schüssel geben und zugedeckt über Nacht in den Kühlschrank stellen.

Aus dem Kühlschrank nehmen und den Teig zu zwei Brotlaiben formen. Auf ein gefettetes Backblech setzen oder in eingeölte Formen geben. Mit einem sauberen Tuch bedecken und an einem warmen Platz etwa 1½–2 Stunden gehen lassen, bis die Brote ihr doppeltes Volumen erreicht haben.

Den Backofen auf 230 °C vorheizen. Mit einem scharfen Messer oder mit einer Rasierklinge die Oberfläche der Brote dreimal diagonal einschneiden. Die Laibe in den Ofen schieben, die Temperatur auf 200 °C herunterschalten und in 45–60 Minuten goldbraun backen. Dabei die Brote während der ersten 20 Minuten viermal mit etwas Wasser besprühen. Aus dem Ofen nehmen und auf einem Kuchengitter abkühlen lassen.

ERGIBT 2 BROTE
VON JE ETWA 900 GRAMM

MÜRBETEIG

Wenn Sie den Teig nach diesem Rezept zubereiten, gelingt er Ihnen mühelos. Für einen süßen Kuchenboden gibt man etwas Zucker in den Teig, für eine herzhafte Zubereitungsart läßt man ihn einfach weg. Bereitet man den Teig mit Butter zu, bekommt er eine blättrige Konsistenz; mürber wird er, wenn man Margarine verwendet. Man kann ihn natürlich auch zur Hälfte aus Butter, zur anderen Hälfte aus Margarine herstellen. Die mit Teig ausgekleidete Form wird mindestens 30 Minuten in den Kühlschrank gestellt, damit der Teig wieder fest werden kann und das Mehl Zeit hat, den Kleber zu entwickeln.

FÜR EINEN EINFACHEN TEIGBODEN:

125 g kalte Butter oder Margarine, oder halb und halb
250 g Mehl
½ TL Salz
1 EL Zucker (nach Belieben)
3–4 EL kaltes Wasser

FÜR EINEN DOPPELTEN TEIGBODEN:

180 g kalte Butter oder Margarine, oder halb und halb
360 g Mehl
¾ TL Salz
2 EL Zucker (nach Belieben)
6–7 EL kaltes Wasser

Butter und/oder Margarine in kleine Stücke schneiden. Mehl, Salz und nach Belieben Zucker in eine Schüssel geben und Butter und/oder Margarine zufügen. Die Zutaten mit den Fingerspitzen oder mit zwei Messern schnell miteinander zu groben Bröseln verarbeiten. Nach und nach eßlöffelweise das Wasser mit einer Gabel unterrühren, bis sich alle Zutaten gut miteinander verbunden haben. Den Teig auf einer leicht bemehlten Arbeitsfläche mit kalten, bemehlten Händen durchkneten. Für die Herstellung von einem Teigboden und -deckel den Teig in zwei Portionen teilen, wobei die eine etwas größer sein sollte als die andere. Den Teig ausrollen und, wie oben beschrieben, eine oder zwei Formen damit belegen. Die Formen in den Kühlschrank stellen und den Teig mindestens 30 Minuten ruhen lassen.

Den Backofen auf 200 °C vorheizen. Den Teig mit Alufolie belegen und mit Hülsenfrüchten beschweren. In den Ofen schieben und 10 Minuten blind backen. Die Hitze auf 180 °C reduzieren und weitere 15–20 Minuten backen, bis der Teig goldbraun ist. Alufolie und Hülsenfrüchte 5 Minuten vor Ende der Backzeit entfernen. Den Teigboden auf einem Kuchengitter auskühlen lassen.

MAISBROT

250 g gelbes Maismehl
60 g Weizenmehl
1 EL Backpulver, ½ TL Natron
1 TL Salz
375 ml Buttermilch
1 Ei, verquirlt
60 g warmes ausgelassenes Fett von Bauch- oder Frühstücksspeck
3 EL Ahornsirup
1 EL zerlassene Butter zum Bestreichen

Den Backofen auf 220 °C vorheizen. Die Zutaten für das Brot gut miteinander vermischen, dabei lediglich 3 Eßlöffel Fett zufügen. Das restliche Fett in einer gußeisernen Pfanne von etwa 23 cm Durchmesser bei mittlerer Temperatur erhitzen, den Teig hineingeben und mit zerlassener Butter bestreichen. Das Maisbrot im Ofen in etwa 15–20 Minuten goldgelb backen.

WEIZENMEHL-TORTILLAS

500 g Weizenmehl
125 g Schmalz oder Pflanzenfett
2 TL Salz
1/4 l warmes Wasser (45 °C)

Das Mehl in eine große Schüssel sieben. Mit dem Messer das Fett darunterarbeiten, bis grobe Brösel entstehen. Das Salz im warmen Wasser auflösen. Langsam zur Mehlmischung geben; alles mit den Fingern durcharbeiten. Zu einem festen Teig verkneten und auf einem bemehlten Brett noch 3 Minuten weiterkneten. Mit einem bemehlten Küchentuch zudecken, 1 Stunde ruhen lassen. Danach 1 Minute durchkneten; weitere 10 Minuten zugedeckt stehenlassen.

Vom Teig 4 cm große Stücke abnehmen und zu Tortillas von etwa 18 cm Durchmesser ausrollen. Dabei darauf achten, daß sie am Rand nicht dünner werden als in der Mitte. Die Tortillas übereinanderlegen.

Eine gußeiserne Pfanne stark erhitzen. Die Tortillas jeweils 20 Sekunden auf der ersten Seite und 10 Sekunden auf der zweiten Seite rösten. Sie sollen hellbraun gesprenkelt, ansonsten aber weiß sein. Die Pfanne zwischendurch immer wieder mit Küchenkrepp auswischen.

Die Tortillas auf einem Teller stapeln, mit einem Küchentuch bedecken. Vor dem Servieren locker mit Alufolie abdecken, bei niedriger Temperatur im Ofen nochmals erwärmen.

Baguette; Landbrot; Mürbeteigboden

GROSSE BRATEN ZUBEREITEN UND TRANCHIEREN

Außen goldbraun, innen saftig und zart – so sollten gebratenes Geflügel, gebratene Rinderrippe und Lammkeule bei jedem festlichen Essen auf den Tisch kommen. Die nachfolgenden Tips sollen Ihnen den Umgang mit Braten erleichtern.

Die jeweiligen Garzeiten der Braten hängen von der Größe des Fleischstücks und bei Rind- oder Lammfleisch vom gewünschten Garpunkt ab. Außerdem sollten Sie beachten, daß Fleisch, das direkt aus dem Kühlschrank noch kalt in den Ofen kommt, eine längere Bratzeit benötigt. Man sollte es daher rechtzeitig – möglichst eine Stunde vor der Zubereitung – aus dem Kühlschrank nehmen. Auch sollte man das Fleisch so rechtzeitig zum Braten in den Ofen geben, daß es vor dem Tranchieren noch etwas ruhen kann.

Um den Braten auf den Punkt gegart auf den Tisch zu bringen, sollte man ein Fleischthermometer benutzen. Es zeigt die Temperatur innerhalb von Sekunden an und ist einfach zu handhaben. Nach dem Braten läßt man das Fleisch vor dem Anschneiden – locker mit Alufolie bedeckt – etwa 15 Minuten ruhen, damit sich die Fleischfasern entspannen, sich der Bratensaft im ganzen Braten verteilen kann und nicht heraustritt und das Fleisch saftig und zart bleibt. Während der Braten ruht, steigt die Temperatur in der Fleischmitte um 2–3 °C.

Gebratener Truthahn

Den Backofen auf 180 °C vorheizen. Den Truthahn, Brustseite nach unten, auf einen Rost über einer Bratenpfanne legen und locker mit Alufolie bedecken.

Den Truthahn in den Ofen schieben und von allen Seiten goldbraun braten. Dabei 45 Minuten vor Ende der Bratzeit wenden, die Brustseite zeigt jetzt nach oben. Zur Garprobe mit einem Fleischthermometer in die fleischigste Stelle der Keule stechen, dabei den Knochen nicht berühren. Zeigt das Thermometer eine Temperatur von etwa 80 °C an, ist der Vogel gar und man kann ihn aus dem Ofen nehmen. Ein 4–6 Kilogramm schweres Tier benötigt eine Bratzeit von insgesamt etwa 2–3¼ Stunden, ein Vogel von 6–8 Kilogramm 3¼–4¼ Stunden und ein 8–10 Kilogramm schwerer Truthahn wird etwa 4¼–5 Stunden braten müssen.

Für einen gefüllten Truthahn muß man zusätzlich zur Gesamtbratzeit nochmals 30–45 Minuten rechnen.

Gebratenes Huhn

Den Backofen auf 165 °C vorheizen. Das Huhn auf einen Rost über einer Bratenpfanne legen.

Das Huhn erst von einer Seite goldbraun braten, wenden und auf der anderen Seite ebenfalls braun werden lassen. Zum Schluß mit der Brustseite nach oben braten.

Zur Garprobe mit einem Fleischthermometer in die fleischigste Stelle der Keule stechen, dabei den Knochen nicht berühren. Wenn das Thermometer eine Temperatur von etwa 80 °C anzeigt, ist das Huhn gar und man kann es aus dem Ofen nehmen. Für einen 1–2 Kilogramm schweren Vogel rechnet man mit einer Bratzeit von insgesamt etwa 1–1½ Stunden, ein Huhn von 2–3½ Kilogramm braucht insgesamt 1½–2 Stunden.

Gebratene Hochrippe

Den Backofen auf 250 °C vorheizen. Die Hochrippe, Knochen nach unten, in einen Bratentopf geben und 15 Minuten braten.

Die Hitze auf 165 °C reduzieren und das Fleisch so lange weiterbraten, bis es von allen Seiten schön gebräunt ist und den gewünschten Garpunkt erreicht hat.

Zur Garprobe mit einem Fleischthermometer in die Mitte des Fleischstücks stechen, dabei darauf achten, daß man keinen Knochen berührt. Zeigt es eine Temperatur von etwa 50 °C an, ist das Fleisch blutig gebraten; man rechnet dafür mit einer Bratzeit von etwa 15 Minuten pro 500 Gramm Fleisch. Ist das Fleisch rosa gebraten, zeigt das Thermometer etwa 60 °C an. Rosa gebratenes Fleisch benötigt eine Garzeit von etwa 20 Minuten pro 500 Gramm.

Gebratene Lammkeule

Den Backofen auf 180 °C vorheizen. Die Lammkeule auf einen Rost über einer Bratenpfanne legen und so lange braten, bis sie schön gebräunt ist und den gewünschten Garpunkt erreicht hat.

Zur Garprobe mit einem Fleischthermometer in die dickste Stelle der Lammkeule stechen, dabei darauf achten, daß man den Knochen nicht berührt. Zeigt das Thermometer eine Temperatur von 57–60 °C an, ist die Keule blutig bis rosa gebraten. Eine 3–3½ Kilogramm schwere Keule muß etwa 1½ Stunden im Ofen garen.

Bei einer halb durchgebratenen Lammkeule dauert die Bratzeit etwa 2 Stunden. Das Fleischthermometer zeigt dann eine Temperatur von etwa 65 °C an.

TRANCHIEREN EINES TRUTHAHNS

Man sollte nur soviel Fleisch von Keule und Brust vom Truthahn aufschneiden, wie man jeweils zum Servieren benötigt. Erst eine Seite des Vogels ganz aufschneiden, bevor man mit der anderen beginnt. Am besten eignet sich ein langes, scharfes, stabiles Messer.

1. Keule und Flügel abschneiden.
Die Haut zwischen Keule und Brust durchschneiden. Die Keule nach außen biegen, das Gelenk durchtrennen und die Keule lösen. Den Flügel nach außen biegen und das Gelenk durchschneiden.

2. Keule in Scheiben schneiden.
Ober- und Unterschenkel durchschneiden. Jeweils im Ganzen servieren oder den unteren Teil der Keule parallel zum Knochen in dünne Scheiben schneiden.

3. Die Brust tranchieren.
Die zu tranchierende Seite mit der Gabel leicht gegen den Brustknochen drücken und die Truthahnbrust diagonal zur Faser, von außen her beginnend, senkrecht in dünne Scheiben schneiden.

GROSSE BRATEN ZUBEREITEN UND TRANCHIEREN

TRANCHIEREN EINES HUHNS

Hierbei wird genauso vorgegangen wie beim Tranchieren eines Truthahns. Da ein Huhn jedoch kleiner ist, empfiehlt es sich, ein kleineres Messer zu verwenden. Die Brust kann man wie beim Truthahn zum Servieren in Scheiben schneiden oder im Ganzen auftragen.

1. Keule und Flügel abschneiden.
Die Haut zwischen Keule und Brust durchschneiden. Die Keule nach außen biegen, das Gelenk durchtrennen und die Keule lösen. Den Flügel nach außen biegen und das Gelenk durchschneiden.

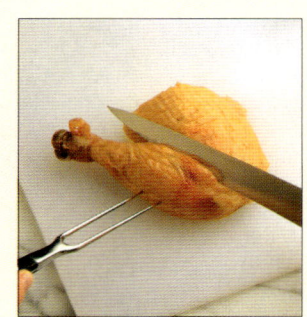

2. Ober- und Unterschenkel durchschneiden
Bei einem kleinen Huhn läßt man die Keule unzerteilt. Bei einem großen Vogel das Kniegelenk durchtrennen und die Keule in zwei Stücke zerteilen.

3. Die Brust tranchieren.
Von außen her beginnend die Brust senkrecht in lange, dünne Scheiben schneiden. Man kann das Brustfleisch auch von den Knochen lösen und im Ganzen servieren.

TRANCHIEREN EINES HOCHRIPPENSTÜCKS

Eine Hochrippe ist mit einem langen scharfen Messer und einer großen Fleischgabel einfach zu tranchieren. Für Gäste, die das Fleisch gern vom Knochen nagen, sollten Sie einige Scheiben mitsamt Knochen servieren.

1. Die erste Scheibe.
Das Fleischstück auf ein Brett legen und mit der Gabel festhalten. Eine Scheibe entgegen der Faser herunterschneiden und mit einem horizontalen Schnitt von der Rippe lösen.

2. Weiteres Aufschneiden.
Parallel zur ersten Scheibe das Hochrippenstück in der gewünschten Dicke aufschneiden, dabei den Knochen entfernen oder aber mit den Rippen auftragen.

TRANCHIEREN EINER LAMMKEULE

Man schneidet die Keule parallel zum Knochen in dünne Scheiben, so daß jeder Gast Fleisch von der runden Seite sowie vom Muskelfleisch der gegenüberliegenden Seite der Keule bekommt.

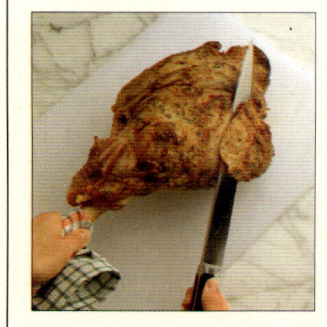

1. Die runde Seite der Keule tranchieren.
Den Unterschenkelknochen festhalten und die Keule etwas anheben. Von außen beginnend parallel zum Knochen die erste Scheibe abschneiden.

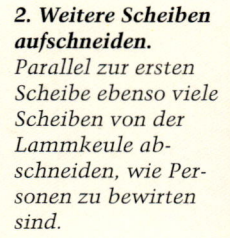

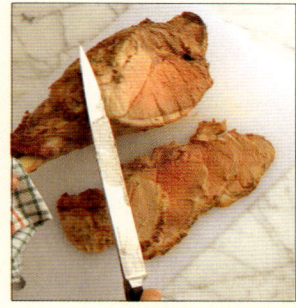

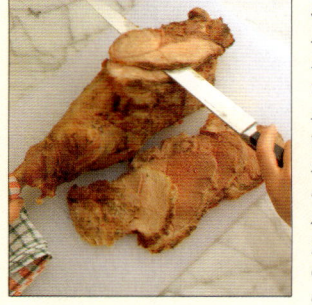

2. Weitere Scheiben aufschneiden.
Parallel zur ersten Scheibe ebenso viele Scheiben von der Lammkeule abschneiden, wie Personen zu bewirten sind.

3. Den langen Muskel tranchieren.
Die Keule mit der tranchierten Seite nach unten legen und den langen Muskel aufschneiden. Dabei parallel zum Knochen für jeden Gast eine dünne Scheibe abschneiden.

Ein hübsch gedeckter Tisch

Die Abbildungen auf diesen Seiten zeigen, wie vielfältig die Auswahl an Geschirr, Besteck und Gläsern für den passend gedeckten Tisch ist. Welche Zusammenstellungen Sie letztendlich wählen, hängt vom Grad der Förmlichkeit ab, die Sie dem Anlaß beimessen, und natürlich von dem dazu gewählten Menü. Für ein Gedeck zu einem weniger förmlichen Anlaß (unten rechts) wird man eher Geschirr und Besteck wählen, das man sonst auch alltäglich gebraucht, während ein festliches Gedeck (gegenüberliegende Seite) nach ausgefallenerer und eleganterer Tischkultur verlangt.

Wie auch immer Sie Ihren Tisch decken, folgen Sie nach Möglichkeit den allgemein üblichen Grundregeln, die aus den Abbildungen ersichtlich sind, und plazieren Sie Teller, Gläser und Besteck so, daß Ihre Gäste sie am gewohnten Ort wiederfinden.

Das Servieren der Gerichte, egal ob bei einem formellen oder legeren Essen, sollte einer gewissen Logik folgen. Die Speisen werden immer links vom Gast gereicht oder aufgelegt, abgeräumt wird immer von rechts. Diese Servierregeln blicken auf eine lange Tradition zurück und machen heute noch Sinn, da sich die Gäste auf die Abfolge von Servieren und Abräumen in jeweils nur eine Richtung einstellen können.

Informelles Gedeck

Das unten abgebildete Gedeck ist in zweierlei Hinsicht informell: Zum einen besteht es aus eher alltäglichen Gebrauchsgegenständen, einem dreiteiligen Besteck aus nichtrostendem Stahl, einem Keramikteller im rustikalen Stil, einer Leinenserviette und einem schlichten Allzweckglas.

Zum anderen deutet es, was der wichtigere Aspekt ist, schon die Einfachheit der zu erwartenden Mahlzeit an. Die Vorspeisengabel deutet auf einen Salat als ersten Gang hin, dem ein Hauptgang folgt, der mit Messer und Gabel zu bewältigen ist. Das einsame Allzweckglas macht deutlich, daß es nur eine Sorte Wein oder auch nur Wasser oder ein anderes nichtalkoholisches Getränk zum Essen gibt.

Aus diesem einfachen Arrangement lassen sich schon einige Grundregeln ableiten. Alle Teile des Gedecks werden in der Reihenfolge aufgelegt, in der man sie benutzen wird. Die Stoffserviette liegt links von Teller und Gabeln; die gefaltete Seite zeigt zum Teller, so daß sie der Gast leicht an der ihm zugewandten Ecke aufnehmen, öffnen und auf seinem Schoß ausbreiten kann. Rechts von der Serviette liegt die Vorspeisengabel, daneben, direkt neben dem Teller, die Gabel für die Hauptspeise.

Das Messer liegt rechts vom Teller, die scharfe Seite der Klinge zeigt zum Teller hin. Wenn Sie einen Suppengang einplanen, liegt der Löffel rechts vom Messer. Das Glas steht im freien Raum oberhalb des Tellers, ein wenig links vom Messer.

Zusätzlich benötigtes Besteck – zum Beispiel Dessertgabeln oder -löffel – wird bei einem informellen Essen am besten erst mit der jeweiligen Speise aufgetragen; Kaffeelöffel werden auf die Untertasse gelegt, wenn der Kaffee gereicht wird.

Für ein informelles Essen empfiehlt es sich zudem, Sets aufzulegen. Sie schützen nicht nur die empfindliche Tischplatte, sondern geben jedem Platz einen individuellen Akzent und tragen durch ihre Farben und Muster zu einem stimmigen Ambiente bei.

Zu jedem Getränk das passende Glas (von links nach rechts): Weißweinglas, rundes Glas für Burgunder, bauchiges Glas für Rot- und Weißwein oder Wasser, Allzweck-Weinglas, Schwenker für Weinbrand, Champagnerflöte, Sherry- oder Dessertweinglas.

Zusätzliche Besteckteile, die je nach Bedarf die auf diesen Seiten gezeigten Standardbesteckteile ergänzen (von links nach rechts): Imbißgabel, Imbißmesser, Fischgabel, Fischmesser, das man auch als Buttermesser benutzen kann, Saucenlöffel, der auch für sämige Suppen geeignet ist, Suppenlöffel, Serviergabel und -löffel, Servierpalette.

Allzweckglas

Serviette

Vorspeisengabel

Gabel

Teller

Messer

FORMELLES GEDECK

Für ein Essen in festlichem Rahmen wählt man ein Gedeck, dessen Eleganz und Anordnung dem gehobenen Anlaß entspricht, gewöhnlich feines Porzellan, das durch schönes Silber, bestickte Damastservietten und geschliffene Kristallgläser mit Goldrand ergänzt wird. Die Erlesenheit des Tafelgeschirrs wird durch eine Tischdecke aus feinem Damast unterstrichen, auf die man auch verzichten kann, wenn die Tischplatte aus edlem Holz ist.

Auch hier wird jedes Gedeckteil in der Reihenfolge aufgelegt, in der es benutzt wird. Die Serviette, die lediglich zu einem Rechteck gefaltet wurde, damit das Monogramm besser zur Geltung kommt, liegt ganz links, damit man sie mühelos entfalten und auf dem Schoß ausbreiten kann. Die Servietten lassen sich natürlich auch, wie auf den Seiten 182 und 183 beschrieben, zu komplizierteren Formen falten und werden dann in die Mitte des Speisetellers gesetzt.

Rechts von der Serviette liegen die Gabeln, die in der Reihenfolge ihrer Benutzung angeordnet sind: die Vorspeisengabel links von der Gabel für das Hauptgericht. Über den Gabeln steht der Brotteller mit einem separaten Buttermesser für jeden Gast, das so auf dem Tellerrand liegt, daß der Griff nach rechts zeigt.

Das Messer für die Hauptspeise liegt direkt rechts neben dem Teller, die scharfe Klinge zeigt zum Teller hin. Rechts neben dem Messer liegt der Suppenlöffel.

Die Gläser werden ebenfalls in der Reihenfolge ihrer Benutzung angeordnet. Beim klassischen Gedeck stehen sie in einer Reihe, wir bevorzugen ein Arrangement, das sich heute immer mehr durchsetzt, da es platzsparend ist: Am nächsten zur rechten Hand steht das Glas für den Weißwein, der gewöhnlich zu den ersten Gängen serviert wird, links davon das Rotweinglas und dahinter ein Wasserglas.

Beim formellen Gedeck werden die Bestecke für das Dessert normalerweise schon vorher zusammen mit dem übrigen Besteck aufgelegt, und zwar oberhalb des Tellers. Der Griff des Dessertlöffels zeigt nach rechts, der der Dessertgabel nach links. Falls erforderlich, kann das Dessertbesteck aber auch erst dann zu beiden Seiten des Desserttellers aufgelegt werden, wenn das Dessert serviert wird.

Je nachdem, wie Sie Ihr Menü zusammenstellen, können Sie das Gedeck ausgestalten. Sie können sich bei bestimmten Getränken für andere, in Form und Größe passende Gläser entscheiden und unter mehr als zwei Dutzend Besteckteilen, die im Laufe der Jahrhunderte entwickelt wurden, wählen. Der Kasten auf der vorhergehenden Seite zeigt Ihnen eine kleine Auswahl davon. Das Zusammenspiel von Eleganz und Funktionalität dieser Gedeckteile ist zwar berückend, dennoch sind sie für das Gelingen eines festlichen Essens nicht zwingend notwendig.

Oft überzeugt ein Tisch, der einfach und überschaubar mit Rücksicht auf die Annehmlichkeit und Bequemlichkeit der Gäste gedeckt wurde, durch seine schlichte Eleganz mehr als eine mit überflüssigen Dingen überladene Tafel.

SERVIETTEN RICHTIG FALTEN

Jeder gedeckte Tisch gewinnt an Abwechslung und Stil, wenn man die Servietten zu einem der fünf hier gezeigten klassischen Muster faltet.

Wir empfehlen Servietten aus festem Leinen oder fester Baumwolle, da sie aufnahmefähiger sind als Servietten aus synthetischen oder imprägnierten Fasern. Damit man sie gut falten kann, sollten die Servietten nach dem Waschen gestärkt und gebügelt werden. Eine zusätzliche dekorative Wirkung erzielt man, indem man sie mit Bändern oder Blumen schmückt.

Um die Prozedur des Faltens anschaulicher zu machen, haben wir weiße Leinenservietten in einer Größe von 50 x 50 cm ausgewählt. Es steht Ihnen natürlich frei, je nach Anlaß Servietten aus anderem Stoff mit anderen Farben und Mustern zu verwenden.

Eine einfache Serviette aus Leinen oder einem anderen, eventuell bunten Stoff, aufgerollt, in Form einer Fliege geknotet und diagonal auf den Teller gelegt, gibt auch einem einfachen Alltagsessen eine lockere Eleganz.

FLIEGE

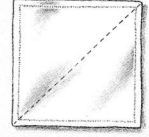

Sie gelingt am einfachsten und ist trotzdem gefällig, weswegen wir sie zu vielen Menüs in diesem Buch ausgewählt haben.

Jede Serviette, egal aus welchem Stoff oder wie groß, läßt sich leicht in diese Form falten, die ideal zu legeren oder halbformellen Essen paßt.

Diese Art der Faltung läßt sich besonders gut bei Servietten mit folkloristischen Mustern anwenden. Man kann zudem kleine Geschenke in die Knoten stecken, wie zum Beispiel die Miniatur-Nudelhölzer beim Sommer-Brunch mit maghrebinischen Aromen (siehe Seite 74), die der Party einen originellen Anstrich geben.

1. Die obere linke Ecke zur unteren rechten Ecke falten, so daß ein Dreieck entsteht.

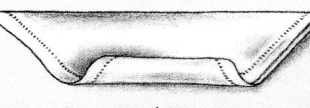

2. Die Serviette so drehen, daß die Spitze auf Sie weist. Mit der Spitze beginnend die Serviette so rollen, daß ein Zylinder entsteht.

3. Den Zylinder so in der Mitte knoten, daß die Serviette eine V-Form erhält. Man kann sie auch in gerader Form quer über den Teller drapieren.

ASTORIA

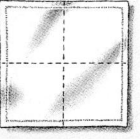

Auch die Astoria-Faltung ist einfach und wirkt doch so elegant, daß sie auch für formelle Gelegenheiten geeignet ist. Die Form läßt sich variieren, indem man den zweiten Arbeitsschritt ausläßt und die Spitze nicht umschlägt. Die Serviette hat dann zwei spitze Enden.

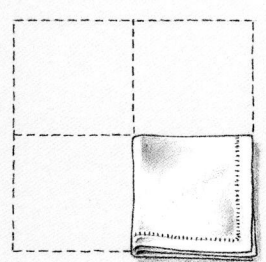

1. Die Serviette zuerst zu einem Rechteck, dieses zu einem Quadrat falten.

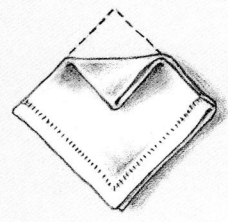

2. Die Serviette um 90 Grad drehen, so daß die offene Spitze auf Sie weist. Die geschlossene Spitze zur Mitte der Servietten hin falten.

3. Die linke Ecke so falten, daß ihre Spitze gerade über die Serviettenmitte reicht.

4. Die rechte Ecke spiegelbildlich ebenso falten und die Serviette umdrehen.

MITRA

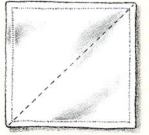

Die Mitra oder Bischofsmütze schmückt schon seit Jahrhunderten erlesene Tafeln und verleiht auch heute formellen Anlässen besondere Würde. Man kann sie sowohl stehend wie liegend arrangieren.

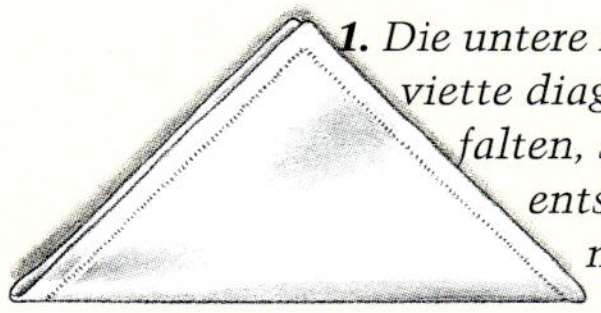

1. Die untere rechte Hälfte der Serviette diagonal über die obere falten, so daß ein Dreieck entsteht. Die geschlossene Seite der Serviette zeigt zu Ihnen.

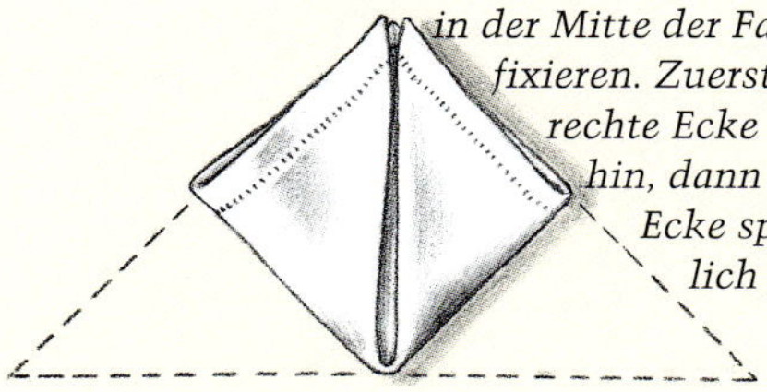

2. Die Serviette mit den Fingern in der Mitte der Falte fixieren. Zuerst die rechte Ecke zur Spitze hin, dann die linke Ecke spiegelbildlich falten.

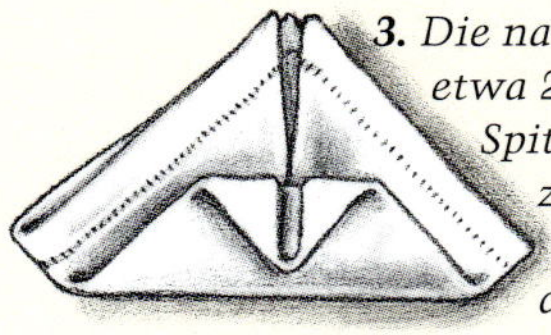

3. Die nach unten weisende Ecke etwa 2½ cm hoch zur oberen Spitze falten, sie dann so zurückfalten, daß sie auf die geschlossene Seite der Serviette weist.

4. Die Serviette vorsichtig auf die andere Seite drehen und die linke Seite zur Mitte hin falten.

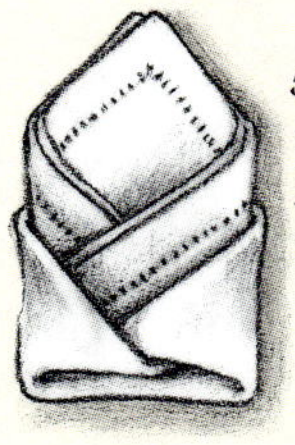

5. Die rechte Seite ebenfalls zur Mitte hin falten und die Spitze in die linke Tasche stecken. Die Serviette umdrehen.

SERVIETTENTASCHE

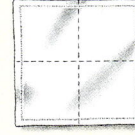

Diese Art des Serviettenfaltens ist ebenso dekorativ wie praktisch. Vor allem bei einem Buffet erweisen sich so gefaltete Servietten als besonders praktisch, weil sie als Behältnis für die Bestecke dienen können.

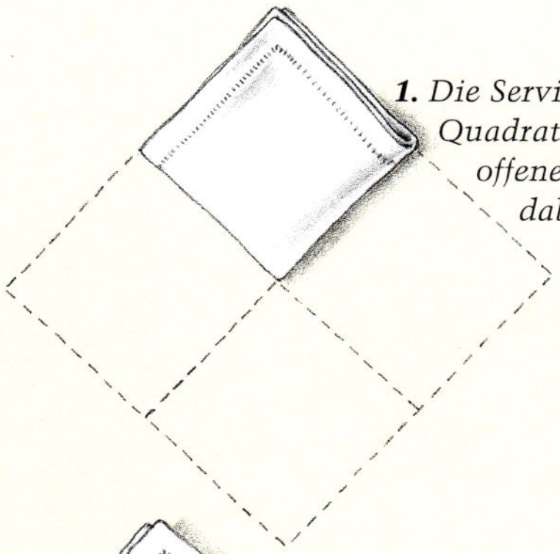

1. Die Serviette zu einem Quadrat falten. Die offene Spitze zeigt dabei nach oben.

2. Die obere Lage der Serviette auf die untere Spitze falten, so daß eine Tasche entsteht.

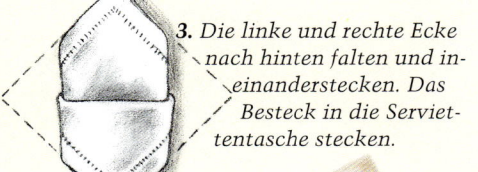

3. Die linke und rechte Ecke nach hinten falten und ineinanderstecken. Das Besteck in die Serviettentasche stecken.

FÄCHER

Mit einer zu einem Fächer gefalteten Serviette kann man eine Tafel besonders festlich gestalten. Wir haben für unser Weihnachtsmenü die Fächer-Form gewählt. Damit der Fächer auch standfest ist, haben wir die Serviette kräftig gestärkt.

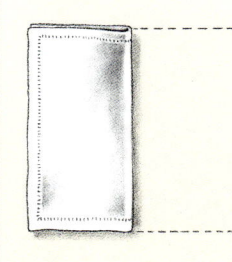

1. Die rechte Hälfte der Serviette über die linke falten, so daß ein Rechteck entsteht.

2. Vom unteren Ende her beginnend die Serviette in etwa 12 mm breite Falten legen. Der obere ungefaltete Teil der Serviette sollte etwa halb so lang wie breit sein.

3. Die Serviette so zur Mitte zusammenfalten, daß die offene Seite der Plisseefalten nach außen zeigt.

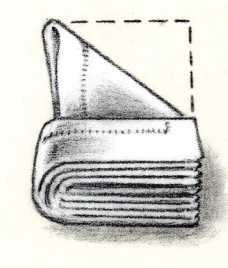

4. Das rechte obere Ende des ungefalteten Teils diagonal über die andere Hälfte falten und unter den plissierten Teil der Serviette stecken. Die Serviette von der rechten Seite hochnehmen, so daß der Fächer sich entfalten kann und die Serviette Stand hat.

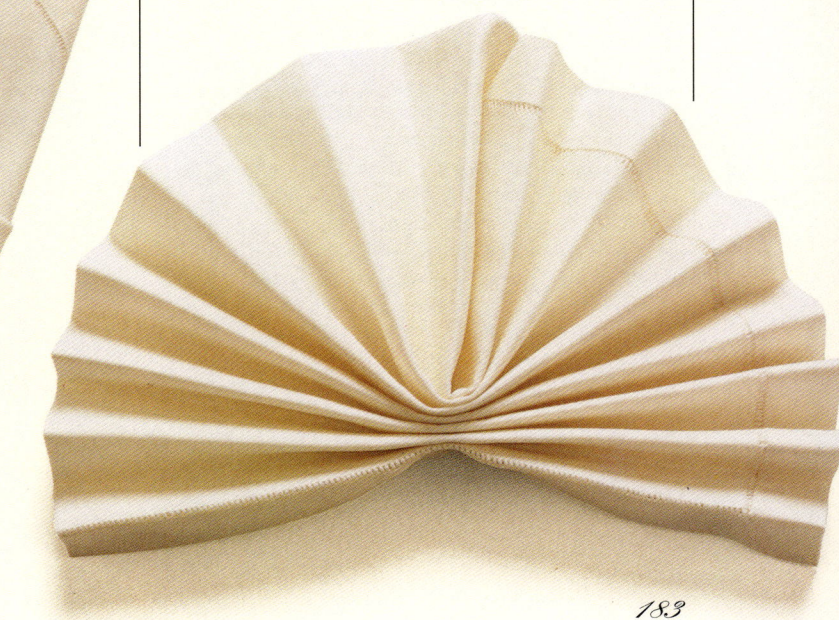

BLUMEN-ARRANGEMENTS

Zu fast jedem Menü in diesem Buch finden Sie Vorschläge für einfache, wenig aufwendige Blumenarrangements. Für einen besonders festlichen Anlaß, dessen Außergewöhnlichkeit Sie mit einer ausgefallenen Blumendekoration unterstreichen wollen, können Sie den Blumenschmuck beim Floristen bestellen oder ihn selbst fertigen. Im folgenden stellen wir Ihnen drei wirkungsvolle Blumenarrangements vor, die Sie zu Hause gestalten können. Was Sie dazu brauchen, ist ein wenig Zeit, Vorstellungskraft und Geduld, einige einfache Werkzeuge und Materialien, die Sie teils im Heimwerkermarkt, teils beim Floristen bekommen.

Grundausstattung zum Arrangieren von Blumen (von links oben im Uhrzeigersinn): 1. Blumenklebeband, um zarte Stengel zu umwickeln, Blumen zu binden und Blumenschwamm zu fixieren; 2. Blumenschwamm, ein schneidbares Kunststoffmaterial, das man mit Wasser vollsaugen läßt und das als Halt für Steckblumen dient; 3. Blumenigel, mit Stacheln versehene Metallscheiben, auf die man Blumen stecken kann; 4. Maschendraht dient ebenfalls als Halt für größere Blumenarrangements; 5. Gartenschere zum Schneiden dickerer Zweige und Stengel; 6. Schere zum Blumenschneiden; 7. Gartenhandschuhe schützen vor dornigen oder stacheligen Pflanzen; 8. Blumendraht in verschiedenen Stärken, dient zum Stützen und Binden.

FESTLICHER BLUMENSCHMUCK

Sie können dieses zu vielen Gelegenheiten passende Blumengesteck aus allen denkbaren Blumen und Zweigen herstellen. Für das hier gezeigte Gesteck haben wir weiße Blumen und zartes Grün ausgewählt: Tulpen, Hyazinthen, Hortensien, Maiglöckchen und Farnzweige. Sie können jedoch dafür Ihre Lieblingsblumen in allen gefälligen Kombinationen auswählen.

Sie brauchen dafür ein niedriges Gefäß mit weiter Öffnung, ein Stück in das Gefäß passenden Blumenschwamm und etwas Klebeband. Lassen Sie sich im Blumengeschäft acht bis zehn Farnwedel und etwa fünfzig frische Blumen geben. Schneiden Sie mit einer Blumenschere die Stengel diagonal an und stellen Sie die Blumen bis zur Verwendung in lauwarmes Wasser. Der Schwamm sollte etwa eine halbe Stunde ebenfalls in lauwarmem Wasser einweichen.

1. *Fixieren Sie den Blumenschwamm mit Klebeband fest im Gefäß.*

2. *Ordnen Sie als erstes die Farnwedel dekorativ im Blumenschwamm an, danach die Blumen mit robusterer Struktur, hier sind es Tulpen.*

3. *Füllen Sie die Lücken mit den anderen Blumen – in unserem Beispiel Hortensien und Hyazinthen – auf.*
Die zartesten Blumen, hier Maiglöckchen, werden erst ganz zum Schluß gesteckt.

ROSENSCHLEPPE

Wenn Sie einem Anlaß einen unvergeßlichen Charakter geben wollen, wählen Sie eine Blumendekoration aus Rosen. Ein Rosenbukett wirkt ungleich eleganter, wenn man es in einer Schleppe, die ebenfalls aus Rosen besteht, auslaufen läßt.

Man braucht dafür etwa vier Dutzend Rosen. Ob Sie Rosen in unterschiedlichen Farben oder nur in einem Farbton auswählen, hängt von der Stimmung der Feier ab. Die lockere offene Form von Gartenrosen läßt das Bukett und die Schleppe eleganter und luxuriöser aussehen; wenn Sie Rosen aus dem Treibhaus verwenden müssen, sollten Sie sie zwei Tage vorher einkaufen, damit sie noch Zeit zum Aufblühen haben.

Die Eleganz des Rosenbuketts und seiner Schleppe kommt besonders in einer pokalförmigen Vase zur Geltung. Schneiden Sie ein Stück Blumenschwamm passend für die Vase zurecht, weichen Sie ihn eine halbe Stunde in lauwarmem Wasser ein, und legen Sie ihn in die Vase. Füllen Sie die Vase mit Wasser, und arrangieren Sie etwa drei Dutzend Rosen, deren Stengel Sie vorher zurechtschneiden, zu einem Bukett, und füllen Sie etwaige Zwischenräume mit kleineren Blüten oder knospentragenden Stengeln aus.

Wählen Sie für die Schleppe etwa 15 Rosen unterschiedlicher Größe, und schneiden Sie die Stengel auf eine einheitliche Länge von 15 cm zurecht. Stellen Sie die Rosen bis zum Gebrauch in lauwarmes Wasser. Der Strang der Schleppe besteht aus zwei etwa einen halben Meter langen Efeuranken, deren Blätter einen hübschen Kontrast zu den Rosen bilden.

Die Schleppe kann natürlich auch länger sein, rechnen Sie dann mit einem Dutzend zusätzlicher Rosen pro 30 cm. Für die Schleppe benötigen Sie Blumenklebeband und Blumendraht.

1. Legen Sie die beiden Efeuranken eng nebeneinander. Befestigen Sie an einem Ende die drei kleinsten Rosenblüten mit Hilfe von Klebeband und Blumendraht, und schneiden Sie die überstehenden Stengel bis auf einen Rest von 2–3 cm ab.

2. Befestigen Sie die drei nächstgrößeren Rosen direkt anschließend, und fahren Sie in gleicher Weise fort, indem Sie immer größere Rosen wählen. Die jeweils folgenden Rosen sollen Blumenstengel und Befestigungsmaterialien ganz verdecken.

3. Das verbleibende freie Ende der Efeuranken – etwa 10–15 cm lang – wird in den Blumenschwamm gesteckt und mit Klebeband fixiert.

FESTTAGSPYRAMIDE

Die Tischdekoration muß nicht immer aus Blumen bestehen; auch eine baumförmige Pyramide, die mit Obst oder wie hier mit Gemüsen geschmückt ist, schafft eine festliche Atmosphäre, wie zum Beispiel die Weihnachtspyramide auf Seite 147. Sie können beim Entwurf Ihrer Festtagspyramide Ihrer Phantasie freien Lauf lassen und neben Obst und Gemüsen jede Art von Materialien, seien sie bunt oder monochrom, verwenden.

Als Basis für die Festtagspyramide dient ein rund 30 cm hoher Styroporkegel, zum Befestigen eignen sich am besten hölzerne Zahnstocher. Denken Sie daran, daß Obst und Gemüse nur kurz haltbar sind, und schmücken Sie daher die Pyramide erst am Tag Ihres Festes.

1. Versehen Sie zuerst die größeren Gemüse oder Früchte (hier Limonen, Rosenkohl und kleine Artischocken) mit Holzzahnstochern, und befestigen Sie sie an der Kegelbasis.

2. Füllen Sie die Lücken mit kleineren Gemüsen wie Broccoli oder grünen Bohnen. Letztere können Sie auch ohne Hilfe von Zahnstochern direkt in den Styroporschaum stecken.

3. Setzen Sie auf die Spitze der Pyramide ein besonders attraktives Stück Gemüse (hier eine kleine Artischocke). In unserem Beispiel haben wir die Pyramide abschließend noch mit kleinen grünen Chilischoten dekoriert.

GLOSSAR

In der folgenden Liste finden Sie Erläuterungen zu den verschiedenen Zutaten und speziellen Küchentechniken, die in den Rezepten erwähnt werden.

AQUAVIT
Ein klarer Schnaps aus Skandinavien, der aus Kartoffeln oder Korn gebrannt und mit Kümmeldestillat aromatisiert wird.

ARMAGNAC
Eine Weinbrandspezialität aus dem Südwesten Frankreichs mit den drei Erzeugergebieten *Haut-Armagnac*, *Ténarèze* und *Bas-Armagnac*. Kann durch Cognac oder andere gute Branntweine ersetzt werden.

AUSTERN
Man sollte Austern bei einem guten Fischhändler kaufen und unbedingt darauf achten, daß sie ganz frisch sind. Größe und Form von Austern variieren nach ihrer Herkunft. Man kauft sie gewöhnlich lebend in der Schale.

BIRNEN
In Obst- und Gemüsegeschäften, Lebensmittelabteilungen und Supermärkten werden je nach Saison verschiedene Sorten angeboten: Die Bürgermeisterbirne (unten links), eine große Frucht mit grüner Schale und bräunlichen Sprenkeln, ist gut für den rohen Verzehr und für Desserts geeignet. Die Williams Christbirne (unten Mitte) ist saftig und aromatisch; man kann sie sowohl gekocht als auch roh zubereiten. Die lange, schlanke Conference-Birne (unten rechts) mit gelber Schale und rostbraunen Sprenkeln eignet sich gut zum Kochen.

BUTTER, GEKLÄRTE
Geklärte Butter verwendet man vor allem zum Braten bei sehr starker Hitze oder auch als Sauce, zum Beispiel für Fische, Kartoffeln usw. Die Butter wird in einem kleinen schweren Topf bei niedriger Temperatur erhitzt. Dabei darauf achten, daß sie nicht dunkel wird. Vom Herd nehmen und mit einem Löffel vorsichtig abschäumen. Die klare gelbe geschmolzene Butter vorsichtig in eine Schüssel gießen und das Kasein, das sich am Boden abgesetzt hat, im Topf zurücklassen.

CACHAÇA
Ein milder weißer brasilianischer Rum, dessen Charakter ein wenig an Weinbrand erinnert.

CALVADOS
Trockener Apfelbranntwein aus dem französischen Calvados, einem Département in der Normandie.

CAYENNEPFEFFER
Ein sehr scharfes Gewürz aus gemahlenen, getrockneten Chilischoten.

CHICORÉE
Weißlich-gelbe bis gelb-grünliche, leicht bittere Kolben von etwa 10–15 cm Länge. Man ißt sie roh als Salat oder geschmort als Gemüse.

CHILISCHOTEN
Siehe Kasten auf Seite 189.

CORNICHONS
Sauer eingelegte, winzige Gürkchen, gewöhnlich weniger als 5 cm lang.

EINKOCHEN
Viele Gerichte und Beilagen aus diesem Buch kann man in sterilisierten Gläsern einkochen und so über einen langen Zeitraum aufbewahren. Wir möchten Sie hier mit den Grundschritten vertraut machen:

1. Gläser, Deckel und Gummiringe müssen zuerst gründlich gereinigt werden. In einen großen Topf stellen, mit heißem Wasser bedecken und zum Kochen bringen. 10 Minuten kochen lassen, vom Herd nehmen und die Gläser im Wasser lassen.
2. Mit einer Zange die Gläser nacheinander aus dem Wasser nehmen, gut abtropfen lassen und, während sie noch heiß sind, mit dem Einmachgut füllen, dabei einen oberen Rand von 1 cm lassen. Die Gläser leicht rütteln, mit einem sauberen, feuchten Tuch abwischen und mit einem Deckel verschließen.
3. In der Zwischenzeit auf den Boden eines großen Topfs einen Einsatz stellen oder ein zusammengefaltetes Tuch legen, etwas Wasser zugießen und leise köcheln lassen. In einem zweiten Topf Wasser zum Kochen bringen. Die gefüllten Gläser auf den Einsatz oder aufs Tuch stellen und so viel kochendes Wasser zugießen, daß sie mindestens 2½ cm tief darin stehen. Das Wasser zum Kochen bringen und die Gläser im zugedeckten Topf erhitzen. Chutneys, Kompotte, Marmeladen und Gelees benötigen eine Einkochzeit von rund 10 Minuten; halbierte Birnen, Pflaumen und Aprikosen brauchen 25–30 Minuten.
4. Den Herd abschalten und die Gläser mit einer Zange aus dem Topf nehmen. Nach einigen Stunden sollten die Gläser durch den in ihnen entstehenden Unterdruck fest verschlossen sein. Die Gläser überprüfen. Verschlossene Gläser zur Aufbewahrung an einen dunklen Ort stellen. Nicht verschlossene Gläser können im Kühlschrank nur einige Zeit aufgehoben werden; ihr Inhalt sollte innerhalb weniger Wochen verzehrt werden.

FENCHELSAMEN
Siehe Gewürze.

FEIGEN
Süße, aromatische Früchte mit unzähligen winzigen Samen. Sie schmecken am besten, wenn man sie reif kauft und möglichst bald verzehrt.

FETA
Weichkäse aus Schafsmilch oder einer Mischung aus Schafs-, Ziegen- und Kuhmilch, der in einer Salzlake reift.

GARNELEN
Frische rohe Garnelen bekommt man bei uns meist schon ohne Kopf. Gewöhnlich werden sie vor der Zubereitung geschält und der schwarze Darm auf der Rückenseite entfernt.

1. Mit den Daumen oder einem kurzen Messer die weiche Schale der Garnelen auf der Unterseite einritzen. Die Garnelen, Unterseite nach oben, mit beiden Händen jeweils an den Beinen auseinanderziehen und die Schalen entfernen.

2. Mit einem kleinen, scharfen Messer die geschälten Garnelen am Rücken gerade tief genug einschneiden, um den langen, dunklen Darm zu entfernen.

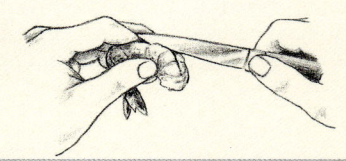

ZITRUSFRÜCHTE
Bei uns werden Orangen, Zitronen, Limonen, Mandarinen, Grapefruits und Kreuzungen dieser Zitrusfrüchte angeboten.
Blutorangen haben eine dunklere Schale und ein kräftig rotes Fruchtfleisch. Sie sind aromatischer als herkömmliche Orangen.
Limonen haben erst spät den Weg in unsere Küche gefunden. Die ursprünglich aus Ostasien stammende Zitrusfrucht mit grüner Schale besitzt ein Fleisch, das saftiger und aromatischer als das der Zitrone ist. Man verwendet sie häufig für Mixgetränke; sie gibt aber auch Salatsaucen einen charakteristischen Geschmack.
Ein Tip: Sie können die Säure von Zitronensaft etwas mildern, wenn Sie zwei Teile Zitronensaft mit einem Teil Orangensaft mischen.

EINE ZITRUSFRUCHT IN SPALTEN ZERTEILEN
Für einige Rezepte ist es nötig, Zitrusfrüchte in einzelne Segmente oder Spalten zu zerteilen. Wichtig ist dabei vor allem, daß man die weiße Innenschale und die Zwischenhäute entfernt.

1. Den Boden und das obere Ende der Zitrusfrucht großzügig mit einem kleinen, scharfen Messer wegschneiden, dabei auch die weiße Haut entfernen. Schale und darunterliegende Haut vom oberen Ende her sorgfältig in Streifen wegschneiden.

2. Die geschälte Frucht in der einen Hand halten und mit dem Messer jedes einzelne Fruchtsegment vorsichtig aus den Zwischenhäuten lösen und in eine Schüssel geben.

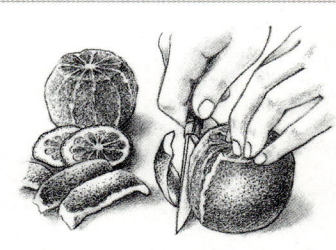

1. Schale und darunterliegende weiße Haut wegschneiden.

2. Die Fruchtsegmente auslösen und in eine Schüssel geben.

GEWÜRZE
Gewürze werden aromatischer, wenn man die Samen in einem kleinen Topf ohne Fettzugabe bei mittlerer Temperatur etwa 1–2 Minuten röstet. Um Gewürzpulver zu erhalten, Gewürze leicht abkühlen lassen und in einer elektrischen Gewürzmühle mahlen oder im Mörser mit einem Stößel zerstoßen.

INGWER
Wurzelknolle einer Gewürzlilie, die ursprünglich aus Asien stammt. Ingwer hat einen angenehm aromatischen Geschmack. Man kann ihn mittlerweile fast überall frisch kaufen. Ingwer gibt es auch kandiert, in Sirup eingelegt oder mit Schokolade überzogen als Ingwerstäbchen zu kaufen. Gemahlener Ingwer, den man problemlos in fast jedem Lebensmittelladen oder Supermarkt findet, unterscheidet sich im Geschmack stark von frischem. Achten Sie daher darauf, ob das Rezept frischen oder gemahlenen Ingwer vorschreibt.

JAKOBSMUSCHELN
Jakobsmuscheln werden im Atlantik und im Mittelmeer gefischt. Das runde, weiße Fleisch – Nuß genannt –, einer Jakobsmuschel aus dem Atlantik hat einen Durchmesser von etwa 4 cm, die Muscheln aus dem Mittelmeer sind etwas kleiner.

JALAPEÑO-CHILISCHOTEN
Siehe Kasten auf Seite 189.

JULIENNE
In Streichholzgröße geschnittene Zutaten. Gemüse schneidet man folgendermaßen in Julienne: Man schneidet es längs in Scheiben, die wiederum in dünne Streifen geschnitten werden. Man kann hierfür auch spezielles Küchengerät zu Hilfe nehmen, zum Beispiel einen Hobel oder eine speziell ausgerüstete Küchenmaschine.

KARDAMOM
Siehe Gewürze.

KOKOSNUSSFLOCKEN
Sie schmecken aromatischer, wenn man sie auf einem Backblech ausbreitet und in dem 180 °C vorgeheizten Ofen etwa 10–20 Minuten goldgelb röstet. Dabei ein- bis zweimal durchrühren.

KORIANDER
Grüne Kräuterpflanze, die wie glattblättrige Petersilie aussieht und einen typischen, aromatischen Geschmack hat.
Koriandersamen siehe Gewürze.

KORINTHEN
Kernlose kleine, an der Luft getrocknete Weinbeeren, die dunkler und kräftiger im Geschmack als Rosinen sind. Sie lassen sich durch Rosinen ersetzen.

KREUZKÜMMEL
Siehe Gewürze.

KÜMMEL
Siehe Gewürze.

MADEIRA
Süßer, bernsteinfarbener Dessertwein von der portugiesischen Insel Madeira, den man nach der Traubensorte, aus der er jeweils bereitet wird, unterscheidet: Sercial, Bual, Verdelho, Malmsey. Dabei ist Sercial der leichteste und relativ trockenste, während Malmsey (oder Malvasia) voll und süß ist.

MAIS
Zuerst müssen die Kolben von den äußeren grünen Blättern befreit und die seidigen Fäden zum Stiel hin abgezogen werden. Den Kolben auf ein Brett legen, an einem Ende anheben und mit einem scharfen Messer, das vom Körper weg geführt wird, die frischen Maiskörner ablösen. Den Kolben drehen und fortfahren, bis alle Maiskörner ausgelöst sind.

MANDELN
Siehe Nüsse.

MARONEN
Eßkastanien oder Maronen haben eine dunkelbraune, harte Schale, darunter eine braune Haut, die beide vor dem Verzehr entfernt werden müssen. Maronen werden in Delikatessenläden oder gutsortierten Lebensmittelabteilungen großer Kaufhäuser auf vielerlei Art angeboten: ganze Früchte oder in Stücke zerteilt, in Wasser oder in Sirup eingelegt, glasiert oder als gesüßtes oder ungesüßtes Püree.

MARSALA
Ein trockener oder süßer, bernsteinfarbener Dessertwein aus der Gegend von Marsala, einer Stadt auf Sizilien. Wird auch gern zum Aromatisieren von Fleisch, Geflügel, Gemüse und Desserts verwendet.

EIER
Aufgeschlagene Eier geben einer Vielzahl von Gerichten Volumen und machen sie locker und cremig. Meist trennt man die Eier, bevor man sie aufschlägt.

AUFSCHLAGEN VON EIWEISS
1. Das Eiweiß eventuell mit etwas Weinstein in eine große Rührschüssel geben und mit einem Schneebesen oder dem elektrischen Handrührgerät bei mittlerer Drehzahl kräftig aufschlagen. Will man das Eiweiß nicht ganz steif aufgeschlagen, rührt man nur so lange, bis es eben fest zu werden beginnt und glänzend weiß ist.

2. Für Eischnee das Eiweiß weiter kräftig aufschlagen, bis die Masse sehr fest und steif ist und steife Spitzen bildet.

AUFSCHLAGEN VON EIGELB MIT ZUCKER
3. Das Eigelb und den Zucker in eine große Schüssel geben. Die Schüssel ins heiße Wasserbad stellen und die Masse unter Rühren warm werden lassen. Aus dem Wasserbad nehmen und mit einem Schneebesen oder dem elektrischen Handrührgerät bei höchster Drehzahl etwa 8 Minuten zu einer hellgelben, dicken Masse aufschlagen. Wenn die Eimasse vom Schneebesen in die Schüssel zähflüssig und langsam zurückfließt, aufhören zu rühren und sofort weiterverarbeiten.

1. Locker aufgeschlagenes Eiweiß tropft sofort wieder vom Schneebesen, wenn man ihn aus der Rührschüssel nimmt.

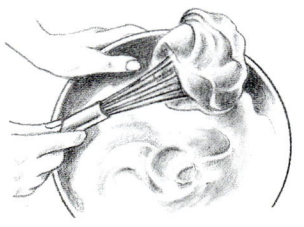

2. Steif aufgeschlagener Eischnee hingegen sitzt wie eine Haube auf dem Schneebesen, wenn man ihn aus der Schüssel hebt.

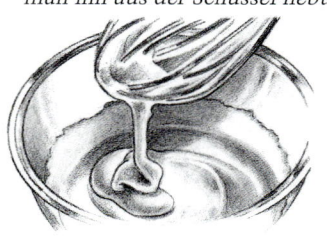

3. Eigelb und Zucker zu einer Creme schlagen, bis sie zähflüssig und langsam vom Schneebesen in die Schüssel zurückfließt.

MASCARPONE
Italienischer Doppelrahm-Frischkäse, der in italienischen Lebensmittelläden oder in den Lebensmittelabteilungen großer Kaufhäuser in Bechern abgepackt angeboten wird.

MOZZARELLA
Kugelförmiger Frischkäse aus Italien, der eigentlich aus Büffelmilch hergestellt sein sollte und in einer Lake angeboten wird.

MIESMUSCHELN
Müssen vor der Zubereitung einzeln gründlich abgebürstet und unter fließendem kaltem Wasser etliche Male gewaschen werden. Bärte entfernen. Muscheln, die ihre Schalen nach Berühren nicht schließen, werden aussortiert.

NÜSSE
Damit Mandeln, Haselnüsse, Pekannüsse, Pinienkerne und Walnüsse ihr volles Aroma entwickeln können, röstet man sie vor der weiteren Verwendung. Dafür den Backofen auf 165 °C vorheizen. Die Nüsse in einer Lage auf einem Backblech ausbreiten und für etwa 5–10 Minuten in den Ofen schieben, bis sie gerade beginnen Farbe anzunehmen. Aus dem Ofen nehmen und auf Zimmertemperatur abkühlen lassen. Durch das Rösten lassen sich die Häute von Hasel- und Walnüssen auch leichter lösen. Man gibt die noch warmen Nüsse in ein Küchentuch und reibt sie mit den Händen gegeneinander. Zum Hacken breitet man die Nüsse auf einem Brett aus und zerkleinert sie mit einem großen Messer. Man kann sie auch im Mixer oder in der

Glossar

Hummer
Obwohl Hummer in Fischgeschäften häufig bereits gekocht angeboten wird, sollten Sie ihn nach Möglichkeit lebend kaufen und selbst kochen. Das kommt erstens billiger, zudem schmeckt der Hummer viel besser, wenn man ihn frisch zubereitet.

Auslösen des Fleisches
1. Den Hummer mit dem Kopf voraus in sprudelnd kochendes Wasser geben. Garen und mit einem Schaumlöffel aus dem Topf nehmen. Wenn er so weit abgekühlt ist, daß man ihn anfassen kann, den Körper mit der einen Hand festhalten und mit der anderen Scheren und Beine vom Körper abdrehen.
2. Die Beine am mittleren Gelenk auseinanderbrechen und mit einem Spieß oder einer Hummergabel das Fleisch herausziehen. Die Scheren mit einer Hummerzange oder einem Fleischklopfer aufbrechen, die Schalen entfernen und das Fleisch möglichst in einem Stück auslösen.
3. Den Hummer auf den Rücken legen und auf einem Brett mit einem scharfen Messer vom Kopf bis zum Schwanz längs halbieren. Den schwarzen Darm mit der Messerspitze entfernen.
4. Mit einem kleinen Löffel die weiche Hummerleber aus der Schale nehmen und beiseite stellen. Manche Hummerweibchen haben ein Corail, das man ebenfalls essen kann. Den ungenießbaren Magen, der zwischen den Augen sitzt, entfernen. Das Fleisch aus Leib und Schwanz vom Schwanzende her in einem Stück auslösen. Schalen zum Servieren säubern und beiseite stellen.

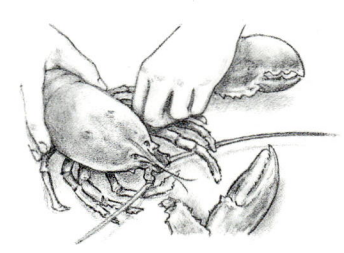

1. Scheren und Beine vom Körper abdrehen.

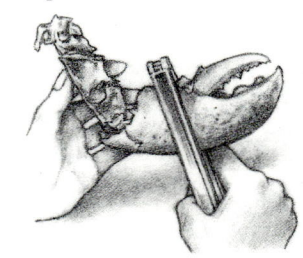

2. Die Scheren aufbrechen und das Fleisch auslösen.

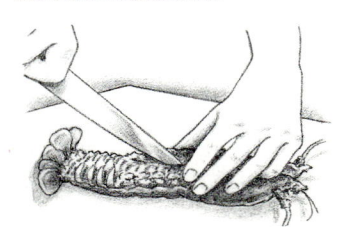

3. Den Hummer auf den Rücken legen und längs halbieren.

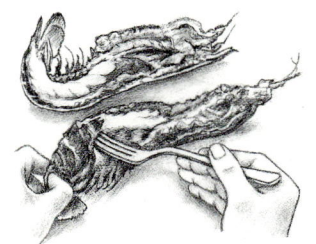

4. Das Fleisch aus Schwanz und Leib mit einer Gabel auslösen.

Küchenmaschine zerkleinern, dabei darf man jedoch immer nur eine Handvoll auf einmal hineingeben und darf sie nicht zu lange bearbeiten, weil sie sonst Öl freisetzen und zu einer Paste werden.

Öl
Für die Mehrzahl der Rezepte dieses Buches, vor allem für Salate, sollte man kaltgepreßtes Olivenöl aus der ersten Pressung verwenden (natives Olivenöl). Für weitere Pressungen werden die Oliven der ersten Pressung erhitzt und ergeben dann ein Öl, das nicht mehr so fruchtig und aromatisch ist und vornehmlich zum Kochen und Braten verwendet wird. Man kann es aber auch, mit Olivenöl aus erster Pressung gemischt, für mildere Salatsaucen verwenden. Walnußöl besitzt ein kräftiges, nussiges Aroma und ist somit ebenfalls besonders für die Zubereitung von Salatsaucen geeignet.

Oliven
Reife schwarze oder unreife grüne Oliven werden in Salz, Gewürzen, Essig und Öl eingelegt, damit sie ihre Bitterstoffe verlieren. Oliven bester Qualität wie *Niçoises*, Kalamata-Oliven oder solche aus Marokko werden bei uns in griechischen und türkischen Lebensmittelläden, in Lebensmittelabteilungen großer Kaufhäuser und in Delikatessengeschäften angeboten.

Orangenblütenwasser
Aromatische Essenz, die aus den noch geschlossenen Knospen des Orangenbaumes gewonnen wird und zum Aromatisieren von Gebäck, Cremes und Nachspeisen – vor allem in der Küche des Mittleren Ostens und Nordafrikas – dient. Man bekommt es bei uns in Apotheken.

Orangen und Blutorangen
Siehe Kasten Zitrusfrüchte (S. 186).

Pancetta
Luftgetrockneter Bauchspeck, der mit Salz und Pfeffer gewürzt ist und auch gerollt angeboten wird. Man bekommt ihn in italienischen Lebensmittelläden.

Paprikaflocken
Zerstoßene, nicht gemahlene, getrocknete rote Paprikaschoten, deren Schärfe zwischen Edelsüß- und Rosenpaprika liegt. In türkischen und Orientläden erhältlich.

Paprikaschoten
Siehe Kasten auf Seite 189.

Parmesan
Hartkäse aus Kuhmilch mit dicker Rinde und einem würzigen Geschmack, den man als Tafelkäse reicht, gehobelt an Salate und Vorspeisen oder frisch gerieben über eine Vielzahl von Gerichten gibt.

Perlzwiebeln
Haselnußgroße weiße Zwiebeln, die sich gut zum Glasieren eignen und eine köstliche Beilage zu Fleischspeisen ergeben. Sie werden auch häufig in Essig eingelegt angeboten.

Pfifferlinge
Siehe Pilze.

Pilze
Weiße Champignons oder braune Egerlinge werden heute meist als Zuchtpilze angeboten; man findet sie in Supermärkten, Gemüseläden und in Lebensmittelabteilungen. Steinpilze, die in Italien *porcini* und in Frankreich *cèpes* heißen, sind äußerst wohlschmeckende Waldpilze. Man kann sie auch getrocknet, als Dosenkonserve oder in Öl eingelegt, in italienischen Lebensmittelläden oder in Delikatessengeschäften kaufen. Der gelbe Pfifferling (siehe unten) mit seinem trichterförmigen Hut und den langgezogenen Lamellen gehört ebenfalls zu den besonders wohlschmeckenden Waldpilzen. Er wird bis zu 5–7½ cm hoch und hauptsächlich im Herbst bei uns zum Verkauf angeboten.

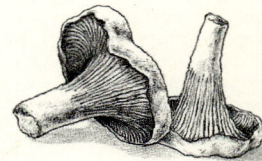

Pinienkerne
Siehe Nüsse.

Polenta-Mehl
Grob gemahlenes gelbes Maismehl, das man in italienischen Lebensmittelläden und in den Lebensmittelabteilungen großer Kaufhäuser bekommt.

Prosciutto
Luftgetrockneter italienischer Schinken, der mindestens ein halbes Jahr reifen muß. Die bekanntesten Spezialitäten kommen aus Parma und San Daniele. Prosciutto wird in hauchdünnen Scheiben serviert.

Rucola
Auch unter dem deutschen Namen Rauke oder unter dem französischen *roquette* bekannt. Eine würzig, leicht nach Rettich und Kresse schmeckende Salatpflanze mit gezackten Blättern aus der Senf-Kohl-Familie.

Safran
Safranfäden sind die getrockneten orangefarbenen Blütennarben einer Krokusart. Man verwendet Safran zum Würzen und Färben von vielen klassischen Gerichten aus dem Mittelmeerraum und Indien. Man sollte stets darauf achten, daß man echten Safran bekommt. Safran ist auch gemahlen im Handel, doch sind Safranfäden, die man kurz vor dem Gebrauch zerreibt, vorzuziehen, weil sie aromatischer sind und die Echtheit des Gewürzes garantieren. Die Safranfäden in einen großen Löffel geben und einige Sekunden über der Herdflamme erhitzen. Die Fäden mit dem Rücken eines Teelöffels oder im Mörser mit einem Stößel zerreiben.

Sellerie
Man unterscheidet zwischen Knollen- und Stangen- oder Bleichsellerie. Beide geben Suppen, Eintöpfen und einer Vielzahl von Zubereitungen ein würziges Aroma. Man sollte für Salate und Beilagen kleinere, jüngere Knollen verwenden, da sie zarter im Geschmack sind.

GLOSSAR

PAPRIKA- UND CHILISCHOTEN
Es gibt sie in allen Formen, Farben und Geschmacksnuancen von süßlich bis feuerscharf. Paprika- und Chilischoten, Früchte eines aus Südamerika stammenden Nachtschattengewächses, verleihen einer Vielzahl von Gerichten Würze und Farbe. **Paprikaschoten** besitzen meist einen milden Geschmack. Die unreifen grünen Schoten färben sich später rot und schmecken je nach Reifegrad würzig bis süßlich. **Chilischoten** gibt es in unterschiedlichen Schärfegraden, die von milder bis feuerscharfer Würzkraft reichen. Rote reife Chilischoten sind frisch oder getrocknet erhältlich. Grüne frische Chilischoten haben einen milden bis scharfen Geschmack: *Poblano*-Chilischoten sind relativ mild, während die kleinen *serrano*- und *jalapeño*-Chilischoten sowie die aus Südostasien kommenden Chilis ein feuriges Aroma besitzen. Es empfiehlt sich, beim Schneiden scharfer Chilischoten Gummihandschuhe zu tragen.

RÖSTEN, SCHÄLEN UND ENTKERNEN

1. Die Schoten lassen sich auf vielerlei Arten rösten. Man kann sie einzeln auf eine lange Gabel spießen und direkt über das offene Feuer halten. Man dreht sie so lange, bis die Haut von allen Seiten gleichmäßig gebräunt ist. Oder man legt die Schoten auf einem Backblech aus und röstet sie unter mehrmaligem Wenden in dem auf 200 °C vorgeheizten Ofen oder unter dem Grill, bis die Haut rundherum fast schwarz ist. **2.** Nach dem Rösten die Schoten in einen Plastikbeutel geben und etwa 10 Minuten abkühlen lassen. Die Haut läßt sich dann leicht mit den Fingern abziehen. Danach Stengel, Innenrippen und Kerne entfernen.

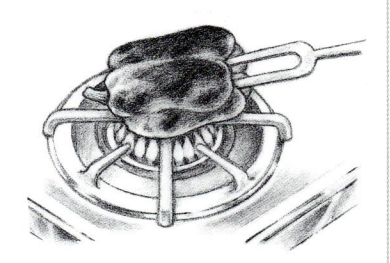

1. Die Paprikaschote rösten, bis die Haut schwarz wird.

2. Die Haut von der leicht abgekühlten Paprikaschote abziehen.

SEMMELBRÖSEL
Frische Semmelbrösel sollte man aus einem altbackenen Weißbrot bester Qualität, vorzugsweise einem toskanischen oder einem französischen Pain Boulot selbst herstellen. Dafür die Rinde entfernen und das Brot mit der Reibe oder im Mixer oder in der Küchenmaschine zu Bröseln verarbeiten.

SHERRY
Ein trockener bis lieblicher Aperitif- und Dessertwein, der lange im Faß reifen muß und den man auch zum Aromatisieren von Speisen verwendet.

STEINPILZE
Siehe Pilze.

STERNANIS
Kleine, harte, sternförmige braune Frucht eines südchinesischen Magnolienbaumes, die man im Ganzen oder zerkleinert zum Würzen von vielen asiatischen Gerichten oder zum Aromatisieren von Gebäck verwendet. Schmeckt etwas bitterer, aber feiner als normaler Anis.

STRUDELTEIG
Diesen hauchdünnen, aus Mehl und Wasser hergestellten Teig bekommt man fertig zubereitet und abgepackt vor allem in griechischen und türkischen Lebensmittelläden. Tiefgefrorener Teig muß vor dem Verwenden ganz aufgetaut sein. Strudelteig trocknet schnell aus, deshalb sollte man ihn immer mit einem leicht angefeuchteten Mulltuch bedecken.

STUBENKÜKEN
Gemästete Küken, die 6–8 Wochen alt sind und etwa 500 Gramm wiegen. Man schätzt sie wegen ihres zarten, wohlschmeckenden Fleisches.

TASCHENKREBS
Krebsfleisch gibt es bereits gekocht in Fischläden und in den Lebensmittelabteilungen großer Kaufhäuser. Man bekommt es auch in Dosen oder tiefgefroren. Am besten schmecken Krebse jedoch, wenn sie frisch sind. In der Saison werden sie gekocht in der Schale in den Fischgeschäften angeboten. Bitten Sie Ihren Fischhändler, die Schalen aufzubrechen, so daß Sie das Fleisch leicht auslösen können.

TAUBEN
Gezüchtete junge Täubchen besitzen ein zartes, aromatisches Fleisch. Sie wiegen etwa 500 Gramm. Pro Person rechnet man ein Täubchen. Täubchen werden frisch oder gefroren in Wild- und Geflügelgeschäften oder in Delikatessenläden angeboten.

TOMATEN
Sonnengereifte Tomaten schmecken am aromatischsten. Im Winter sollte man deswegen vorzugsweise kanarische Tomaten kaufen. Die winzigen Cocktail-Tomaten sind sehr saftig und werden vor allem wegen ihres lieblichen Geschmacks und ihres dekorativen Aussehens geschätzt. Italienische Eiertomaten findet man bereits auf dem Markt, wenn hiesige Tomaten noch reifen. Eiertomaten werden als ganze Früchte, zerkleinert oder püriert als Konserven angeboten.

TOMATENPÜREE
Tomatenpüree von guter Qualität ist in den meisten Supermärkten und Lebensmittelabteilungen großer Kaufhäuser erhältlich. Man kann es aber auch leicht selbst herstellen, indem man die Tomaten schält, entkernt und in einem Mixer oder in der Küchenmaschine püriert.

VENUSMUSCHELN
Diese Muscheln haben ein zartes, wohlschmeckendes Fleisch. Sie werden lebend in der Schale in Fischgeschäften oder in gutsortierten Lebensmittelabteilungen von großen Kaufhäusern angeboten. Zwar bekommt man das ausgelöste Muschelfleisch auch im Glas, doch frische Venusmuscheln sind unbedingt vorzuziehen. Die Muscheln müssen gründlich gewaschen und Exemplare, deren Schalen sich bei Berührung nicht schließen, aussortiert werden.

VERBENE (EISENKRAUT)
Dieses Eisenkrautgewächs stammt wahrscheinlich aus dem Mittelmeerraum und schmeckt leicht nach Zitrone. Man bekommt das Kraut, aus dem man auch einen wohlschmeckenden Tee bereiten kann, getrocknet in Kräuterläden, Drogerien und Apotheken und manchmal frisch, als Topfpflanze, in gutsortierten Obst- und Gemüseläden. Man kann es aber auch mühelos selbst im Garten oder im Topf ziehen.

WACHTELN
Kleinstes Federwild mit sehr zartem und wohlschmeckendem, dunklem Fleisch. Zum Servieren rechnet man pro Person ein bis zwei Wachteln.

WALNÜSSE
Siehe Nüsse.

WALNUSSÖL
Siehe Öl.

WEINBLÄTTER
Werden in der griechischen, türkischen und der Küche des Mittleren Ostens als Hülle für Füllungen verwendet. Frische Blätter müssen vor dem Gebrauch gründlich gewaschen werden. Eingelegte Weinblätter bekommt man in griechischen oder türkischen Lebensmittelläden. Man muß sie vor Gebrauch ebenfalls gründlich abspülen.

ZIEGENKÄSE
Sammelbegriff für Käse aus Ziegenmilch oder einer Mischung aus Ziegen- und Kuhmilch. Ein cremiger Weichkäse, der meist als kleine Zylinder oder als Rolle angeboten wird. In Frankreich heißt er *chèvre*.

ZITRUSSCHALE
Wird gern zum Garnieren und Parfümieren von Speisen verwendet, da sie reich an ätherischen Ölen ist. Unbedingt hauchdünn schälen, denn die darunterliegende weiße Innenschale enthält Bitterstoffe. Zitrusfrüchte lassen sich gut mit einem speziellen Zestenschneider in feinste Streifen schälen. Man kann zum Schälen auch ein kleines, scharfes Messer verwenden und die Schale anschließend in feine Streifen schneiden.

ZUCKERTHERMOMETER
Ein spezielles Thermometer zum Messen von Zuckersirup beziehungsweise Karamel für die Zubereitung von Desserts und Süßigkeiten, das Temperaturen zwischen 110 °C und 180 °C anzeigt.

Register

Ahornsirup
  Glasierte Stubenküken mit Ahornsirup und Senf 58
Aïoli
  Grundrezept 174
  Pitta-Brote mit Feta, Walnüssen und Aïoli 47
Ananas-Batida 66
Äpfel
  Apfelkompott 127
  Apfel-Charlotte mit Sahnehäubchen und Aprikosensauce 152
  Kürbissuppe mit Äpfeln 114
Aprikosen-Chutney, pikantes 87
Artischockenherzen mit Tomaten und Korinthen 107
Auberginen
  Auberginen-Püree 97
  Gefüllte Auberginen 107
  Gegrillte Auberginen mit Cocktailtomaten-Sauce 87
Austern mit Mandarinensauce 16
Avocado
  Salat aus Avocado, Grapefruit und Chicorée 26–27

Baguettes 176
Bananen
  Gegrillte Bananen mit Speck 70
Bauern-Terrine 138
Birnen
  Birnen in Rotwein 29
  Salat aus Birne, Fenchel und Frisée 18
Blaubeeren
  Aromatische Blaubeerkonfitüre 44
  Warme Blaubeertörtchen 61
Blumenarrangements 184
Blutorangen-Creme, gebrannte 163
Borschtsch von roter Bete, Kohl und Pilzen 126
Brote
  Baguettes 176
  Landbrot 176
  Walnuß-Focaccia 84
Brühe 174–175
Brunches
  Frühlings-Brunch 22–29
  Sommer-Brunch mit maghrebinischen Aromen 72–79

Caipirinha 66
Chicorée
  Salat aus Avocado, Grapefruit und Chicorée 26–27
  Salat von Stangensellerie, Pilzen und Chicorée 34
Chutneys
  Pikantes Aprikosen-Chutney 87
  Preiselbeer-Chutney 117
Cognac 21

Desserts
  Apfel-Charlotte mit Sahnehäubchen und Aprikosensauce 152
  Birnen in Rotwein 29
  Caipirinha-Pie 70
  Florentiner mit Ingwer 163
  Gebrannte Blutorangen-Creme 163
  Ingwer-Orangen-Madeleines 48
  Jennifer's traumhafte Schokoladenkekse 48
  Käsekuchen mit Haselnüssen und Honig 109
  Mandarinencreme-Kuchen 120
  Mandarinen-Sorbet 130
  Pekannußkuchen 130
  Pfirsiche in Wein 50
  Pfannkuchen auf marokkanische Art mit Mandelcreme 78
  Pflaumenkuchen 89
  Polenta-Kuchen 28
  Maronentorte mit Schokoladen-Mokka-Buttercreme 142
  Schokoladencreme mit kandierten Rosenblättern 21
  Schokoladenkuchen 172
  Tiramisù mit Beeren 38
  Warme Blaubeertörtchen 61

Eier
  Gebackene Eier mit Merguez, Paprikaschoten und Tomaten 76–77
Ente
  Ente mit Linsen 140–141
  Entenleber mit Apfel-Ingwer-Butter 158
Erbsen
  Spaghetti alla Carbonara mit Erbsen 27

Feigen
  Gegrillte Feigen mit in Weinblättern gegrilltem Ziegenkäse 84
Fenchel
  Salat von Radicchio, Fenchel und Walnüssen 148
Fisch
  Fischbrühe 175
  Fischspießchen auf lateinamerikanische Art mit einer Erdnuß-Tomaten-Salsa 66
  Gefüllte Weinblätter mit Lachs und Ei-Zitronen-Sauce 105
  Thunfisch mit Paprikaschoten und Oliven 37
  Thunfisch-Paste mit getrockneten Tomaten 47
  Winterliche Bouillabaisse 161

Garnelen mit Origano und Knoblauch 34
Gebrannte Blutorangen-Creme 163
Gedeck
  Formelles Gedeck 181
  Informelles Gedeck 180
Gefüllte Weinblätter mit Lachs und Ei-Zitronen-Sauce 105
Gegrillte Steaks mit Chimichurri 68–69
Gegrillte Täubchen in einer Honigmarinade 18
Gemüse
  Artischockenherzen mit Tomaten und Korinthen 107
  Gefüllte Auberginen 107
  Gefüllte Crêpes mit Pilzen 140
  Gegrillte Auberginen mit Cocktailtomaten-Sauce 87
  Gegrillte Maiskolben mit Chili-Limonen-Butter 70
  Grünes Blattgemüse mit Pancetta und Minze 151
  Kartoffel-Gratin aus zweierlei Kartoffeln 170
  Kartoffel-Gratin mit Salbei 151
  Kartoffelpuffer 127
  Kartoffel-Sellerie-Püree 118
  Mohrrübengemüse 129
  Pfifferlinge, Maronen und Perlzwiebeln mit Thymian 118
  Rosenkohl mit Knoblauch und Parmesan 118
  Spargel-Kartoffel-Gemüse mit Mandeln und Minze 108
  Spargel mit gerösteten Mandeln und Balsamico-Vinaigrette 28
  Spinatkuchen 104–105
Geröstetes Weißbrot mit Püree aus getrockneten Tomaten 27
Grapefruit
  Salat aus Avocado, Grapefruit und Chicorée 26–27
Griechischer Strudel mit Hühnerfleischfüllung 94
Große Braten zubereiten und tranchieren 178–179
Grünes Blattgemüse mit Pancetta und Minze 151
Grundrezepte
  Aïoli 174
  Baguettes 176
  Fischbrühe 175
  Hühnerbrühe 175
  Landbrot 176
  Maisbrot 177
  Mürbeteig 177
  Rinderbrühe 174
  Weizenmehl-Tortillas 177

Hackfleisch
  Champignons mit würziger Hackfleischfüllung 98
  Gebackene Eier mit Merguez, Paprikaschoten und Tomaten 76–77
Honig
  Gebackene Tomaten mit Honigglasur und knusprigem Häubchen 58
Huhn
  Gebratenes Huhn 178
  Glasierte Stubenküken mit Ahornsirup und Senf 58
  Griechischer Strudel mit Hühnerfleischfüllung 94
  Hühnerbrühe 175
  Sandwiches mit gegrilltem Hühnerfleisch 170
Hummer
  Hummer mit Zitronenbutter 17
  Salat von Hummer, Kartoffeln und grünen Bohnen 56

Ingwer
  Florentiner mit Ingwer 163
  Ingwer-Orangen-Madeleines 48

Jennifer's traumhafte Schokoladenkekse 48

Kalbfleisch
  Bauern-Terrine 138
Kartoffeln
  Kartoffel-Gratin aus zweierlei Kartoffeln 170
  Kartoffel-Gratin mit Salbei 151
  Kartoffelpuffer 127
  Kartoffelsalat auf lateinamerikanische Art 69
  Kartoffel-Sellerie-Püree 118
  Pizza mit Kartoffeln und Zwiebeln 138–139
  Salat von Hummer, Kartoffeln und grünen Bohnen 56
  Spargel-Kartoffel-Gemüse mit Mandeln und Minze 108
Käse
  Gegrillte Feigen mit in Weinblättern gegrilltem Ziegenkäse 84
  Käsecreme mit Kräutern 136
  Käsekuchen mit Haselnüssen und Honig 109
  Paprikaschoten mit Kräuter-Ziegenkäse 94
  Pitta-Brote mit Feta, Walnüssen und Aïoli 47
  Sandwiches mit Tomaten, Tapenade und Mozzarella 47
  Quesadillas 169
Kekse
  Florentiner mit Ingwer 163
  Jennifer's traumhafte Schokoladenkekse 48
Knuspergebäck 136
Kohl
  Borschtsch von roter Bete, Kohl und Pilzen 126
Krebssalat auf Chicoréeblättern 98
Kuchen
  Käsekuchen mit Haselnüssen und Honig 109
  Mandarinencreme-Kuchen 120
  Maronentorte mit Schokoladen-Mokka-Buttercreme 142
  Pekannußkuchen 130
  Pflaumenkuchen 89
  Polenta-Kuchen 28
  Schokoladenkuchen 172
  Tiramisù mit Beeren 38
  Zitronen-Safran-Teekuchen 44
Kürbissuppe mit Äpfeln 114

Lachs
  Gefüllte Weinblätter mit Lachs und Ei-Zitronen-Sauce 105
Lamm
  Ausgebeinte Lammkeule in Joghurt-Marinade 86–87
  Gebackene Eier mit Merguez, Paprikaschoten und Tomaten 76–77
  Gebratene Lammkeule 178
  Lammkrone mit Kräutern und Gewürzen 106–107
  Tranchieren einer Lammkeule 179
Lateinamerikanisch
  Fischspießchen auf lateinamerikanische Art mit einer Erdnuß-Tomaten-Salsa 66
  Kartoffelsalat auf lateinamerikanische Art 69
Leber
  Bauern-Terrine 138
  Entenleber mit Apfel-Ingwer-Butter 158
Linsen
  Ente mit Linsen 140–141
  Linsensalat 88

Madeleines, Ingwer-Orangen- 48
Mais
  Gegrillte Maiskolben mit Chili-Limonen-Butter 70
  Maisbrot 177
  Polenta-Küchlein mit frischem Mais 58
Mandarinen
  Mandarinencreme-Kuchen 120
  Mandarinen-Sorbet 130
Marmeladen, Konfitüren und eingelegtes Obst
  Aromatische Blaubeerkonfitüre 44
  Würzig eingelegte Pfirsiche 60
  Zitronenmarmelade mit Kräuteraroma 78
Maronen
  Maronentorte mit Schokoladen-Mokka-Buttercreme 142
  Pfifferlinge, Maronen und Perlzwiebeln mit Thymian 118
Merguez
  Gebackene Eier mit Merguez, Paprikaschoten und Tomaten 76–77
Mohrrübengemüse 129
Mürbeteig 177
Muscheln mit Origano, überbackene 98

Nordafrikanisch
  Orangensalat auf nordafrikanische Art 76
Nudeln
  Spaghetti alla Carbonara 27

Oliven
  Thunfisch mit Paprikaschoten und Oliven 37
Orangen
  Gebrannte Blutorangen-Creme 163
  Orangensalat auf nordafrikanische Art 76

Paprikaschoten
  Gebackene Eier mit Merguez, Paprikaschoten und Tomaten 76–77
  Paprikaschoten mit Kräuter-Ziegenkäse 94
  Thunfisch mit Paprikaschoten und Oliven 37
Pekannußkuchen 130
Pfannkuchen auf marokkanische Art mit Mandelcreme 78
Pfifferlinge, Maronen und Perlzwiebeln mit Thymian 118
Pfirsiche
  Pfirsiche in Wein 50
  Würzig eingelegte Pfirsiche 60
Pflaumenkuchen 89
Pies
  Caipirinha-Pie 70
  Spinatkuchen 104–105
Pilze
  Borschtsch von roter Bete, Kohl und Pilzen 126
  Champignons mit würziger Hackfleischfüllung 98
  Gefüllte Crêpes mit Pilzen 140
  Pfifferlinge, Maronen und Perlzwiebeln mit Thymian 118
  Salat von Stangensellerie, Pilzen und Chicorée 34

Pitta-Brote mit Feta, Walnüssen und Aïoli 47
Pizza mit Kartoffeln und Zwiebeln 138–139
Polenta
  Polenta-Kuchen 28
  Polenta-Küchlein mit frischem Mais 58
Preiselbeer-Chutney 117

Quesadillas 169
Quiche, Tomaten- 97

Radicchio
  Salat von Radicchio, Fenchel und Walnüssen 148
Reis
  Ausgebackene Reisbällchen 158
  Salat von zweierlei Reis 37
  Wilder Reis 18
Rindfleisch
  Braten einer Hochrippe 178
  Gebackene Eier mit Merguez, Paprikaschoten und Tomaten 76–77
  Gegrillte Steaks mit Chimichurri 68–69
  Geschmorte Rinderbrust 129
  Rinderbrühe 174
  Rinderfilet mit Paprika, Koriander und Kreuzkümmel 36–37
  Roastbeef mit Senf- und Pfefferkruste 151
  Tranchieren einer Hochrippe 179
Roastbeef mit Senf- und Pfefferkruste 151
Rosenblütenblätter
  Schokoladencreme mit kandierten Rosenblütenblättern 21
Rosenkohl mit Knoblauch und Parmesan 118
Rotwein
  Birnen in Rotwein 29

Salate
  Kartoffelsalat auf lateinamerikanische Art 69
  Krebssalat auf Chicoréeblättern 98
  Linsensalat 88
  Orangensalat auf nordafrikanische Art 76
  Salat aus Avocado, Grapefruit und Chicorée 26–27
  Salat aus Birne, Fenchel und Frisée 18
  Salat von Hummer, Kartoffeln und grünen Bohnen 56
  Salat von Radicchio, Fenchel und Walnüssen 148
  Salat von zweierlei Reis 37
  Salat von Stangensellerie, Pilzen und Chicorée 34
  Spinat-Salat mit Pekannüssen und Balsamico-Vinaigrette 170
  Thunfisch mit Paprikaschoten und Oliven 37
Salsas
  Fischspießchen auf lateinamerikanische Art mit einer Erdnuß-Tomaten-Salsa 66
  Tomaten mit Avocado-Salsa 69
Sandwiches
  Pitta-Brote mit Feta, Walnüssen und Aïoli 47

Sandwiches mit gegrilltem Hühnerfleisch 170
  Sandwiches mit Tomaten, Tapenade und Mozzarella 47
  Thunfisch-Paste mit getrockneten Tomaten 47
Schaltiere
  Austern mit Mandarinensauce 16
  Garnelen mit Origano und Knoblauch 34
  Hummer mit Zitronenbutter 17
  Krebssalat auf Chicoréeblättern 98
  Salat von Hummer, Kartoffeln und grünen Bohnen 56
  Überbackene Muscheln mit Origano 98
  Winterliche Bouillabaisse 161
Schokolade
  Jennifer's traumhafte Schokoladenkekse 48
  Maronentorte mit Schokoladen-Mokka-Buttercreme 142
  Schokoladencreme mit kandierten Rosenblütenblättern 21
  Schokoladenkuchen 172
Schweinefleisch
  Bauern-Terrine 138
  Champignons mit würziger Hackfleischfüllung 98
Sellerie
  Kartoffel-Sellerie-Püree 118
  Salat von Stangensellerie, Pilzen und Chicorée 34
Servietten richtig falten 182
Sorbet, Mandarinen- 130
Spaghetti alla Carbonara mit Erbsen 27
Spargel
  Spargel-Kartoffel-Gemüse mit Mandeln und Minze 108
  Spargel mit gerösteten Mandeln und Balsamico-Vinaigrette 28
Spinat
  Spinatkuchen 104–105
  Spinat-Salat mit Pekannüssen und Balsamico-Vinaigrette 170
Steaks mit Chimichurri, gegrillte 68–69
Suppen
  Borschtsch von roter Bete, Kohl und Pilzen 126
  Kürbissuppe mit Äpfeln 114
  Suppe aus schwarzen Bohnen mit Rum und Orange 169
  Winterliche Bouillabaisse 161

Täubchen in einer Honigmarinade, gegrillte 18
Tee, Nachmittags- 40–51
Terrine, Bauern- 138
Thanksgiving-Essen, traditionelles 110–121
Thunfisch
  Thunfisch mit Paprikaschoten und Oliven 37
  Thunfisch-Paste mit getrockneten Tomaten 47
Tiramisù mit Beeren 38
Tisch, ein hübsch gedeckter 180
Tomaten
  Artischockenherzen mit Tomaten und Korinthen 107

Gebackene Tomaten mit Honigglasur und knusprigem Häubchen 58
  Gebackene Eier mit Merguez, Paprikaschoten und Tomaten 76–77
  Gegrillte Auberginen mit Cocktailtomaten-Sauce 87
  Geröstetes Weißbrot mit Püree aus getrockneten Tomaten 27
  Sandwiches mit Tomaten, Tapenade und Mozzarella 47
  Thunfisch-Paste mit getrockneten Tomaten 47
  Tomaten mit Avocado-Salsa 69
  Tomaten-Quiche 97
Truthahn
  Gebratener Truthahn mit Maisbrotfüllung 117
  Gebratener Truthahn 178
  Tranchieren eines Truthahns 178

Vorspeisen
  Ausgebackene Reisbällchen 158
  Austern mit Mandarinensauce 16
  Bauern-Terrine 138
  Champignons mit würziger Hackfleischfüllung 98
  Entenleber mit Apfel-Ingwer-Butter 158
  Fischspießchen auf lateinamerikanische Art mit einer Erdnuß-Tomaten-Salsa 66
  Gefüllte Weinblätter mit Lachs und Ei-Zitronen-Sauce 105
  Gegrillte Feigen mit in Weinblättern gegrilltem Ziegenkäse 84
  Käsecreme mit Kräutern 136
  Knuspergebäck 136
  Krebssalat auf Chicoréeblättern 98
  Paprikaschoten mit Kräuter-Ziegenkäse 94
  Quesadillas 169
  Tomaten-Quiche 97
  Überbackene Muscheln mit Origano 98
  Zwiebelkuchen 148

Walnüsse
  Pitta-Brote mit Feta, Walnüssen und Aïoli 47
  Salat von Radicchio, Fenchel und Walnüssen 148
  Walnuß-Focaccia 84
  Weinblätter mit Lachs und Ei-Zitronen-Sauce, gefüllte 105
  Weißbrot mit Püree aus getrockneten Tomaten, geröstetes 27
  Weizenmehl-Tortillas 177
  Wilder Reis (siehe Reis)
  Winterliche Bouillabaisse 161

Zitronen
  Zitronenmarmelade mit Kräuteraroma 78
  Zitronen-Safran-Teekuchen 44
Zwiebeln
  Pfifferlinge, Maronen und Perlzwiebeln mit Thymian 118
  Pizza mit Kartoffeln und Zwiebeln 138–139
  Zwiebelkuchen 148

BEZUGSQUELLEN

Das Angebot an mexikanischen und fernöstlichen Lebensmitteln und Gewürzen hat sich in den letzten Jahren erfreulich erweitert. Außer Kaufhäusern, Supermärkten, Delikatessengeschäften und Asienläden haben sich eine Reihe spezialisierter Versandhäuser etabliert, die ein vielseitiges Sortiment anbieten. (Natürlich kann die nachfolgende Liste nicht vollständig sein, sondern lediglich eine Auswahl des aktuellen Stands.)

Gewürzhaus Alsbach
Internationale Spezialitäten
An der Staufenmauer 11
D–60311 Frankfurt am Main
Tel. 069–28 33 12

Gewürzhaus Alfred Ewert
Internationale Spezialitäten
Weender Str. 84
D–37073 Göttingen
Tel. 05 51–5 70 20

KaDeWe
Lebensmittelabteilung
Tauentzienstr. 21–24
D–10789 Berlin
Tel. 030 – 2 13 24 55

El Sombrero
Theaterstr. 73
D–52062 Aachen
Tel. 02 41–2 16 88

Mexico-Haus
Gaedke GmbH
Wichmannstr. 4
D–22607 Hamburg
Tel. 040–89 46 84

BILDREQUISITEN

EINLEITUNG
Seiten 10–11: Kristallvase – Pottery Barn. Zinnvasen und Damastservietten – Sue Fisher King Company. Notizbuch, Platzkarten – Oggetti. Platzkartenhalter – Dandelion. Rechteckiges Glas mit Murmeln, silberner Zettelkasten, Stift, Serviettenringe und Kerzenleuchter – Fillamento.

ROMANTISCHES ABENDESSEN FÜR ZWEI
Seiten 12–13: Fransentischdecke aus Baumwollpikee, venezianischer Samtüberwurf – Sue Fisher King Company. Ovale Glasschale mit Goldrand – Fillamento. Armlehnstuhl – Mike Furniture. Seite 13 (kleines Foto): Glasschüssel mit Goldrand – Fillamento. Seiten 14, 17, 19: Servietten, Bestecke, Salatteller »Gaudron«, große flache Teller »Gio Ponti«, Vasen in Herzform, Weingläser mit Goldrand – Fillamento. Goldene Salzschälchen in Körbchenform und Salzlöffel – Sue Fisher King Company. Seite 16: Servierplatte »Camelot«, Kerzenhalter, Champagnergläser mit Goldrand – Fillamento. Seite 21: Cognac-Schwenker – Williams-Sonoma.

FRÜHLINGS-BRUNCH
Seiten 22–23: Korbstühle »Paris«, Tisch – Pottery Barn. Seiten 23 (kleines Foto), 25: Saftgläser – Crate & Barrel. Glasvasen – Bloomers. Seiten 24, 27: Flacher Teller »Flip Flop«, Serviettenring mit Sterndekor, Bestecke »Double Helix«, Salz- und Pfefferstreuer – Fillamento. Seite 25: Stift – Fillamento. Seite 26: Kleiner Tisch aus Eschenholz, Platte »Volumetric« – Fillamento. Seite 29: Teekessel, Kaffeekanne, Tassen und Untertassen »Flip Flop«, Glasvasen – Fillamento. Dessertteller »Flip Flop« – Fillamento.

GALA-BUFFET
Seite 32: Cremefarbene Teller – Williams-Sonoma. Wein- und Wassergläser – Pottery Barn. Weiß-blaue chinesische Porzellantöpfe – Forrest Jones. Blaue Servietten mit weißen Streifen – Williams-Sonoma. Antike blau-weiße Teller – Antique Dept., William-Sonoma Post Street store. Seite 33: Gläser im Nostalgie-Stil – Pottery Barn. Alte Krüge aus Preßglas – Antique Dept., Williams-Sonoma Post Street store. Seite 35: Antike blau-weiße Teller und Platten – Antique Dept., Williams-Sonoma Post Street store. Seite 38: Champagnergläser »Optic« – Williams-Sonoma.

NACHMITTAGSTEE
Seiten 40–41: Kissen mit geblümtem Bezug – Shabby Chic. Gartenrosen – Green Valley Growers. Antike Tischdecke, Damastservietten – Antique Dept., Williams-Sonoma Post Street store. Gemusterte Tassen und Untertassen – Ralph Lauren Porzellan für Waterford Wedgwood. Krug aus Preßglas und Gläser – Pottery Barn. Gebäck-Etagere – Biordi Art Imports. Seite 44: Miniatur-Teegeschirr, Teesieb – Fillamento. Seite 45: Antikes Brotmesser mit Elfenbeingriff – Sue Fisher King Company. Seite 46: Alte ovale Silberplatte, kleine Leinenservietten – Sue Fisher King Company.

MITTAGESSEN IM FREIEN
Seiten 52–53: Tischdecke aus gestreiftem Markisenstoff – Sue Fisher King Company. Regiestühle – Pier 1 Imports. Muscheln – Seascape. Seite 53 (kleines Foto): Große flache Teller »Almost Round«, Salatteller aus Glas mit Perlrand, Weingläser, Salz- und Pfefferstreuer »Bullet« – Fillamento. Weiße Leinenservietten mit Hohlsaum – Sue Fisher King Company. Seite 54: Pokal mit Steinmosaik und Muschelbesatz – Sue Fisher King Company. Kleiner Tisch aus Seegras – Pottery Barn. Seite 57: Salz- und Pfefferstreuer »Column« – Vero. Seite 61: Quadratische Dessertteller – Fillamento.

FIESTA AM POOL
Seiten 62–63: Antiker Tisch aus Pinienholz und Stühle – Galistco. Seite 63 (kleines Foto): Gestreifter Läufer – Pottery Barn. Seiten 65, 68: Handbedrucktes Tischtuch, Baumwollservietten – Crate & Barrel. Eßgeschirr »Med Fest«, Bestecke, Weingläser – Pottery Barn. Krug »Cherrios« – Susan Eslick Custom Ceramics. Seite 67: Grillspieße – Dandelion. Grüne Gläser – Pottery Barn. Seite 70: Schüssel, ovale Platte – Susan Eslick Custom Ceramics. Seite 71: Dessertteller »Confetti« – Sue Fisher King Company.

SOMMER-BRUNCH MIT MAGHREBINISCHEN AROMEN
Seite 73 (kleines Foto): Glaskrug »Chubby« – Pottery Barn. Seite 74: Weiß-blaue Baumwollservietten – Polo-Ralph Lauren Shop. Seite 76: Weißer Quilt mit rotem Sternmuster – Stroud's Linen Warehouse. Bestecke, Gläser – Pottery Barn. Alte Spielzeug-Nudelhölzer – J. Goldsmith Antiques. Rot-weiß karierte Teller, Tassen und Untertassen, blau-weiß gestreifte Salatteller – Polo-Ralph Lauren Shop. Seite 77: Alte Gebäckdose – J. Goldsmith Antiques.

HERBSTLICHES MITTAGESSEN AUF DEM LAND
Seiten 80–81, 82, 89: Keramikteller, Tassen und Krug – Villa Italiana (Australien). Seite 84: Hölzerne Bütte – Appley Hoare Antiques (Australien). Seite 86: Besteck und große Platte – Accoutrement (Australien).

COCKTAILPARTY VOR DEM THEATERBESUCH
Seite 92: Kleine bestickte Baumwollservietten – Antique Dept., Williams-Sonoma Post Street store. Seite 93: Martinigläser – Sue Fisher King Company. Gläser mit Monogramm-Gravur – Williams-Sonoma. Seite 95: Kleine Leinenservietten mit Hohlsaum – Sue Fisher King Company. Seite 96: Kleine Leinenservietten mit Muschelsaum – Sue Fisher King Company.

MEDITERRANES OSTERFEST
Seiten 100–101: Kräuterbäumchen – RH. Seite 105: Ockerfarbener Teller und grüner Salatteller – Vanderbilt & Company. Sets und Servietten mit Karomuster, Bestecke – Pottery Barn. Weingläser »Giotto« – Sue Fisher King Company. Seite 106: Venezianische Samtdecke, Tranchierbesteck – Sue Fisher King Company. Achteckige Platte, Serviette, Löffel und blättergeschmückte Kugeln – Sue Fisher King Company. Seite 109: Aperitifgläser – Pottery Barn. Tortenheber »Bistro« – Sue Fisher King Company.

TRADITIONELLES THANKSGIVING-ESSEN
Seiten 110–111, 116: Fasanenfedern – Coast Wholesale. Seite 112: Leinendamastservietten – Sue Fisher King Company. Seiten 114–115: Kranz aus Weizenähren – Sue Fisher King Company.

BUFFET IM NOVEMBER
Seite 124: Kerzenständer aus Drahtgeflecht, Sets – Pottery Barn. Seite 126: Geschirr, Sets – Pottery Barn. Seite 127: Rechteckige Platte, Kerzenständer aus Eisengeflecht – Pottery Barn. Seite 128: Korb, Kranz – Pottery Barn. Seite 130: Fruchtetiketten – Smith & Hawken. Seite 131: Sherrygläser – Fillamento. Serviette – Pottery Barn.

EINLADUNG ZUM ADVENT
Seite 133 (kleines Foto): Alter Kuchenständer aus Preßglas – Antique Dept., Williams-Sonoma Post Street store. Seite 135 (oben): Vogelhaus – Sue Fisher King Company. Vogelnest und Finkeneier – Bell'occhio. Seite 135 (unten): Baumwollservietten mit Schottenmuster – Polo-Ralph Lauren Shop. Seite 137: Antikes Rentier aus Metall – J. Goldsmith Antiques. Seite 138: Blattgold-Stern – Sue Fisher King Company. Seite 139: Antike Holzschüssel – J. Goldsmith Antiques. Seite 143: Kreuzstichtuch – J. Goldsmith Antiques. Hölzerner Kerzenhalter in Bärenform – Candelier.

WEIHNACHTSESSEN
Seite 145: Kranz – Green Valley Growers. Seite 148: Karaffe und Weingläser – Waterford Wedgwood. Seite 152: Goldfarbenes Duftkissen, goldfarbener Übertopf – Sue Fisher King Company. Beschriftetes Geschenkpapier – Oggetti. Goldenes Geschenkpapier – Bell'occhio. Goldenes Blatt – Dandelion. Eichel – Pottery Barn.

FESTLICHES SILVESTERESSEN
Seite 156: Kerzenständer, Kerzenschirme und antike Silberschale für Blumen – Sue Fisher King Company. Seite 157 (oben): Mokkatassen und Untertassen – Fillamento. Seite 158: Kristallvase – Fillamento. Seite 159: Platte – Fillamento. Seite 160: Silberne Becher – Sue Fisher King Company. Eßgeschirr »Earthscape«, »Starstruck« und »Moonscape«, Silberschale »Meier« – Fillamento.

NEUJAHRSBUFFET
Seite 166: Biergläser – Crate & Barrel. Seite 168: Leinenservietten mit Mäandermuster, Bestecke »Thames«, rechteckige Platte, Schüsseln und Teller, Salz- und Pfefferstreuer – Fillamento. Seite 171: Teller – Fillamento. Seiten 172–173: Vase aus Drahtgeflecht – Fillamento. Tortenheber – Pottery Barn. Kaffeekanne – Fillamento. Servietten mit Karomuster – Crate & Barrel.

EIN HÜBSCH GEDECKTER TISCH
Gläser (Seite 180): Williams-Sonoma. Bestecke (Seite 180): Pavillon Christofle. Informelles Gedeck (Seite 180): Teller – Waterford Wedgwood. Bestecke – Pavillon Christofle. Serviette – Candelier. Formelles Gedeck (Seite 181): Teller – Waterford Wedgwood. Kristallgläser – Paul Bauer Inc. Bestecke – Pavillon Christofle.

BLUMENARANGEMENTS
Festlicher Blumenschmuck (Seite 184): Schale – Waterford Wedgwood. Rosenschleppe (Seite 185): Weißer Keramikpokal – Candelier.

DANKSAGUNG

Der Verlag möchte allen nachgenannten Personen und Institutionen für ihre Hilfe und großzügige Unterstützung bei der Vorbereitung dieses Buches danken. Für die Bereitstellung von Fotorequisiten und Materialien Chuck Williams, Sue Fisher King, Iris Fuller und ihrem hervorragenden Team von Fillamento, allen Mitarbeitern von Green Valley Growers, Silver Terrace Nurseries, Alta Tingle von The Gardener, Beaver Bros. Antiques, Michelle Carrara, Stephen Griswold, Dennis Leggett, Janice Nicks Fisher und D. D. Stoner. Für ihre Arbeit in Redaktion und Grafik: Steven Wooster, Ken DellaPenta, Jonathan Schwartz, Lynn Meinhardt und Sharon Silva. Für die Foto-Assistenz: Daniel Becker, Mark Eakle, Sharon C. Lott und Susanna Allen. Außerdem bedanken wir uns bei Bob Long und Pat Perini von Long Vineyards, beim Niebaum-Coppola Estate sowie bei Jane und John Weil. Unser ganz besonderer Dank gilt Mr. und Mrs. J. Van Lott, Mr. und Mrs. John B. Ritchie, Jennifer Millar, Dan Glazier und allen anderen Mitarbeitern des Square One Restaurants.
Dafür, daß sie ihr Zuhause für die Aufnahmen zur Verfügung stellten: Chuck Williams, Joyce Goldstein, Mary und Howard Lester, Edward und Cynthia Mackay, Eric und Kaye Herbranson, Paul Vincent Wiseman, Ken Monnens, Sue Fisher King, Robert Cave-Rogers sowie Richard und Ann Grace von Grace Family Vineyards.